Cancino, Jorge.
La revelación del
tercer secreto d Fátim
c2012.
3330522917589
gi   04/24/14

D1765898

Jorge Cancino

La revelación del Tercer Secreto de Fátima

(El escándalo de Peñablanca)

La conspiración del silencio
Y la vida secreta de Karole Romanov

El milagro del sol y el aviso del fin del mundo

FLORICANTO

Copyright © 2012 by Jorge Cancino

Copyright © 2012 of this edition by Floricanto™ Press and Berkeley Press

All rights reserved. No part of this publication may be stored in a retrieval system, transmitted or reproduced in any way, including but not limited to photocopy, photograph, magnetic, laser or other type of record, without prior agreement and written permission of the publisher.

Floricanto is a trademark of Floricanto Press.

Berkeley Press is an imprint of Inter American Development, Inc.

Floricanto^M Press

650 Castro Street, 120-331

Mountain View, California 94041

(415) 552-1879

www. floricantopress. com

ISBN: 978-1-888205-39-8

"Por nuestra cultura hablarán nuestros libros. Our books shall speak for our culture. "

Roberto Cabello-Argandoña, Editor

La revelación del Tercer Secreto de Fátima

Índice

Introducción

Este libro—reportaje, el único sobre los secretos de la aparición de la Virgen María en Chile y la vida oculta del vidente, Miguel Ángel Poblete, también conocida como Karole Romanov, demoró 16 años en ser escrito. La recopilación de entrevistas, datos, fotografías, la revisión de grabaciones de audio, video y visitas a los lugares donde se registraron los hechos reportados en este libro fue lenta y espaciosa, porque no todas las fuentes quisieron, al comienzo, relatarme sus experiencias. Pero cuando lo decidieron hacer, los resultados fueron sorprendentes, fantásticos, reveladores, asombrosos y también envueltos en un velo de misterio todavía mayor que el manto de duda que cubría la visita de aquella persona que estremeció los cimientos de El Vaticano bajo el reinado del Papa Juan Pablo II.

'La revelación del Tercer Secreto de Fátima' es un relato de la vida oculta de Miguel Ángel Poblete, alias Karole Romanov; es el recorrido por una historia de 25 años de intrigas, acusaciones, amenazas, odios, venganzas y rumores que se propagaron por todo el país, y también por los pasillos y habitaciones de la Santa Sede. Se dijo que la aparición de la Virgen María en Chile había sido solo un montaje preparado por el servicio secreto del general Augusto Pinochet para desviar la atención del pueblo de las violaciones a los derechos humanos que cometieron las Fuerzas Armadas. "Sin embargo", reconoció Gonzalo Ulloa, uno de los teólogos que investigó los hechos pertinentes a comienzos de 1984, "nunca pudimos comprobar fehacientemente un montaje del gobierno o de los sistemas de seguridad del régimen".

Otra hipótesis fue que dicha aparición la orquestaron los Obispos de la Conferencia Episcopal de Chile para organizar al pueblo y que éste, con la bendición de Dios, se rebelara en contra del régimen de facto. La rara conjetura tampoco pudo ser corroborada.

Mientras aparecían y desaparecían las explicaciones, por el cerro de las apariciones de Peñablanca desfilaron miles de feligreses, entre ellos Lucía Hiriart de Pinochet, ex Primera Dama de Chile, y Margarita Riofrío de Merino, esposa del almirante José Toribio Merino, el segundo en el mando de la Junta Militar de Gobierno y que hacía las veces de vicepresidente de la República. También acudieron políticos de renombre, artistas de la farándula, sacerdotes, investigadores de la Sagrada Congregación para la Doctrina de la Fe (ex Santo Oficio), periodistas de todo el mundo y agentes secretos de las principales organizaciones de inteligencia del planeta, entre ellas el KGB (de la ex Unión de Repúblicas Socialistas Soviéticas —URSS—), la CIA (de Estados Unidos), el MI-5 (de Gran Bretaña) y el Mossad (de Israel).

"Buscaban conocer el futuro", me contó Romanov en 1995 durante una larga conversación que tuvimos en Santiago para hablar del tema. "El futuro es un asunto de inteligencia. Por eso vinieron, para averiguar si la Señora mencionó a sus países o les advirtió de una guerra. Después se iban como llegaban, en silencio, sin que nadie los notara".

El resto de curiosos no dió con los misterios de la visita. Muchos apenas echaron una mirada por el lugar y se marcharon, presurosos, defensivos, afirmando que todo se trató de un invento, una burla, un circo mediático. Pero los obstinados hechos desmintieron aquellas aseveraciones; no fue así. El 29 de septiembre de 1983, ante la mirada de unas 300,000 personas y las cámaras de Televisión Nacional de Chile (TVN), en Peñablanca ocurrió un hecho insólito jamás visto. De pronto, estando Romanov en éxtasis en el interior de una capilla construida en la cima de un cerro, le pidió a los presentes que miraran al sol. Los asistentes lo hicieron y fueron testigos que el astro giró y cambió de colores. Se movió de un lado a otro, a una velocidad descomunal y todos lo vieron sin lastimarse los ojos. Hubo gritos de espanto, alaridos, miedo, llanto, rezos y emociones diversas, según explicó un reportaje de la periodista Gabriela Velasco. Cuando el milagro concluyó, los testigos volvieron a sus casas contando una historia fantástica que todavía recuerdan.

Una semana más tarde la Televisión Nacional, TVN, transmitió el reportaje y millones de chilenos se quedaron atónitos ante el inusitado prodigio de Peñablanca, similar al ocurrido el 13 de mayo de 1917 en Fátima, Portugal, durante la sexta visita de la Señora a los niños videntes Lucía, Jacinta y Francisco, de acuerdo con relatos de la época publicados en periódicos.

En una entrevista al periodista especializado en temas religiosos, Juan Guillermo Prado, publicado por el sitio www.angelfire.com/zine/BLH/prado.html, el investigador dijo que "hay curas que nunca negaron que ahí (en Peñablanca) ocurría algo extraordinario". Y agregó: "ocurrieron varios milagros. Conozco un convento de clausura donde la gente me ha jurado que en Santiago, paralelamente al momento que la gente en Peñablanca veía la danza del sol, ellas la observaban en la capital desde sus celdas, o sea, hubo algo especial. Algunos le dieron un carácter ufológico, otros un carácter mariano, etc. Pero algo ocurrió. De lo que sí estoy francamente sorprendido y perplejo es que allí no haya ocurrido ningún hecho de carácter herético o sectario. Los fieles se han mantenido, a pesar de todos los ataques, en la Iglesia Católica, y si esto hubiera sido fabricado por un organismo de seguridad, como se ha dicho, creo que ya se hubiera sabido".

Después de la danza del sol de aquel 29 de septiembre siguieron otros milagros tanto o más espectaculares, tales como estigmas en el cuerpo de Romanov (sangramientos similares a los padecidos por Jesús durante la flagelación y el camino al Calvario), apariciones de hostias ante la presencia de cientos de testigos, caídas extáticas de la vidente que hacían retumbar el cerro sin que a ella le ocasionaran lesiones en las piernas o la columna vertebral, figuras de santos y símbolos religiosos entre las nubes (que según la Iglesia Católica fueron dibujados por aviones espías británicos contratados por el gobierno militar para hacer creer a las gentes en el milagro), bilocaciones y un delicado y delicioso aroma a rosas que muchas veces inundó el cerro y fue olido por miles de feligreses.

El sábado 12 de junio de 2004, *La Estrella* de Valparaíso publicó una entrevista con Iván Carrasco, autor de folletos y libros sobre los hechos ocurridos en Peñablanca. El escritor aseguró que se contaron 500 apariciones de la Señora durante el primer ciclo (12 de junio de 1983 al 12 de junio de 1988) y que en ellas se registraron milagros tales como la llegada del Cuerpo Místico de Jesús en forma de Hostia. "Se pudo ver un disco grande que se acercaba y se achicaba y tomaba las dimensiones de una moneda grande, y todo ello fue captado por las máquinas fotográficas. Llegaron hostias blancas, con la Cruz de Malta, con la figura de Cristo con los brazos extendidos", detalló.

En otra parte de la entrevista Carrasco aseguró que en una oportunidad en un copón guardado en el sagrario de la capilla construida en el cerro aparecieron cerca de 700 Hostias, y que de este milagro fue testigo el sacerdote jesuita Miguel Contardo, quien entre 1983 y 1985 cuidó al vidente y lo acompañó en un viaje a Estados Unidos, entre otras cosas, para desenmascarar el fraude de una supuesta aparición que se registraba en el Central Park de Nueva York.

A finales de 1987, Miguel Ángel Poblete anunció públicamente que no era hombre, que —el nombre con el que todos conocieron al vidente de Peñablanca— era mujer y que de ahora en adelante se llamaba Karole Romanov. Explicó que en realidad era hermafrodita, que sus padres escondieron el secreto por vergüenza y que la registraron como varón para no dar explicaciones a nadie sobre una sexualidad incomprendida y vergonzosa, sinónimo de malos presagios.

"Les dije que siempre había sido mujer pero que viví escondida en una apariencia de hombre porque así me lo dijeron desde que nací", me contó la misma Romanov en 2007, un año antes de su muerte. "Pero no me creyeron. Ahí fue cuando todos se fueron en desbandada y quedó la escoba. Se fijaron más en mí que en lo que dijo la Señora y mandaron al diablo el mensaje que Ella trajo a Chile y al mundo".

Desde entonces Romanov vivió escondida en un mundo de pobreza, escándalos y persecuciones. No tuvo hogar fijo y deambuló por casas de amigos entre Santiago y Villa Alemana hasta el 27 de agosto de 2008, día en que murió a causa de un cáncer hepático causado por el consumo de alcohol. Pero ni la pobreza ni las amenazas ni la enfermedad la hicieron cambiar su discurso y siguió anunciando que la Señora se estaba apareciendo en Chile, y que su misión en la Tierra todavía no había finalizado.

"Ella vino a salvar almas que van camino a la perdición", respondió cada vez que le pregunté el porqué de las visitas de la Señora.

A mediados de 1996, durante una de las últimas entrevistas que le hice a Romanov, quise saber cuál fue el mensaje que más incomodó al Obispo de Valparaíso de aquel entonces, monseñor Francisco de Borja Valenzuela, a la Conferencia de Obispos Católicos de Chile y a la Santa Sede. Romanov se quedó viéndome un instante y relató: "El mismo que dijo en La Salette en 1846 y que causó el mismo malestar que en Peñablanca. Y se trata del mismo que repitió en Lourdes (Francia), Fátima (Portugal), Garabandal (España) y Medjugorje (ex Yugoslavia). ¿Lo conoces?". Le respondí que no. Entonces repitió, de memoria: "Maldición a los sacerdotes y a las personas consagradas a Dios que con sus infidelidades y su mala vida crucifican de nuevo a mi Hijo Vuestro Señor. Muchos hombres son infieles, muchos gobernantes son infieles. Están podridos, muy podridos. Caerá y no podrá levantarse jamás. Esa es la primera parte".

Romanov habló frecuentemente sobre este mensaje durante las entrevistas que le hice. Me dijo que era un texto "importante" para entender la aparición de Peñablanca, pero con la advertencia que "no lo era todo". Precisó que "el misterio" de Peñablanca se revelará, recién, cuando la aparición sea reconocida.

En noviembre de 1996, poco antes de nuestra última entrevista en persona, Romanov me contó algunos misterios de la visión y me entregó dos libros escritos a mano que contienen enseñanzas que ella compartió con un grupo de seguidoras en Santiago, entre 1991 y 1993. "Esto te ayudará a descubrir a Nuestra Señora", me comentó con una amplia sonrisa. "Es conocimiento. Lo mismo que los mensajes. Ella trajo conocimiento a Chile, pero no quisieron escucharla. Es la misma enseñanza que llevó a La Salette en 1846, Lourdes en 1858 y Fátima en 1917. En esos lugares tampoco la escucharon".

Fueron esos documentos los que me inspiraron a escribir este libro—reportaje. Y también mi curiosidad por la extraña fidelidad de Romanov a la Señora en todo el tiempo que la conocí, incluso cuando hablé con ella por teléfono hasta finales de julio de 2008, cuando se enfermó de gravedad y posteriormente no pudo atender mis llamadas. Nunca protestó por su forma de vida, la pobreza y las necesidades extremas y siempre se refirió a Ella, la Señora, como su madre.

—Es la mujer más grande de toda la Tierra —dijo un día y se me quedó grabado en el corazón.

Palabras al cierre

Dos identidades, pero un solo discurso. Un hombre y una mujer, pero un solo ser. Muchos encuentros y apariciones, pero un mensaje único. Así podría resumirse uno de los sucesos más controversiales para la fe cristiana: el misterio de Peñablanca.

Karole Romanov desentraña la historia de un fenómeno que no sucumbe al tiempo pese a que muchos han querido ocultarlo y negarlo: la aparición de la Virgen Santísima en el cerro *El membrillar* o monte Carmelo, ubicado en Villa Alemana, Chile, entre 1983 y 1988.

Ocurrió en medio de uno de los mayores climas de violencia, durante la dictadura de Augusto Pinochet. El país se estremeció entre la psicosis y la fe. Entonces, el joven Miguel Ángel Poblete, quien más tarde se transformaría en mujer, Karole Romanov, caía en trance, sufría estigmas, hablaba en lenguas y recibía hostias divinas.

Centenares de miles se agolpaban alrededor del "médium" que decía hablar y recibir mensajes de la Madre de Dios. Junto a él estuvieron incluso las esposas de dos altos jerarcas militares, Lucía Hiriart de Pinochet y Margarita Riofrío de Merino. La multitud enmudeció ante fenómenos sin explicación física como la danza del sol o la curación de enfermedades mortales, que algunos atribuyeron a Karole Romanov.

Así nació el mito.

La obra que tiene ante sus ojos —y que demoró más de 15 años en ser escrita— es única no sólo por ser la más profunda investigación del fenómeno que estremeció a Chile en la década de los 80, sino por el valor testimonial del protagonista y de quienes vivieron cerca de los acontecimientos. Pero sobre todo, por la inédita revelación del contenido de los polémicos mensajes entregados por la Virgen María al vidente de Peñablanca.

'La reveleción del Tercer Secreto de Fátima, la vida oculta de Karole Romanov' es un reportaje periodístico que va más allá de la historia y de los acontecimientos. En él, su autor rescata la esencia del misterio de los mensajes marianos, que impresionan por su similitud con los entregados por la Virgen a los pastorcitos de Fátima en 1917, y en Lourdes en 1858, a Bernadette Soubirous.

Las apariciones marianas tienen el efecto de mover a los fieles a estar más cerca de Jesucristo, a través de la ayuda de la Virgen María.

En 1984, el cardenal Joseph Ratzinger, en ese entonces prefecto de la Congregación para la Doctrina de la Fe de la Iglesia Católica, hoy el Sumo Pontífice, declaró que "uno de los signos de nuestros tiempos es que los anuncios de 'Apariciones Marianas' se están multiplicando por todo el mundo".

En el caso de Peñablanca la Iglesia se resistió. Una comisión determinó después de escasas semanas de investigaciones, que todo lo ocurrido en ese lugar era una parodia y concluyó que los hechos no correspondían a una aparición real de la Virgen María.

Otros atribuyeron el fenómeno a una suerte de obsesiones políticas orquestadas por la CNI, el aparato de inteligencia del gobierno militar chileno de los 80, y de cuyo montaje habrían hecho parte desde la jerarquía eclesiástica y los grupos de derecha, hasta el vidente de Peñablanca, quien a cambio de adulaciones y alucinaciones producidas por la droga y el alcohol, se habría prestado a las manipulaciones que buscaban distraer la atención y menguar el clima de malestar que reinaba en medio de la brutal represión ante las "protestas" sociales.

Lo que para muchos fue una farsa, para otros fue un designio divino... "Confieso que en un comienzo al novato en esto se le pasa por la cabeza la idea de un malabarismo, pero después de verla en numerosas ocasiones, no cabe duda de que el hecho es contundente...", escribió uno de los testigos de la 'Comunión Triple', en la que la hostia sagrada apareció en las lenguas de Miguel Ángel Poblete y de dos niños "elegidos por la Virgen" llamados Aldo y Oscar.

Ante las burlas, los más creyentes y fieles seguidores de la vidente de Peñablanca se defienden con preguntas: ¿Acaso no se rieron de Jesús que se proclamó Hijo de Dios? ¿Acaso no se burlaron de los primeros cristianos? ¿Por qué descalificarlo todo? ¿Por qué no pueden ser ciertas las evidencias, los contactos, las revelaciones de la Virgen a Karole Romanov?

Lanzan más interrogantes: ¿Cuál es la diferencia entre las apariciones de Peñablanca, Lourdes y Fátima? ¿Por qué se cree a una monja y no a una persona que cambió de sexo? ¿O es acaso el hecho de que se trataba de un transexual lo que impide creer en la aparente verdad revelada? ¿Qué tenebrosa realidad se esconde en los mensajes que no querían que se supieran? ¿Es absurdo pensar en el cambio sexual de Miguel Ángel Poblete como la gran prueba que tendría que pasar el pueblo, representada en una alegoría de la transformación ominosa que hoy padece la humanidad?

A la luz de la polémica desatada por la metamorfosis de Poblete en Romanov y su vida borrascosa, que escandalizó al mundo católico e hizo descalificar las clarividencias y dotes sobrenaturales del hombre—mujer, todo pudiera aparecer como un despropósito. Más en el sentido estricto del misterio que encierra el fenómeno, resulta apasionante y no menos asombroso descubrir que el contenido de los mensajes revelados por la Virgen Santísima al ser humano han sido certeras predicciones que hemos visto cumplir en nuestro tiempo. Ya no está. El vidente de Peñablanca murió víctima de una cirrosis hepática 25 años después de haber surgido el fenómeno Karole Romanov, en medio del dolor de unos cuántos y del desprecio de muchos. Volvieron los rumores y el descrédito, pero también el tiempo de reflexión y, sobre todo, el recuerdo conmovedor de un enigma que esta obra invita a resolver.

Álvaro Valderrama[1], Periodista

---

[1] Álvaro Valderrama es Publisher (Editor) del departamento de noticias de *Univision Univisión Interactive Media* (UIM). Antes de ocupar este puesto fue director ejecutivo de *Tiempos del Mundo*, en Washington DC. Nació en Colombia y vive en Estados Unidos.

Capítulo uno

LA MUERTE DE ROMANOV
"Medita mis palabras antes de decirlas,
porque sufrirás mucho."
Fragmento del mensaje de Nuestra Señora
registrado en Peñablanca, Chile, el 13 de junio
de 1983.

Karole Romanov murió el 27 de septiembre de 2008, poco antes de las 8 a.m. en la parcela *La Ponderosa*, Villa Alemana —la Ciudad de los Molinos—, ubicada en la región de Valparaíso, Chile. En el momento de su partida la acompañaban sólo mujeres, quienes durante el deceso rezaron un Padrenuestro, tres Avemarías, el Gloria y le pidieron al Buen Dios y a Nuestra Señora que llevaran su alma al Cielo.

—Acaba de morir —dijo Angélica Miner apenas diez minutos después del fallecimiento cuando hablé con ella por teléfono—. Se quedó mirando al techo y expiró. Estaba tranquila. Ni un quejido, ni un rezongo, ni una protesta, ni nada. ¡Se nos fue Karole! —añadió, con la voz entrecortada por el sollozo.

Miner me contó que estuvo junto a Romanov por casi veinte años, desde principios de la década de los noventa, "cuando me convencí que veía a la Virgen María, que era la misma vidente de Peñablanca —que conmocionó al país entre el 12 de junio de 1983 y el 12 de junio de 1988— y que el mensaje que transmitía era el mismo: la urgencia por cambiar de vida para salvar el alma".

—Hay muchos rastros, pruebas que evidencian la presencia de Nuestra Señora, la Santísima Virgen —subrayó Miner en octubre del año 2008, pocas semanas después de la muerte de Romanov, durante una conversación telefónica que hice desde Miami, Florida—. En 25 años de visitas Ella (la Señora) nos dejó un legado para el fortalecimiento de la fe.

Las evidencias citadas por Miner corresponden a grabaciones en cintas de audio registradas por peregrinos que asistieron al cerro donde ocurrieron las apariciones entre el 12 de junio de 1983 y el 12 de junio de 1988[2] y que muchas de ellas se comer-

---

[2] Durante el primer año del fenómeno de Peñablanca hubo registros de entre 250,000 y 350,000 personas que se congregaron en el cerro de las aparicio-

cializaron en pequeña escala a nivel artesanal. Fueron distribuidas gratis a fieles y curiosos copias de varias calidades de varios tipos de evidencia como transcripciones de grabaciones y fotocopias, impresos en *esténcil* y copias de manuscritos hechos a mano, cintas de VHS grabadas —durante los éxtasis de Romanov en el cerro de Peñablanca y películas de cine—, transcripciones de los mensajes contenidos en estos formatos de grabación, y fotografías. Cabe indicar que también hubo notas publicadas en periódicos locales y nacionales, y un reportaje de televisión de la periodista Gabriela Velasco (de Televisión Nacional de Chile —TVN—). Libros fueron firmados por Miguel Contardo (sacerdote jesuita que se hizo cargo del cuidado de Miguel Ángel Poblete entre 1983 y 1985), Álvaro Barros (ingeniero que en la actualidad preside la Fundación Monte Carmelo —una entidad que vela por el cuidado y conservación del santuario erigido en la cima del cerro *El Membrillar* de Peñablanca donde se registraron las apariciones entre el 12 de junio de 1983 y el 12 de junio de 1988) —y Alan Rojas (médico que observó y revisó los estigmas sufridos por Romanov —en aquel tiempo conocido como Poblete— en diversas ocasiones durante el primer ciclo de visitas que concluyó el 12 de junio de 1988).

Estos materiales constituyeron una extraordinaria fuente de consulta que me permitió escribir este reportaje, el primero en su género, que muestra detalles hasta ahora desconocidos de los acontecimientos de Peñablanca. Las cifras, mensajes, pedazos de historias contenidas en los libros del Antiguo y del Nuevo Testamento, así como revelaciones y profecías recopilados en Chile por diversas personas, los contrasté con Romanov durante al menos 20 entrevistas cara a cara entre 1993 y 1995, y luego por teléfono entre marzo de 2004 y julio de 2008, poco antes de que cayera enferma a causa del cáncer hepático que la llevó a la muerte. Durante esos encuentros ella me contó detalles que casi nadie sabía de las apariciones de la Señora, como por ejemplo que Peñablanca fue castigada en 1988 porque nadie hizo caso de los mensajes que Ella dio y que fueron los mismos que había entregado durante sus apariciones en La Salette y Lourdes (Francia), en 1846 y 1858 respectivamente, y en Fátima

nes de acuerdo con reportes publicados por el diario *Las Últimas Noticias* en nota de primera página. Las mayores concentraciones ocurrieron en fechas de festividades tales como el 16 de julio (día de Nuestra Señora del Carmen), 15 de agosto (día de la Asunción de la Virgen María), 29 de septiembre (día de los Santos Arcángeles) y 8 de diciembre (día de la Inmaculada Concepción, anticipado en la aparición de Lourdes, Francia, registrada en 1858, uno de los pocos fenómenos extraordinarios reconocidos por El Vaticano y cuyo mensaje es similar al de Peñablanca), y el 12 de junio de 1984 y 12 de junio de 1985, fechas de aniversario del fenómeno en Chile.

(Portugal), en 1917.

Poco antes del comienzo de las entrevistas con Romanov, en el invierno de 1993, noté que en torno al fenómeno de Peñablanca no había debate, ni discusión ni interés mediático por ahondar en unos sucesos que se seguían produciendo, pero con menos presencia de testigos como sucedió en el principio. Tampoco había explicaciones serias y mesuradas por parte de la jerarquía de la Iglesia Católica que explicaran los pros y contras de estos fenómenos, si eran ciertos o falsos, si se trataba de algo divino o diabólico. Sólo había insulto hacia Romanov, burla, mancilla sistemática[3], gritos, como si se tratase de una guerra iniciada hace saber cuánto tiempo y que nadie sabía cuándo y cómo iba a terminar.

¿Por qué razón no la escucharon?, me pregunté. ¿Por qué no dejaron que hablara, registraron lo que decía e investigaron si lo que dijo era cierto? ¿A qué le tuvieron miedo? ¿Por qué a tan pocos les importó un acontecimiento que marcó al país y que todavía lo sigue marcando y es probable que lo marque para siempre? ¿Por qué el Obispo de Valparaíso, monseñor Francisco de Borja Valenzuela Ríos, no habló abiertamente con Romanov, una declarada feligrés católica, apostólica y romana, por tanto parte de su rebaño? ¿Acaso no estaba preparado para determinar si aquello era verdad o mentira? ¿Por qué no estaba preparado? ¿Qué le pasó al pastor que rehuyó el encuentro con Romanov, en aquel entonces el mayor dolor de cabeza para la Iglesia Católica chilena por los mensajes que daba y que aseguraba provenían de la Virgen María, la Madre de Cristo? ¿Había sacerdotes que sí creyeron en la aparición de Peñablanca pero fueron advertidos que si lo decían públicamente o en privado serían expulsados de sus respectivas órdenes?

Preguntas hay por miles, las que uno quiera. Cuando se huye del debate se siembran las interrogantes, y las interrogantes traen consigo las dudas, las cuales atraen a los curiosos como yo, que cuando noté el error del Obispo —de no debatir con Romanov— decidí investigar por mí mismo qué pasó en Peñablanca. ¿Por qué? Pues, porque era el papel que le correspondía a los medios locales y nacionales chilenos y no lo hicieron, porque era su responsabilidad

---

[3] Personas que nunca creyeron en los sucesos de Peñablanca dijeron públicamente que Miguel Ángel Poblete, el niño vidente de las apariciones de Peñablanca, era drogadicto, homosexual, desviado, brujo, ateo y mentiroso entre otros calificativos que nunca fueron probados por nadie, ni siquiera por las comisiones investigadoras nombradas por el Obispo de Valparaíso. Sacerdotes y personas allegadas a la Arquidiócesis también acusaron a Poblete de persona alejada de la Iglesia y dijeron que se trataba de un diablo, pero tampoco probaron sus conclusiones.

y la hicieron a un lado, porque estaban obligados a investigar el fenómeno y en cambio volcaron la atención hacia otras coberturas que probablemente atrajeron la generosa atención de los anunciantes. Y mientras el público chileno dedicaba más tiempo a otros sucesos, otras historias, otras noticias, las apariciones de Santiago y Villa Alemana fueron dejando un legado de mensajes similar al de Peñablanca, sólo que con un agregado sorprendente: más profundo, sobre todo en lo relacionado con el Plan de Salvación del Hombre, el mismo que hablan el Antiguo y el Nuevo Testamento.

La hermana Angélica, como la llamaban a Miner quienes permanecieron junto a Romanov hasta el día de su muerte —y también aquellos que siguen creyendo en las apariciones de la Señora en Chile —, pertenece a la congregación de las Paulinas con sede en Argentina. A finales de los ochenta obtuvo licencia y dejó su país para estar cerca del fenómeno sobrenatural extraordinario. "Al término del ciclo de Peñablanca", contó en una ocasión. "Por aquellos años había una enorme división entre los que creían en las visitas de Nuestra Señora, se escuchaban muchas cosas, ofensas, gritos y eran pocos quienes optaron por el silencio, la oración y el mensaje. Se trató de años muy difíciles".

Fue en medio de esa división en que Miner tomó la decisión de irse a vivir a Santiago para estar cerca de Romanov. "No había recursos, ni dinero, ni una casa, ni muebles, ni ropa de cama, ni nada. Sólo estaba la fe puesta en Nuestra Señora y la bendita generosidad de aquellos que hicieron la promesa de no claudicar, de proteger el mensaje y no permitir que todo quedara en el olvido", dijo.

Generosidad es, sin lugar a dudas, uno de los signos para entender el segundo ciclo de la aparición de la Señora en Chile. Comenzó inmediatamente después del 12 de junio de 1988 —día en que concluyeron las manifestaciones extraordinarias en Peñablanca a causa del castigo[4]— y finalizó el 27 de septiembre de 2008 cuando murió Romanov. En esos 20 años Miner escuchó cientos, quizás miles de mensajes que un puñado de creyentes atribuye su origen a la Madre de Cristo. Otros 14 millones de chilenos, incluidos cardenales, monseñores, obispos, sacerdotes, diáconos, profesores, políticos, periodistas, médicos, marinos, militares, empresarios y teólogos tildan el fenómeno de un invento planeado por un mitómano que, en un momento de la historia moderna de Chile, supo engañar incluso a las esposas de los ex integrantes de la junta militar de

---

[4] A principios de 1998 Romanov anunció que la Señora le advirtió que se marcharía de Peñablanca porque nadie hacía caso a su mensaje. El 12 de junio de ese año, día en que se cumplió el quinto aniversario de las visitas, se registró la última aparición en el cerro *El membrillar*.

gobierno que encabezó el polémico y cuestionado general Augusto Pinochet Ugarte.

Las mujeres de Pinochet, Lucía Hiriat, y del almirante José Toribio Merino, Margarita Riofrío, entre otras personalidades del gobierno de facto que derrocó al presidente Salvador Allende el 11 de septiembre de 1973, subieron al cerro de Peñablanca en varias ocasiones. "Lo hicieron en días que no había aparición y se reunía poca gente a rezar", contó Alejandro Cantuarias, un vendedor de periódicos de Villa Alemana que aseguró haber visto a ambas esposas en el sitio de los fenómenos, vestidas de negro y Rosario en mano protegidas por un espeso cerco de seguridad. "Las señoras se estaban un rato, en silencio. Después saludaban a los que se cruzaban en el camino hacia la caravana de automóviles y se iban a toda prisa. Siempre fueron en horas del atardecer, poco antes de la caída del sol".

Romanov me comentó en una de las entrevistas que sostuvimos en Santiago que habló con ellas y que la esposa de Pinochet mostró mayor interés por las profecías, mientras que la esposa de Merino le preguntó cómo era la Señora, cómo vestía, qué edad tenía y qué mensajes le había entregado.

Si bien la presencia de ambas le dio relevancia al fenómeno, el tema central siguió, sigue y seguirá siendo Romanov y su misteriosa vida. Por tanto, cabe preguntar: ¿quién fue Karole Romanov? ¿Es cierto que vió a la Virgen María, la Dama Blanca de La Paz, la Theotokos, la Madre de los Pobres Pecadores y Madre de los Afligidos? ¿Habló con Ella? ¿Cómo habló con ella? ¿Con palabras? ¿Por telepatía? ¿Movía los labios? ¿Alguien más veía a la Virgen, aparte de Romanov? ¿Cómo escuchaban las otras personas que estaban en el cerro —congregadas durante las apariciones— los mensajes de la Señora? ¿Oían ellas lo mismo que escuchaba Romanov? Y si escucharon otra cosa, ¿por qué escucharon un mensaje distinto? ¿Qué le dijo la Señora a Romanov? ¿Por qué a Romanov y no a un sacerdote, a un obispo o a un cardenal? ¿Cuántas visitas hubo en Peñablanca? ¿Cuántas visitas hubo en Santiago y cuántas en Villa Alemana? ¿Hubo apariciones en otros lugares de Chile? ¿Adónde? ¿Hubo apariciones fuera de Chile? ¿Adónde? ¿Por qué no se registraron? ¿Por qué se desató tanta polémica por la sexualidad de Romanov? ¿Quién fue Miguel Ángel Poblete? ¿Qué dijo que escandalizó a la Conferencia de Obispos Católicos de Chile y a El Vaticano reinado por el Papa Juan Pablo II? ¿Eran ciertas las profecías que reveló la Señora? ¿Se movió el sol en Peñablanca tal y como lo hizo en Fátima, Portugal, el 13 de octubre de 1917? ¿O se quedó quieto, pero durante horas cambiando de color como el día en que Dios entregó al amorreo a merced de los hijos de Israel y dijo en presencia de ellos: Sol, no te muevas de encima de Gabaón, tal como cuenta la historia registrada en el Antiguo Testamento, en el Libro de Josué capítulo 10, del versículo 12 en adelante? (Jos10, 12s) ¿Hubo testigos en Peñablanca, Santiago, Villa Alemana y fuera de Chile? ¿Cuántos? ¿Dónde están? ¿Por qué se escondieron? ¿A qué le tuvieron y le tienen miedo? ¿Qué hicieron los canales de televisión con las filmaciones de aquellos días? ¿Dónde quedaron los negativos del diario *El Mercurio* y *La Tercera de la Hora*, y del vespertino *La Estrella* de Valparaíso por citar algunos y por qué no fueron revisados por las dos comisiones investigadoras nombradas por el Obispo Valenzuela?

Otro aspecto que consideré importante en la elaboración de este amplio libro—reportaje periodístico, es que se supone que la jerarquía de la Iglesia Católica de Chile discutió los fenómenos de Peñablanca, habló con Romanov (o Poblete en aquel tiempo), llamó a feligreses para registrar sus experiencias, pidió las grabaciones hechas por testigos para estudiarlas, solicitó fotografías y todo tipo de material fílmico para indagar cada uno de ellos, anotó mensajes y revelaciones y las comparó con los registros archivados en la Sagrada Congregación para la Doctrina de la Fe de El Vaticano, pidió asesoría a la Santa Sede y requirió la presencia de investigadores expertos en este tipo de fenómenos. Pero no lo hizo y tampoco intentó hacerlo.

A comienzos del otoño de 1992 los ataques en contra de Romanov eran crueles, hirientes, malintencionados y morbosos. Hablaban de ella como se habla de un perro de nadie y ninguno de aquellos que la atacaban era capaz de probar una sola acusación, de aportar evidencias que sostuvieran sus argumentos. En medio de ese vendaval de recriminaciones, de esa vorágine de iras, el fondo del tema en cuestión —el mensaje de la Señora— se estaba desvaneciendo al punto que ya pocos en Chile, con excepción de unas cuantas docenas, recuerdan con certeza qué fue lo que la Virgen dijo entre el domingo 12 de junio de 1983 y el sábado 27 de septiembre de 2008.

—A la pobre Karole le dijeron de todo —resumió la hermana Miner el día de su muerte—. Pero nunca negó a Nuestra Señora. Nunca.

Unas seis o siete semanas antes de morir, Romanov me explicó durante una de nuestras últimas entrevistas por teléfono: "Yo no voy a hacer lo mismo que hizo Conchita con Garabandal, que ante la presión de los curas y del pueblo negó haber visto a la Nuestra Señora. Y que cuando quiso reparar lo que había hecho, ya era demasiado tarde".

—¿Qué tan tarde? —le pregunté.

—La negó —sostuvo.

—¿Dónde está ahora Conchita? —volví a preguntar.

—Vive en Nueva York, Estados Unidos. La negativa que hizo, por miedo, paró en seco la investigación de El Vaticano.

El 10 de marzo de 1967, la mencionada instancia religiosa o ex Santo Oficio, envió una carta al Obispo de Santander en la que dijo no haber motivo para que ese Dicasterio "se inmiscuya directamente en ese asunto", recomendó mantener la "prudencia" y pidió a los Ordinarios del lugar "disuadir a sus fieles de las peregrinaciones y actos de piedad motivados por las referidas supuestas apariciones y mensajes".

Algo similar ocurrió en Chile entre junio de 1983 y abril de 1984[5], con la diferencia que esta vez El Vaticano no intervino porque el Obispo de la Diócesis de Valparaíso —a la que pertenece Peñablanca— no elevó pedido alguno de investigación a la Santa Sede.

— Miedo —indicó Romanov.

— ¿A qué? —pregunté.

—Al mensaje de Nuestra Señora —respondió ella.

Cada vez que hablábamos del rechazo a este tipo de acontecimientos, Romanov subrayaba el miedo del clero de la Iglesia Católica chilena a las palabras de la Virgen María que ella había recibido. Aseguró una vez que en Peñablanca la Señora repitió el mismo mensaje que "Ella entregó en otras apariciones", pero que en todos aquellos fenómenos sobrenaturales cardenales, obispos y sacerdotes, incluso el propio Vaticano, "guardaron un silencio pactado" para que el tiempo se encargara de borrar las huellas de aquellas visitas.

—¿Lo que dijo la Señora en Peñablanca ya lo conocía El Vaticano? —volví a preguntar.

—Sí.

—¿Desde cuándo?

—Desde La Salette (en Francia). Y luego en Lourdes (también en Francia), Fátima (en Portugal), Garabandal (en España), Bosnia—Herzegovina (en la ex Yugoslavia) y Akita (en Japón)[6].

---

[5] Entre esas fechas el Obispo Francisco de Borja Valenzuela nombró dos comisiones investigadoras integradas por profesores de teología de la Universidad Católica de Valparaíso (UCV). Las instancias, tras breves e incipientes averiguaciones, concluyeron a toda prisa que los hechos de Peñablanca no eran apariciones que pudieran atribuirse a la Virgen María.

[6] A lo largo de la historia de la Iglesia Católica se han registrado fenómenos sobrenaturales conocidos como apariciones marianas. El primero data del año 40 d.C. al apóstol Santiago cuando éste se encontraba en Zaragoza, España,

—¿Dijo lo mismo?

—Sí.

—¿Para qué?

—Pregúntale a Ella.

Cada vez que indagaba un misterio me topaba con la misma respuesta por parte de Romanov: "Pregúntale a Ella". Era como un pretexto cuando la pregunta la incomodaba o no tenía una respuesta a mano. "Pregúntale a Ella", decía en tono molesto, incómoda. ¿Y dónde podía yo encontrar a la Señora y preguntarle por qué razones repetía el mismo mensaje?

En junio de 1994, durante las conmemoraciones del onceavo aniversario de las visitas de la Señora, asistí como reportero con mi grabadora Phillips y dos casetes de audio a una aparición en Villa Alemana. Había alrededor de cincuenta personas, la mayoría adultos, quienes nos congregamos en casa de una misionera que facilitó una parte del patio de su casa para que sirviera de santuario. El encuentro había sido anunciado para las 3 p.m. Desde ese instante y durante al menos cuatro horas, se rezó el Rosario, se leyeron pasajes bíblicos, tomamos té y comimos pan tostado con mantequilla y queso chanco, se habló acerca de la organización de los Apóstoles de los Últimos Tiempos –nombre que según explicó el vidente chileno la Señora le dio para que ayudara a la formación de los integrantes de su ejército tal y como lo había solicitado por primera vez en La Salette, en 1846– y aguardamos pacientemente la visita. De pronto, pasadas las 8 p.m., Romanov cayó en éxtasis, un estado que jamás en mi vida había presenciado.

El cuerpo de la vidente no se alteró, no cambió, no se transformó ni asumió un comportamiento distinto al humano. Tampoco tomó modales como si se tratara de una persona enferma, ni física ni psicológicamente. Simplemente se entregó con una felicidad completa y una docilidad única, un arrebato absoluto al mandato de algo que nadie más, excepto el o la vidente, pueden ver y vivir.

Los presentes simplemente vimos lo que sucedió con Romanov: su alegría, su mirada en dirección a algo que había en medio de la

---

y sufrió una prueba de fe. La Santísima Virgen se le apareció –todavía en vida– para darle ánimos y fuerzas en su misión evangelizadora. Las citadas por Romanov le fueron indicadas por la Señora como ciertas, y de ellas Lourdes y Fátima son las únicas, por ahora, reconocidas por El Vaticano, mientras que Garabandal las investigaciones fueron cerradas por la negación de Conchita y las otras tres siguen siendo actualmente revisadas por investigadores de la Sagrada Congregación para la Doctrina de la Fe, dependencia encargada de aprobar o desaprobar este tipo de sucesos.

primera oscuridad de la noche pero que nosotros no reparamos, su sonrisa, su asentimiento y escuchamos cómo la voz le cambió; pasó de un acento como el de cualquier mujer con un timbre algo grave, a un acento con fuertes rasgos femeninos y suave, y la pronunciación perfecta, como el de una española que remarca las zetas con singular gracia. De pronto Romanov giró hacia donde yo me encontraba, a unos tres metros de distancia a su lado derecho, la cabeza en alto como siguiendo el curso de un ser invisible por sobre la copa de los árboles —de unos cinco metros de altura— y me habló por mi nombre:

—Jorge, hazme tu pregunta —recuerdo que mencionó con una voz suave y conmovedora.

No pude abrir la boca ni hacer pregunta alguna. La sorpresa fue inmensa, indescriptible. Por lo general, cuando preparo un reportaje, tengo listas tres o cuatro preguntas para establecer un contacto con una fuente. Pero esa vez se me borraron en una fracción de segundo.

En otra ocasión, cuando inicié la serie de entrevistas que me llevaron a escribir este libro—reportaje, en 1993, Romanov me reiteró:

—Los curas no toleran que Nuestra Señora les diga sus verdades. Se ponen furiosos, les incomoda. Yo creo que a muchos se les revuelve la conciencia.

—¿Cuáles verdades? —le pregunté.

—En La Salette (Francia, 1846) y Peñablanca (a partir del 12 de junio de 1983).

—¿Qué ocurrió en ambos sitios? —volví a preguntar.

—Nuestra Señora repitió el mismo mensaje. Ella dijo: "Los sacerdotes, ministros de mi Hijo, por su mala vida, por su impiedad al celebrar los Santos Misterios, por su amor al dinero, a los honores y a los placeres, se han convertido en cloacas de impurezas. Sí, claman venganza. La venganza está suspendida sobre sus cabezas. Maldición a los sacerdotes y a las personas consagradas a Dios, que con sus infidelidades y su mala vida crucifican a mi Hijo, Vuestro Señor"[7].

---

[7] La aparición de La Salette se registró el 19 de septiembre de 1846, en Francia. La Santísima Virgen, señala la historia registrada pero no aprobada en su totalidad por El Vaticano, se le apareció a dos pastores del lugar, Melania, de 14 años, y Maximino, de 11 años de edad. Estando ambos niños en éxtasis, la Señora les dio un extenso mensaje que, dijo, debían guardarlo y divulgarlo 12 años más tarde, en 1858. Una parte del texto dice: "Los sacerdotes, ministros de mi Hijo, por su mala vida, por sus irreverencias y por su impiedad en celebrar los santos misterios, por su amor al dinero, a los honores y a los placeres, se han convertido en cloacas de impurezas". Fue la primera vez que la humanidad conoció este mensaje. En años posteriores, la Señora lo repitió en Lour-

—¿Están, los jerarcas de la Conferencia Episcopal de Chile, enojados por este mensaje?

—Claro. Ellos dicen que Nuestra Señora no puede decir malas palabras. Pero Ella no dijo una mala palabra, no expresó un garabato. La primera vez que pronunció este mensaje fui yo quien le preguntó qué significaba la palabra 'cloaca' y Ella me enseñó lo que quiere decir. Entonces yo dije: '¡Ah, donde va a parar la mierda!' Y tomaron eso como que lo dijo Nuestra Señora. Pero Ella no dijo la mala palabra, no dijo 'mierda'. Eso lo dije yo. Ella dijo cloaca. ¿Captas? Se basan en eso, en ese detalle que enredaron ellos mismos para negar la aparición y desechar el mensaje.

Los temas de conversación que desarrollé con Romanov siempre se relacionaron con la Virgen María y sus mensajes, incluso cuando ahondamos sobre otros asuntos tales como política, teología, historia de la Iglesia o historia bíblica. Al final de cada debate aparecía una referencia, un pasaje de la vida de Ella —de la Madre de Cristo—, un episodio por lo general desconocido para mí. Y cada vez que mencionaba a la Señora lo hacía con respeto, con palabras buenas, con gestos de gratitud, la mirada franca y hablar pausado. No había titubeos.

—Nuestra Señora me dijo, Nuestra Señora dice, Nuestra Señora pidió, Nuestra Señora nos pide, Nuestra Señora lloró, Nuestra Señora intervino, Nuestra Señora sonrió, Nuestra Señora se puso triste, Nuestra Señora quiere que recemos, Nuestra Señora...

Bajo cualquier circunstancia —algunas veces enferma, otras inmersa en la más absoluta pobreza— Romanov se escuchó convincente con los asuntos de la aparición. En los 15 años que dediqué a recopilar datos y documentos para escribir este libro—reportaje sobre el misterio de Peñablanca no escuché desatinos, ni de los mensajes ni de las enseñanzas ni de las advertencias que le entregó la Señora. Su amor por Ella era sin condiciones, total, firme a pesar de las críticas y las amenazas que recibió en los 25 años y tres meses de manifestaciones.

—Hablar mal de Karole Romanov era como una obsesión para quienes no creyeron en las apariciones de Nuestra Señora—me sinceró Miner.

La obsesión llegó a extremos poco antes de su muerte, cuando algunos medios de prensa —entre ellos los diarios *La Cuarta*, *El Mercurio* y la *Estrella* de Valparaíso— aseguraron que el vidente de

---

des (Francia, 1858), Fátima (Portugal, 1917), Garabandal (España, entre 1961 y 1964); y Peñablanca (Chile, entre el 12 de junio de 1983 y el 27 de septiembre de 2008). Sólo Lourdes y Fátima han sido reconocidas por El Vaticano como apariciones verdaderas. Las otras no han sido del todo rechazadas, pero sus causas de investigación permanecen congeladas.

la Virgen de Peñablanca era un alcohólico y homosexual que había fundado una secta para desafiar la autoridad del obispo.

—Los ataques siempre estuvieron dirigidos a desacreditarla como persona —señaló Miner—. No la dejaron nunca tranquila, no vinieron a ella a preguntarle qué vio, qué dijo Nuestra Señora, qué pidió Nuestra Señora, qué mensaje dio Nuestra Señora y qué quiso Nuestra Señora que nosotros hiciéramos y cuál fue el consejo que entregó en una fecha determinada. La insultaron al punto que algunas veces flaqueó, como cedemos todos. Lloró, una lágrima aquí y allá, una cosa pequeña, pero al cabo de los minutos se reponía con la fuerza de su carácter. Siempre tuvo la entereza, pero sobre todo la voluntad y el coraje de no negar jamás la aparición.

Entre marzo de 1993 y diciembre de 1995 seguí de cerca los fenómenos sobrenaturales ocurridos en Chile y establecí una relación directa con Romanov, la que mantuve hasta el día en que perdió la batalla contra el cáncer de páncreas, el 27 de septiembre de 2008. En todo ese tiempo hablé con sacerdotes, enviados privados del Papa Juan Pablo II que viajaron a Chile, policías que vigilaron el cerro de las apariciones, funcionarios del gobierno de Patricio Aylwin que se mofaron de los hechos, personas que creyeron y después dejaron de hacerlo, gente que nunca creyó y siguen sin creer, individuos que al principio se burlaron y que ahora dudan de sus comportamientos y le conceden a Romanov el beneficio de la duda, y algunos a quienes los fenómenos los cautivaron desde el primer día y todavía creen, a pesar de los años, las risotadas, las críticas y las advertencias reiteradas del Obispado de Valparaíso. En todo ese tiempo pude contrastar parte importante de la información que me entregó Romanov y datos que guardé de las conversaciones que sostuvimos entre el otoño de 1992 y mediados de julio de 2008. Primero cara a cara y después por teléfono, con mis llamadas semanales en los últimos cinco años antes de su muerte.

Un día de invierno de 2006 Romanov me dijo por teléfono: "Esta noche transmitirán un reportaje en la televisión, antes del noticiero de Megavisión"[8]. Vi la entrevista desde Miami a través del internet. A la mañana siguiente, conversamos sobre el tema.

—Dijeron que yo fundé una secta —gritó Romanov, enojada.

—Ya —respondí.

—Eso no es verdad.

—Ya —volví a decir.

—Hicimos caso a lo que dijo Nuestra Señora. Ella pidió su Ejér-

---

[8] Una de las estaciones de televisión que transmite nacionalmente desde Santiago.

cito de los Apóstoles de los Últimos Tiempos. No somos una secta.
—Criticaron muchas cosas.
—Pero transmitieron el mensaje que quería Nuestra Señora. ¿Lo notaste?

No supe qué responder. ¿A qué mensaje se refirió? ¿Una profecía? ¿Cuál? ¿De qué se trata? ¿Cuándo la dijo por primera vez? ¿Del Gran Milagro? ¿Del terremoto? ¿De la hambruna? ¿La pobreza mundial? ¿Las pestes? ¿La última guerra? ¿La Segunda Venida de Nuestro Señor Jesucristo en Gloria y Majestad?

Miner dijo que los asuntos de la Señora se irán "desvelando poco a poco", con el paso del tiempo, a cada quien una fracción de las promesas hechas por Ella en sus 25 años y tres meses de visitas frecuentes a Chile, "bendiciones para el bien de nuestras almas", aseguró.

Una fracción de ese velo de misterio que envuelve Peñablanca podría, en cualquier momento, comenzar a ser levantado por quienes fueron testigos de la aparición, porque al fin y al cabo fueron ellos los invitados a estar ahí, los portadores de enseñanzas, advertencias, consejos y profecías dichas por la Madre de Cristo a Romanov. Pero siguen callados, temerosos, quizás avergonzados de que al menor movimiento les caiga encima una parte de las acusaciones infundadas que lanzaron a la vidente en sus 25 años de vida pública.

Esta historia la iba a publicar hace casi cuatro años, pero por diversas circunstancias el esfuerzo se vio interrumpido por un sinnúmero de inconvenientes.
—No puedo finalizar el libro —le comenté a Romanov a finales de 2006.
—Ya —respondió.
—Me pregunto cuándo seré capaz de concluirlo.
—Cuando me muera. Porque si estoy viva, puede que haya algo más que agregar.
No supe qué responder.
—Y me queda poco —agregó—. Me iré pronto.
—Siempre lo dices —le dije.
—¿Rezarás por mí?
—Ya.
—Yo rezaré por ti donde quiera que me encuentre.

Capítulo dos

EL PRINCIPIO
*"Los ministros de mi Hijo no creerán
en lo que le dirán al pueblo".*
Fragmento del Tercer Secreto de Fátima.

La primera vez que Romanov vio a la Señora tenía diez u once
años. "No conozco mi edad", dijo tiempo después a un grupo de
fieles, entre las que se encontraba Inés Loyola, quien me contó
este detalle. Tras una pausa —y luego de confirmar que traía asida
al cuello una cadena de plata con la imagen de *La Milagrosa*—,
señaló que el día más importante de los vividos en Peñablanca, sin
lugar a dudas, fue el domingo 12 de junio de 1983, "el primero", y
como ése no habrá ningún otro, indicó.

Detalló que el día anterior, sábado, llovió toda la mañana y
parte de la tarde, que la temperatura estuvo por debajo de los 7
grados Centígrados y que el viento cimbró los postes del alumbrado
público. Pero el domingo aclaró "y parecía una primavera" en mitad
del invierno.

"Todo estaba mojado", relató. Dijo que ese día los demás niños
que habitaban con ella en el orfanato "se fueron de paseo a Limache
(ciudad ubicada unos 12 km al norte de Peñablanca), pero a mí me
dejaron porque no había espacio en la micro" (autobús). Y agregó: "Por eso fui a caminar al cerro. Cuando llegué a la cima, el sol
alumbraba distinto y el suelo estaba como salpicado", así, como con
manchitas de colores, como se mira el piso de las iglesias cuando
los rayos del sol atraviesan los vitrales[9].

Eran las 12 del mediodía. "Escuché el ruido", les narró a los
primeros creyentes. "Fue como un trueno, pero más suave. Después
hubo silencio. Al poco rato vino un viento que sacudió los espinos
y las ramas de los eucaliptos".

Los testigos permanecieron mudos. No dijeron nada porque
no tenían conocimiento de lo que Romanov les estaba contando.

"Miré hacia los árboles, pero en ellos no había ninguna cosa",
prosiguió. "El valle (que une Peñablanca con las montañas de la
Cordillera de la Costa, en dirección a la localidad de Granizo, al

---

[9] Este mismo fenómeno, de las manchas de colores sobre el suelo de tierra,
fue registrado el 13 de mayo de 1917 en Fátima. Los testigos de aquel día,
unos 80,000 según reportes de prensa de la época, mencionaron el misterioso
detalle.

interior de Limache) estaba despejado. Y cuando levanté la cabeza apareció la luz. Al comienzo era del tamaño de una pelota de ping pong, pero cuando se acercó adonde yo estaba se hizo más grande, mucho más grande. Adentro, en el medio de ella, se encontraba la Señora como flotando, con un vestido blanco y una capa azul marino, brillante. De las paredes del globo salía una luz todavía más blanca que la luz del sol, pero ésta no me lastimaba los ojos. El globo se movía sobre sí mismo y también se trasladaba de un lugar a otro, rápido, mucho más que todas las cosas que yo conozco. No hay nada que haya visto y que sirva para decir cómo. En un momento estaba arriba, en el cielo, y en el siguiente estaba abajo, cerca de mi cabeza. Nunca he visto volar algo de esa manera y a esa velocidad, menos aún detenerse como lo hace el globo que trajo a la Señora el 12 de junio de 1983", explicó.

Agregó que la mujer que viajaba dentro de la esfera de luz no tenía zapatos, y que cuando se detuvo sobre la copa del espino Ella estaba de pié sobre una cinta de color rojo. "Las ramas del arbusto se inclinaron por el peso de Ella, pero no mucho, sólo un poquito, porque es delgadita. En ese tiempo era más alta que yo, como del porte de un adulto".

Dijo además que de los vestidos de la mujer salieron luces de colores, destellos finos de tonos suaves que se incrustaron en la tierra, "y como una especie de rayo que le salía del centro de su pecho".

Tras una pausa aseveró que el primer instante del fenómeno fue como un "resplandor gigantesco" de color blanco, que el lugar permaneció en silencio y que las ramas de los árboles, de los arbustos, de la hierba, de los troncos, de la tierra y de las piedras estaban como encendidos.

"Pensé que el árbol donde Ella puso los pies se quemaba, pero ese fuego no ardía, sino que traspasaba las cosas. Esa luz tenía vida, se movía dentro de si misma, como que hierve a fuego lento, pero no quemaba", apuntó.

"En un momento todo lo que vivía se detuvo", describió un instante después. "Menos el globo. Las ramas de los árboles tampoco, y el viento, los insectos, el pasto, el polvo, las arañas, las golondrinas, el sonido, las avispas, el aire, los olores... Todo se quedó inmóvil, como detenido en el tiempo. Sentí una cosa extraña. Pero no tuve miedo", aseguró Romanov.

Pregunté cuánto duró aquella experiencia y respondió que no lo sabe con exactitud. "Las horas pasaron como volando. Cuando Ella se fue pensé que habían transcurrido no más de cinco minutos. Entonces bajé del cerro. Pero cuando iba corriendo me di cuenta de que el sol ya no estaba sobre mi cabeza, sino que comenzaba a darme en la cara. Ahí fue cuando quise saber la hora", añadió.

—¿A qué hora viste por primera vez el globo de luz?

—Al mediodía, como a las doce.

—¿Cómo sabes que era mediodía si no levabas un reloj contigo?

—Por el silbato del tren. Justo a las 12:00 p.m. el automotor que sale a Valparaíso pita y avisa que va a cerrar las puertas. Lo hace todos los días.

—¿Oíste el silbato?

—Sí. Y después del silbato vino el viento.

—¿Sabes exactamente cuánto tiempo estuvo la Señora sobre el espino?

—No.

—¿No lo sabes?

—Al comienzo no lo supe. Cuando bajé del cerro encontré a unas personas en la calle y les pregunté la hora. Me dijeron que faltaba poco para las 5:00 p.m.

—¿Cuánto tiempo tardaste en bajar del cerro?

—Como 10 minutos; bajé corriendo.

—¿Quieres decir que el primer encuentro con la Señora duró más de cuatro horas?

—Sí.

—¿Y qué ocurrió en todo ese tiempo?

—Ella me habló.

—¿Durante cuatro o cinco horas?

—Yo no sentí el tiempo.

—¿Qué te dijo?

—Me dio conocimientos.

—¿Conocimientos?

—Cosas que ocurrieron en el pasado.

—¿Te contó historias?

—Me mostró el principio.

—¿Cuál principio?

—Cosas antiguas. Ella dijo que pertenecen al Génesis, al principio de la vida.

—¿Qué hiciste con esas historias?

—Tienes que llamarlas conocimientos.

—¿Por qué conocimientos?

—Porque Ella así lo dijo.

—¿Qué conocimientos te entregó?

—Secretos.

—¿Por qué entonces lo mencionas?

—Me preguntaste qué pasó el primer día.

—¿Qué sucedió después que Ella te entregó aquellos secretos?
—Vino la tristeza. Ya triste, pidió que la humanidad enmendara los pasos para evitar la guerra. Y cuando estaba a punto de llorar repitió tres veces la súplica: 'Penitencia, penitencia, penitencia...' Antes de irse pidió que hiciéramos sacrificios y recomendó que recemos el Rosario.

Romanov contó que la tristeza de aquella mujer era inmensa, sobre todo cuando suplicó "penitencia". Su voz sonó como un ruego amargo, un grito desesperado, una agonía eterna, pero en voz baja.
—¿Me entiende? —preguntó.
Luego explicó que cuando hizo el primer relato al pequeño grupo que se hallaba reunido en una esquina, cerca de las faldas del cerro, mencionó algunos detalles del globo de luz, y también de los vestidos de la Señora.
—Les dije que en el momento de desaparecer prometió volver el segundo día de la semana, a la misma hora.
—Bien, será el martes —dijo uno.
Romanov frenó de golpe los comentarios. Avanzó hacia el que habló en nombre de los demás e increpó: "No, lunes. Nuestra Señora dijo que el primer día de la semana es domingo, el más importante de todos, y que el segundo día es lunes".
Se vieron los rostros y se encogieron de hombros.
—¿Y qué si es lunes o martes? Da lo mismo. Tú dinos cuándo irás al cerro, que nosotros caminaremos contigo.
La noticia se propagó como reguero de pólvora. Antes del atardecer los hombres del pueblo salieron nuevamente a las esquinas para discutir en torno a cuál de los días de la semana era el primero, pero no hallaron respuestas.
—Debemos preguntarle al párroco —sugirió uno.
—Es cierto, él debe saberlo —reforzó otro.
Cuando llegaron a la sacristía la curiosidad de todos era extrema. Querían saber quién había cambiado el orden de los días de la semana, cuándo, dónde se dieron tales disposiciones, cuál de las encíclicas hablaba de semejante instrucción y qué Sumo Pontífice —y en qué año— firmó el documento. También preguntaron por qué no se les había notificado y cuál fue el propósito—si es que lo hubo —de celar tan valiosa información.
—Los curas esconden datos —concluyeron los primeros visitantes al cerro.
El párroco, en cambio, preguntó de dónde había surgido el inusitado interés, sobre todo el mostrado por unos que ni siquiera

frecuentaban la parroquia. Cuando se cansaron de preguntar y no hallaron respuestas, llamaron a Romanov y le pidieron que repitiera exactamente lo que había escuchado decir a la Señora.

—Que vaya el segundo día, a las 3:00 p.m. —dijo.

Después de los suspiros se dejó caer el silencio. Con el silencio apareció el miedo, el miedo trajo el murmullo y tras el murmullo vinieron las críticas.

—¿Y cuál es el primer día de la semana? —preguntó uno.

—Ella dijo que el domingo —respondió Romanov.

—¿El domingo, por qué el domingo? ¿Acaso el primer día de la semana no es lunes? —increpó el que se había atribuido la representación del pueblo.

—Nuestra Señora enseñó que toda semana comienza con Dios por delante y que el segundo día es lunes, no martes.

—¿Ella te dijo que es domingo? ¿No te enseñaron en el colegio que el domingo es el último día de la semana? ¿No cabe la posibilidad de que la mujer que viste esté equivocada, que haya dicho otra cosa y que tal vez ni siquiera mencionó un día en particular? —insistió otro.

—Nuestra Señora me ordenó que vaya el segundo día y eso haré.

Al día siguiente, lunes 13 de junio de 1983, pasado el mediodía, en la cima del cerro se congregó una treintena de curiosos que quiso comprobar qué tan cierto era la historia de la mujer que viajaba dentro de un globo de luz y averiguar si en verdad se le había transfigurado la cabeza y tenía los pies descalzos, y debajo de ellos un listón rojo.

—Y la mirada triste —recordó un anciano.

Cuando busqué respuestas, 10 años más tarde, hubo quienes aseguraron haber interpretado aquella primera visión como el aviso que antecede al terremoto, la inundación, el dantesco incendio forestal fuera de temporada, un naufragio, un deslave cordillerano o la fractura de un glaciar en pleno invierno. Otros, por el contrario, mencionaron que el fenómeno pudo haber estado relacionado con el cumplimiento de alguna olvidada profecía indígena.

—Las leyendas mapuches no tienen edad —mencionó un viejo que vivía a los pies del cerro—. Una de ellas dice que entre la niebla de los bosques del sur se esconde una mujer de cabellos de oro y los ojos color esmeralda. Cuenta que se le apareció a cuanto guerrero lloró en los márgenes del río Bío-Bío a causa de las injusticias cometidas por los conquistadores, y que a todos quienes pudieron verla les dio ánimo para que volvieran al campo de batalla. Pero que cuando murió el último bravío, a finales del Siglo XVII, la mujer tomó la niebla y se marchó de Chile, llevándose consigo el secreto de los copihues.

Otra historia, ya marchita, narra que en algún tiempo venidero el viento recobrará la memoria de los araucanos y traerá de regreso la ira que sembraron los españoles.

"En México se cuentan historias parecidas", dijo Romanov una tarde, en el invierno de 1993. "Nuestra Señora de Guadalupe vino a darle ánimo al indígena, a socorrerlo del maltrato y la humillación, y a entregarles el verdadero Evangelio. Pero esa parte de la historia la ocultan porque les causa vergüenza".

—¿Quién la oculta? —le pregunté.

—La jerarquía de la Iglesia —respondió.

—¿Por qué? —le volví a preguntar.

—Porque sabe que se equivocó. El fin del descubrimiento era el Evangelio. Pero lo cambiaron por la humillación, el horror y la muerte.

Capítulo tres

MIGUEL ANGEL POBLETE
"Muchos cardenales odian al Santo Padre".
Fragmento del mensaje registrado en
Peñablanca, Chile, el 9 de abril de 1988.

La vida del niño Miguel Ángel Poblete está rodeada de misterio,
y lo seguirá estando por muchos años, quizás para siempre. De lo
poco que se ha hecho público —contado por Romanov en el curso de
sus 25 años de vida como vidente—, nació en Curicó el 27 de mayo
de 1969. Su madre, de apenas 15 años, no pudo cuidarlo y lo entregó
en adopción al Servicio Nacional de Salud cuando cumplió cinco
semanas. Poco después quedó al cuidado de una mujer de nombre
María, quien lo crió y protegió junto a otros niños hasta la edad de
nueve años. La pobreza y escasez de recursos forzó a su madre adoptiva a devolverlo al Estado, quien lo envió a un hogar de menores.
   Entre 1975 y 1982, Poblete vivió en varios orfanatos. El último
fue el Hogar Carlos Van Buren, en Villa Alemana, que abandonó en
julio de 1983.
   "Después de Curicó viví en Santiago", me contó Romanov a finales de 1994. "Un día nos fuimos de paseo al Arrayán, a la casa de
descanso de (el ex presidente Salvador) Allende. Cuando veníamos
de regreso por la cuesta, al bus se le cortaron los frenos en una curva.
Se fue a toda velocidad y se accidentó. Me fracturé la columna. Casi
me quedé inválida".

   Tres meses después volvió a caminar.

   Otros detalles de su infancia no fueron mencionados por Romanov, con excepción de malos tratos y abusos cometidos por funcionarios de los hogares de menores del Estado de Chile.

   —Los papis mandaban —contó ella—. Si no hacías caso a un
papi, la pasabas mal. Si hacías caso, igual. Sobrevivir no era fácil. Y
que ellos no fueran a darse cuenta que sus castigos dolían, porque
entonces te daban con lo que pillaban a mano.

   No hay mucho que narrar entre el 27 de mayo de 1969 y el 11 de
junio de 1983. La nueva vida de Miguel Ángel Poblete comenzó al
mediodía del domingo 12 de junio de 1983, fecha en que se registró

la primera visita de la Señora en el cerro *El membrillar* de Villa Alemana. "Yo andaba caminando por la cima", me contó. "Fui allá porque ese día todos se marcharon de paseo, a Granizo, y me dejaron porque no había espacio en el bus. Y como no tenía nada que hacer, me fui a caminar. Andaba por ahí cuando vi una luz, como un rayo. 'Va a llover', dije. 'Pero no hay una sola nube'. Vino otrò rayo, un poco más cerca. 'Va a llover', volví a decir. Pero no llovió. Al poquito rato del segundo rayo vi una luz como un globo que bajó del cielo a toda velocidad y se posó sobre la copa de un espino. Ahí vi a Nuestra Señora. Al comienzo me asusté, pero Ella me dijo que no tuviera miedo. Cuando me acerqué un poquito al árbol, ella repitió tres veces la palabra penitencia", me relató en privado en diciembre de 1994. "Después me pidió que regresara al segundo día de la semana. Yo le dije el martes, pero Ella me dijo que el martes no era el segundo día de la semana, que el segundo era el lunes porque el primero era el domingo. Al principio no entendía ni jota lo que Ella me decía, pero con el pasar de los días fui aprendiendo. Me dijo que si otros hubiesen estado conmigo aquella tarde, la habrían visto tal y como yo la vi, en cuerpo y alma. Pero no había nadie más conmigo aquel domingo".

A partir de ese instante, la Señora se convirtió en su Madre adoptiva hasta el día de su muerte, el 27 de septiembre de 2008. "Yo no soy huérfana", me dijo en el verano de 2007 durante una conversación telefónica. "Estuve sola un tiempo cuando chica, pero Nuestra Señora siempre estuvo conmigo. Y contigo y todo el mundo. Ella es la Madre de la humanidad"[10].

---

[10]Los mejores calificativos de Romanov estaban reservados para la Señora. Ella era el centro de su vida, claro está, después de Dios. Eso siempre lo dejó muy en claro.

Capítulo cuatro

Y LLORARÁN A GRITOS
"El pánico se verá en todas partes,
pero quien está con Cristo no tema".
Fragmento del mensaje registrado en
Peñablanca, Chile, el 17 de marzo de 1985.

Los primeros testigos se congregaron en la cima del cerro mucho antes de la hora indicada en que ocurriría la aparición. Y mientras esperaron la llegada de la Señora se impacientaron y criticaron al resto del pueblo. También hicieron conjeturas respecto al origen de la extraña visitante, su edad, su estatura, el color de su piel y de sus ojos e intentaron descubrir por qué no le dirigió la palabra a cualquiera de ellos, gente simple, con familia establecida, patriotas y una fe heredada de antiguas generaciones campesinas.

Cuando Romanov asomó el rostro por entre la maleza, los curiosos rieron, pero después de la risa vino la burla y la burla estuvo a punto de transformarse en insulto. Unos dijeron que su mirada les causó gracia; otros aseguraron que la risa se desató a causa del miedo.

—Cuando la vimos, nos dimos cuenta de que aquello era cierto —señaló uno.

Otro que estuvo presente aquel día contó que hasta poco antes de que apareciera en la cima, "no sabíamos por qué habíamos subido a ese lugar, no teníamos idea qué esperábamos, qué teníamos que hacer, cómo teníamos que estar. Nadie sabía nada. Pero cuando llegó nos entró el miedo por algo que desconocíamos. Por eso reímos, como estúpidos, porque en ese momento, sin que nadie nos explicara, supimos que todo aquello era verdad. Nos dimos cuenta que en Romanov había una obediencia ciega y también nos percatamos de nuestra enorme ignorancia", agregó.

Romanov no habló con nadie de los presentes. Se aisló. Se mantuvo distante unos 30 pasos del grupo, pensativa, reservada. Alguien preguntó al cabo de los minutos:

—¿Es aquí el lugar?

—Sí —respondió.

—¿Junto a ese espino?

—Ella dijo que viniera el segundo día de la semana.

—Mañana.

—No, Ella pidió que el segundo día.

—¿Te dijo el lunes?

—Ella señaló el segundo día de la semana.

—No estoy discutiendo —aclaró el hombre—. ¿Te mencionó una hora?

—A las 3:00 p.m.

—Bien, faltan unos minutos todavía para la hora. Pero si pasa de las 3:00 p.m. nos vamos. ¿Escuchaste? Nos vamos —dijo. El nerviosismo de las gentes se apaciguó cuando escucharon, en la distancia, el silbato del ferrocarril.

—Son las 3:00 p.m. —adelantó uno.

—No se mueve —apuntó otro.

—Está como ausente —afirmó un tercero.

—Mentira —protestó el primero—, se mueve como cualquiera de nosotros. Mejor si volvemos al pueblo y dejamos esta tontería.

—Esperemos unos minutos a ver qué pasa —planteó el más apático—. Pero no digamos nada cuando lleguemos abajo, no sea que se burlen.

Nadie se marchó. ¿Miedo? Nadie lo sabe. ¿Vergüenza? Tampoco. ¿Presintieron algo? ¿Vieron alguna cosa que no han querido contar en todos estos años?

El reloj marcó las 3:18 p.m., las 4:00 p.m., las 4:38 p.m. y el grupo permaneció en el mismo sitio, esperando, hablando en voz baja, preguntando, ideando respuestas, averiguando. Uno o dos minutos antes de las 5:00 p.m. Romanov levantó la cabeza, se quedó mirando hacia lo alto del espino y esbozó una sonrisa. Después asintió un par de veces, lanzó un suspiro, profundo, levantó la mano derecha, se persignó y dijo, con la voz queda:

—Sí.

Y agregó: "Penitencia, penitencia por todos los pecados del mundo. Tú tendrás que hacer cien penitencias y dirás por cada uno de los pecados de los hombres... Dirás: por las maldades y ofensas a mi Hijo, por la impiedad al celebrar los Santos Misterios, por las impurezas, hechicería y por la fabricación de bombas nucleares"[11].

—¿Qué son bombas nucleares? —preguntó[12].

---

[11] Uno de los cambios más notorios vistos en Romanov cuando caía en éxtasis fue su voz. De un marcado acento varonil criollo, típico del común de las gentes de pueblo, cambiaba a un tono femenino, dulce, claro, firme, convincente y con un claro acento español. Era entonces cuando quienes se congregaban en el cerro aseguraban que se trataba de la voz de la Virgen María que les hablaba a ellos, los testigos, para dejarles un mensaje.

[12] Durante los diálogos con la Virgen, muchas veces se escucharon dos voces, la de Romanov y la voz de la Señora. La de Ella, la Madre de Jesús, ya lo ex-

—Lo sabrás a su debido tiempo —respondió la Señora según la transcripción de un casete de audio grabado aquel día. Y añadió: "Este cerro se llamará 'Las siete Estrellas de mi Corona'. Tengo 12 y regalo siete. Dile a un sacerdote que venga en procesión, con gente de aquí y celebre misa en honor a Mí. Dile al sacerdote lo que has visto. Y si no te cree, dile..., dile..., porque él no te creerá. Aquel que tú irás a buscar te pedirá señales y te dirá: 'Si la Madre de Dios quiere algo de mi parroquia se me aparecerá a mí y no a ustedes'. Luego te echará del lugar. Además con éstas palabras: 'Si la Madre de Dios quiere algo de mi parroquia, se me aparecerá a mí y no a ustedes que son pecadores'. Si quiere una señal la haré más adelante, cuando juntemos el rebaño de mi Hijo en la paz. Tú tendrás que padecer antes por mi causa, pero yo te protegeré en todo, en las buenas y en las malas estaré contigo. Pero de cierto te digo, hijito mío, llegará el día que dirás tú: ¿por qué esto? Y dudarás que Yo estoy. Rezad para que no caigáis en tentación".

—¿Por qué la voy a negar? —preguntó Romanov.

—Porque Satanás, rey de la mentira y la soberbia, trata de quitarle los hijos al Señor Nuestro para llevarlos al infierno. Dios pone a sus hijos a prueba. Por eso existe el libre albedrío. Dios es todo amor. Como es vuestro Padre os quiere salvar del fuego del infierno. Y por eso Yo estoy aquí. Vine a salvar almas que van a la perdición. Ayúdame a salvar almas, ¿quieres?

—Pero, ¿cómo voy...?

—Yo te enseñaré a rezar el Rosario y a hacer sacrificios.

Tras una pausa, la mujer de los pies descalzos que viaja dentro del globo de luz denunció: "La moda que existe hoy ofende a Nuestro Señor. La mujer ya no parece mujer y el hombre ya no parece hombre; se han vuelto perros sarnosos. Ellos no entrarán en el Reino de los Cielos. Si se arrepienten de todo corazón y piden a mi Inmaculado Corazón, Yo intercederé ante el Padre por ellos".

Inmediatamente después, dijo: "Hijito mío[13], medita mis palabras antes de decirlas, porque sufrirás bastante. El mundo está

---

pliqué, era la del marcado acento español, en cambio la de Romanov era la misma de siempre, como la de cualquier otro chileno de pueblo. No registraba cambios. Así, los testigos se dieron cuenta que había un diálogo, pero ellos sólo vieron a Romanov y Romanov era la única que veía a la Señora que viajaba dentro de un globo de luz.

[13] Una vez le pregunté a Romanov por qué la Señora le decía 'hijito' al comienzo de la aparición y no 'hijita', puesto que era mujer. Me respondió que Ella "respeta las decisiones de los demás". Que si todos "me conocían como Miguel Ángel, pues entonces me decía 'hijito', para no causar una ofensa". Pero que cuando llegó el momento "de dar a conocer mi verdadera identidad sexual, Ella lo respetó y me llamó 'hijita'. El respeto de Ella no tiene límites".

próximo a una gran confusión. Habrá guerra en todo el mundo, la pobreza estará hasta en las grandes capitales, pero eso no es todo: los científicos están haciendo una bomba que destruirá la mitad del mundo y pobre de aquellos que queden vivos, porque querrán haber muerto y gritarán ¡quiero morir! Pero ya será demasiado tarde. Satanás se posa sobre los grandes científicos y pone en sus mentes la maldad y la soberbia. También te digo, hijo mío, el Santo Padre deberá sufrir mucho. Yo estaré siempre con él".

Luego pidió que todo el pueblo rece "en familia y en grupo el Santo Rosario. Decid: Por la señal de la Santa Cruz. Y con la cruz del Rosario: Señor mío Jesucristo. Después el Acto de Constricción, las tres Ave Marías y al término de cada misterio, decid: 'Oh Jesús mío, perdona nuestros pecados, atrae a todas las almas al Cielo, especialmente a las que más necesitan de tu infinita Misericordia'".

Romanov detalló (según el relato hecho por el arquitecto Álvaro Barros en uno de sus libros sobre Peñablanca) que después de enseñarle el rezo de la oración que va al término del último Ave María de cada misterio, "la Señora me contó uno a uno los misterios del Rosario". Primero explicó que un ángel bajó del Cielo y la saludó con estas palabras: 'Dios te Salve María, llena eres de gracias, el Señor es contigo'. Y el ángel le dijo que sería la Madre de Dios. Y el Verbo se hizo carne.

El segundo misterio, agregó, "fue la visita a su prima Isabel. La Señora narró que al saludarla, ella le contestó: 'Bendita eres entre todas las mujeres y bendito es el fruto de tu vientre'. Y después entonó un canto que no entendí. Pero Ella sólo dijo que yo lo explicara así, que el segundo misterio se trata de la visita de Nuestra Madre a su prima Isabel".

Tras una breve pausa, la Señora contó: "El tercer misterio es el nacimiento de mi Hijo en la cueva de Belén. El cuarto misterio, la presentación de mi Hijo al Altísimo en su Templo. El quinto misterio, la pérdida de mi Hijo. Luego lo fui a buscar, (y) después de tres días lo encontré con los doctores de la ley".

—Después advirtió que ahora vendrán los dolorosos. Ella tenía un Rosario muy largo —detalló Romanov.

La Señora expuso el sexto misterio, "la oración en el Huerto de Getsemaní". El séptimo misterio, "mi Hijo fue amarrado en una columna. Fue azotado en piernas, brazos y la espalda. Los dolores de mi Hijo llegaron a un gran extremo". El octavo misterio, la coronación de púas en la cabeza.

"Una de ellas le rasgó la frente a mi Hijo. Mi Hijo padeció extremos dolores y lo hacía por amor y (por la)[14] salvación del mundo,

---

[14] Los cientos de mensajes transcritos que tuve la oportunidad de leer entre 1993 y 1996, y en los años posteriores estando en Miami y que me enviaron amigos que viven en Chile, son fotocopias de transcripciones que testigos hicieron de grabaciones logradas durante las visitas de la Señora a Peñablanca, Santiago y Villa Alemana. Al preguntarles a algunos de ellos por qué ciertos

para que se cumpliera lo que anunciaron los profetas. El noveno misterio, el madero a cuestas. Él lo llevaba sobre los hombros con las manos abiertas y amarradas al madero, y cuando caía se pegaba en plena cara".

—En ese instante —recordó Romanov en una de las tantas veces que nos reunimos en Santiago—, la Señora lloró y me confió: 'Yo, su Madre, no podía ayudarle porque no me dejaban acercarme a Él'. Y agregó: 'El décimo misterio, la crucifixión en el madero. Fueron clavados en ambas muñecas un clavo. La mano derecha sufrió más que la izquierda porque falló dos veces el clavo, luego en los pies un clavo. Los nervios se le recogieron'.

"Mi corazón se partió en dos al ver a mi Hijo", dijo la Señora aquel día. Romanov detalló que, dicho esto, "se le salió una cosita del pecho y vi un corazón con una espada. Ella me dijo: 'Hijito mío, este corazón que ves tú, ha sufrido mucho por la Pasión de mi Hijo y sigue sufriendo por la pérdida de muchas almas'".

Luego, la hermosa visitante explicó los misterios gloriosos: "El décimo primer misterio, la resurrección y el triunfo de mi Hijo sobre la muerte. El décimo segundo, la subida al Cielo en Gloria y Majestad. El décimo tercer misterio, la venida del Espíritu Santo en forma de lenguas de fuego a los discípulos de mi Hijo. El décimo cuarto misterio, mi subida y glorificación. Por mi Hijo ascendí a los Cielos en cuerpo y alma. El décimo quinto misterio, la coronación de rosas por Madre y Señora de todo lo creado".

Luego de este mensaje, cuyo contenido todavía se mantiene en un viejo casete de audio color naranja en casa de un feligrés que vive en Peñablanca, la Señora anunció que volvería el tercer día de la semana, a la misma hora, que vinieran todos los del pueblo y de los pueblos vecinos, y prometió que sus palabras se quedarían registradas en los corazones de todos quienes acudieran al cerro.

Finalizado el mensaje, Romanov salió del éxtasis. Regresó a la vida de los demás, al tiempo de todos, sin aspavientos, como si al cuerpo le hubiese regresado la voluntad, los movimientos suyos, el mirar suyo, la vida suya. Los primeros que acudieron al llamado, en cambio, enmudecieron, se quedaron perplejos, con una mezcla de asombro y miedo a la vez, afectados por una sensación de pánico

textos parecían incompletos o que les faltaba un artículo o una palabra, respondieron que las transcripciones las ajustaron a lo que registró la cinta de audio o el video tomado por la persona que estuvo presente durante la visita y grabó la voz de Romanov. Con esta respuesta, que explica la existencia de una sana regla editorial, me tome la libertad de agregar, entre paréntesis, el artículo o la palabra que estimo hace falta para que la frase o la oración se presente de una manera, estimo, más completa.

indescriptible que los anuló, como aturdidos, y les dejó la mente en blanco. Hubo quienes intentaron pedir explicaciones, pero la emoción, la conmoción, la impotencia y la desconfianza que les provocó el estar ahí, como ausentes, impidió incluso que se atrevieran a preguntar.

"Fui yo quien caminó hacia donde ellos estaban", contó Romanov. "Pero no les dije nada acerca de la segunda parte del mensaje, porque la Señora dijo que era secreto, y que como secreto debía guardarlo. Que sólo podía decirlo cuando Ella lo dijera y a quien Ella quisiera.

Lo que sigue es la segunda parte del mensaje que la Señora le entregó a Romanov durante la segunda visita a Chile, pero que fue mantenido en secreto durante tres años, cuatro meses y ocho días, hasta el 20 de octubre de 1986.

"El cáliz está desbordado. Grandes tempestades e inundaciones de tierra están ya a punto de ocurrir. Dios ya no puede más. El cáliz está colmado. Pero tiene paciencia todavía para salvar muchas almas y no hacer sufrir (a) muchos inocentes. Más te digo, cada misterio del Rosario debe ser rezado por los pecadores. Diles a mis hijos que ya no es tiempo de pedir favores, sino solamente de pedir por la salvación de las almas y por cada uno. Y tú, Roma, no has entendido el primer canto del gallo y serás destruida por tus pecados. Roma, te dejas guiar por la bestia que ahora los ahoga de a poco. Los ministros no están convencidos de lo que dicen al pueblo. Ellos no saben si esto es verdaderamente cierto. Es en vano que se revistan con la túnica y que sean enriquecidos con el Evangelio. Necesitan la piedad. Al verles cometer tan grandes faltas, ellos vuelven a clavar en la cruz a mi Hijo. El Evangelio está siendo cambiado. Muchos sacerdotes usan las palabras de mi Hijo para su conveniencia. Más te digo, ellos no creen y engañan, los ministros de mi Hijo".

Pocos meses después de la segunda aparición, Romanov confió que el lunes 13 de junio de 1983 la Señora vino de la misma forma como lo hizo la primera vez y se movía dentro del globo de luz blanca que se posó sobre la copa del espino. "El globo es una esfera transparente, silenciosa, que se deja arrastrar por un viento cuya brisa, cuando te roza, te provoca una enorme felicidad", explicó.

Luego detalló: "La Señora estaba sonriendo. Me mostró unas cosas y después se marchó, esta vez más despacio que el primer día. Es como si se desvaneciera en el aire, toda Ella de una sola vez, y también el globo. Antes de desaparecer dijo que volvería el cuarto día de la semana, a las 3:00 p.m."

Nadie formuló preguntas. Dos días más tarde, el 15 de junio, en la cima del cerro se congregaron al menos 100 personas provenientes no sólo de Peñablanca, sino también de ciudades vecinas. A todos los unía una misma curiosidad, las mismas dudas y los mismos miedos. "Muchos querían ver si era cierto que de la cabeza de Nuestra Señora salía un rayo de luz", contó Romanov.

A las 3:00 p.m. de aquel miércoles, Romanov levantó la vista hacia la copa del viejo espino y se quedó con la cabeza inclinada hacia atrás, rígida, por espacio de varios minutos.

"Durante todo ese tiempo sólo movió los labios, pero no escuchamos ni una sola palabra", explicó Alexander Cantuarias, uno de los testigos de la tercera visita. "Era como si estuviera hablando con alguien que los demás no podíamos ver".

Y agregó: "Cuando enderezó la cabeza miró largo rato a los que estábamos ahí, tullidos y muertos de miedo. Y era extraño, ¿sabe?, porque sus movimientos parecían como llevados por algo invisible. Nos miraba, pero al mismo tiempo no lo hacía. ¿Me entiende? Después volvió a inclinar la cabeza hacia atrás, sólo que esta vez lanzamos un grito. ¿Y sabe por qué? Porque dobló la espalda formando un arco hasta casi tocar con la nuca la parte de atrás de sus rodillas".

Cantuarias contuvo la emoción. Suspiró hondo y añadió: "Verla así daba mucho miedo. Pero después recuperó la postura. Cuando pensábamos que todo iba a terminar, hizo un ligero movimiento hacia delante, como para tratar de dar un paso, y fue ahí cuando cayó violentamente al piso. Sus rodillas le sacaron el polvo a la Tierra".

El hombre detalló que el golpe estremeció el cerro "de cima a sima". Explicó que el garrotazo dado por las rodillas de Romanov fue un sonido seco, ensordecedor. "La quebrada retumbó e hizo eco. Hasta los árboles se cimbraron aquella tarde. También las rocas, las cercas, la tierra, el pasto y los demás espinos. Todo lo que había en el valle se sacudió. ¿Y sabe qué? El estacazo fue todavía más violento que el comienzo del terremoto. ¿Ha escuchado cómo empiezan? Yo sí, en el invierno de 1965, un domingo. De repente, sin que nada ni nadie lo advirtiera, ¡zuá! Como cuando caen los rayos en el campo. El golpe viene junto con el estremecimiento, y detrás del estremecimiento aparece la angustia. Así fue cuando Romanov cayó de rodillas frente a todos nosotros".

Según consta en otro casete transcrito por una mujer que vive en una ciudad vecina a Peñablanca, aquel día relatado también por Cantuarias la Señora entregó el siguiente mensaje:

"Medita mis palabras que te he dicho. Reza siempre. Dile a tus compañeros que estoy muy contenta porque han venido aquí. Decidle que deberán rezar el Rosario todos los días para la conversión de los pobres pecadores".

Una breve pausa y añadió: "Mira alrededor, esto será llamado las Siete Estrellas de mi Corona, más cuando haya terminado esta misión, en este lugar se hará una capilla en honor del Corazón Inmaculado de la Encarnación del Hijo de Dios. Mirad a tu alrededor a toda la gente que rodea este cerro. Dirán: ¡Oh, Reina del Socorro! Pedid porque se os dará. El que ame al Señor será llamado Hijo de Dios y de la Sagrada Familia. Más te digo, ustedes deberán sufrir mucho".

Cantuarias y otros dos testigos afirman que después pronunció una profecía que todavía los estremece: "Una noche como la que va a haber hoy, un día cualquiera, cuando la luna brille y la brisa bese los árboles, esa noche se verán las estrellas en ritmo de danza. Hoy verás tú una caer del cielo y estallará en tus propios ojos. Esa llevará una enorme cola luminosa. Una cosa puedo decirte: una noche cualquiera el cielo se abrirá y lloverá por 60 minutos; luego se despejará y el mundo pedirá a gritos la paz, porque verán muchas cosas que no han visto antes. Una guerra llegará por causa de Estados Unidos y Rusia traerá la voz de guerra a la Argentina, y luego Argentina peleará con Chile. Y será una guerra grande, con muchos muertos. Más la gente que no acceda a estas súplicas que pido tristemente, se arrepentirá".

Y prosiguió: "Rezad el Rosario y haced penitencia. En primer lugar, el mundo deberá dar gracias a Dios que aún no está en destrucción. Ese es mi mensaje: gritos y llantos se oirán sobre la faz de la Tierra. Un gran humo negro habrá en el cielo. Todo ser viviente morirá, otros quedarán vivos. Niños llorarán a sus familiares, objetos en el cielo se verán caer sobre la Tierra como lluvia de fuego; luego se oirán gritos de pequeños inocentes que no tendrán el apoyo de sus semejantes. Mi corazón se entristece por aquellos ángeles que no tendrán el amparo de nadie".

El silencio en el cerro parecía eterno. La Señora agregó: "La pobreza reinará por la Tierra. Ni un ser humano será rico entonces, por eso rezad con todo el corazón. Porque habrán días que todos se acordarán de Dios y dirán: ¿Por qué esto? Y los grandes gobernantes dirán al pueblo: malditos sean, tienen la culpa. Y llorarán a gritos. Miguel Ángel", indicó con la voz firme, "de cierto te digo: el que tenga oídos escuche y el que quiera ver, vea. Tendrán que pasar muchas cosas antes de esto. Gloria al Padre del Cielo y haya paz sobre la Tierra".

Tras una nueva pausa y un ruego en voz baja, como implorando, clamando a la voluntad de todos, solicitó: "Venid en caravanas y traed creyentes, porque Yo intercederé por ellos ante el Padre. Y de cierto les voy a decir: si ustedes piden se les dará. No tengan miedo en pedir".

Finalmente, mis fuentes dijeron no tener duda de que la Señora expresó: "Voy a ver si mi Señor puede hacerme fácil la misión que tendré que terminar. Hijito mío, mi corazón se entristece, porque si el hombre no cambia, Dios castigará a la humanidad como no hay ejemplo. Haced mucha, mucha penitencia. Pedidle a mi Hijo porque Él les dará. Cuando venga un sacerdote tendrás que rezar, pero el sacerdote que tú vas a buscar, como sucedió con el primero, no te creerá, pero luego te haré fácil el camino. Que haya paz en el mundo es lo único que quiero, que todos lleguen al Cielo. No quiero la perdición de ninguno de mis hijos".

Capítulo cinco

VISITA PRIVADA
"Mirad al frente, siempre alto y decid la verdad,
y luchad por esa verdad".
Fragmento del mensaje registrado en
Peñablanca, Chile, el 16 de julio de 1984.

"Conocí a Romanov tres días después de la primera visita de la Señora"[15], dijo Cantuarias. "¿Y usted?", me preguntó. Luego hurgó el bolsillo de la camisa y sacó un fajo de papeles con anotaciones en ambas caras, algunas desordenadas y otras borrosas, pero todas en mal estado. Lo acomodó en la palma de su mano derecha y con los dedos de la mano izquierda fue separando las hojas, una a una, hasta encontrar la colilla de un *Lucky Strike* sin filtro. Eliminó las arrugas formadas en el delgado papel de arroz y lo puso entre sus labios. Después tomó un fósforo, lo raspó sobre un pedazo lija, inclinó la cabeza hacia un lado —para evitar quemarse las pestañas, el bigote y las cejas—, se acercó a la llama, encendió el tabaco, aspiró profundo y se quedó viéndome. "Apuesto que fue en el cerro". Cantuarias es un gran tipo de mirada franca y amistad sin complicaciones. Tuvo escasas oportunidades para surgir en la vida y aprovechó las que pudo, tomando la mayoría de las veces el camino de los sueños, la idealización del futuro, la trágica ruta que conduce al mundo de la utopía, aquel que pintaron los militares chilenos en su afán por esconder las miles de atrocidades cometidas por policías, soldados, aviadores y marinos en el nombre de una libertad planeada en las frías oficinas de la Central Intelligence Agency (CIA) localizadas en Langley, Virginia.

Un día de noviembre de 1993 me topé con Cantuarias en su quiosco del centro de Villa Alemana. Estaba descompuesto, pálido, con los ojos llorosos y la voz le temblaba.

—Es que no aguanto el maldito diente —exclamó golpeando la cubierta del mostrador con el puño de su mano derecha—. Llevo dos días sin dormir y no tengo un peso para ir al dentista. ¿Por qué tienen que cobrar tanto para quitar un dolor que te parte el alma?

---

[15] La primera visita de la Señora se registró, según el relato de Romanov, al mediodía del 12 de junio de 1983. No hubo testigos. Sólo Romanov, en ese entonces Miguel Ángel Poblete, vio a la Señora y la siguió viendo, probablemente, hasta el día de su muerte el 27 de septiembre de 2008.

Al día siguiente lo encontré de nuevo en el mismo lugar, pero esta vez sonreía e ironizaba con todo aquel que le echaba un vistazo a las revistas y periódicos que colgaban de las paredes del pequeño negocio.

—Buenos días —saludó con una sonrisa de oreja a oreja, pero con los labios apretados—. ¿Sólo mira de gratis y no compra, vieja tal por cual? –comentó en voz baja para que sólo yo escuchara—. ¿Qué les cuesta comprar un maldito periódico en vez de quedarse parados ahí enterándose gratis de lo que ocurre en Chile y el mundo? Si no muestras los malditos diarios, reclaman y se van enojados. Pero si los pones te saludan, buscan conversación, dicen un par de estupideces y cuando terminan de leer los titulares se van como si ya lo saben todo y lo dejan a uno bien clavado con el hambre de la miseria en los bolsillos. Pitucos cabrones, métanse las monedas por donde más les quepa.

—¿Molesto? —pregunté.

—No, súper contento y feliz, huevón —respondió, con la ironía de siempre.

—Hablo en serio —volví a decir.

—Yo también —exclamó ahora, con una enorme sonrisa, siempre con los labios apretados.

—¿Le duele el diente?

—No.

—Pero, ayer...

—Ayer sí me dolía.

—¿Fue al dentista?

—No.

—¿Se curó?

—No.

—¿Entonces?

—Entonces agarré un alicate y me lo quité solo, huevón. Por eso no me duele ahora. Pero cuando lo giré para un lado y luego para el otro, para después tirar con fuerza hacia abajo, casi me hice caca. ¿Me entiende? Ya está, ya no duele. Medicina de pobretones. Alicate y hombría. Me ahorré como $20,000 (pesos chilenos) que no tengo.

Volvió a sonreír, pero esta vez con la boca abierta y un pedazo de encía lastimada en la parte derecha del labio superior.

—Era un colmillo —comentó—. De esos que duelen hasta más abajo de los tobillos.

La segunda bocanada del *Lucky Strike* la retuvo hasta que dejó escapar una sonrisa. "Estúpido vicio", afirmó. "Si no fuera por los problemas, no viviría apegado a este trozo de muerte que me sigue a todas partes. ¿Usted fuma?", volvió a preguntar.

Respondí que llevaba años tratando de dejarlo y que conocí a Romanov en el otoño de 1986 pero no en el cerro, sino en la calle. También le dije que cuando estreché su mano me pareció como cualquiera de su misma edad.

—Los periódicos informaron lo contrario —comentó.

—¿Qué dijeron? —pregunté.

—Todo lo malo que usted se imagina —respondió.

—¿Todo?

—Todo.

—¿Qué es todo?

—Lo malo.

—¿Lo malo?

—Lo sucio.

—¿Puede ser más explícito?

Dio una última bocanada al cigarrillo, lo lanzó al suelo, le puso a suela del zapato encima y lo apagó.

—Cosas terribles.

—¿Puede describirlas?

—No.

—¿No se acuerda?

—Me da vergüenza.

No insistí. Cantuarias se alejó unos pasos de donde yo estaba y se quedó mirando el suelo. Le expliqué que después de intercambiar saludos Romanov me preguntó de dónde venía, de quién era hijo, qué hacía por aquellos lugares y si tenía tiempo disponible, aquella tarde, para visitar el lugar de las apariciones.

—¿Qué le dijo usted?

—Que tenía tiempo.

—¿Y qué respondió ella?

—Que la Señora vendría esa tarde.

—Hizo bien en decirle eso —dijo luego—. Quizás ahora no se dé cuenta de lo importante de su respuesta, pero con el pasar del tiempo lo agradecerá todos los días de su vida.

—La verdad, tenía tiempo para ir al cerro.

—No me dé explicaciones. Dígame, ¿qué hicieron cuando usted le dijo que aceptaba la invitación?

—Nos pusimos en camino —le dije—. Cruzamos por una larga calle sin pavimentar, de veredas angostas, y después enfilamos hacia el norte, en dirección al cerro. Al final de la calzada doblamos a la izquierda y después hicimos una derecha, pasamos por el frente de una pequeña posada —junto a un puesto de verduras— hasta toparnos con un terreno del tamaño de una cancha de fútbol. Cantuarias escuchaba atento.

"Romanov —proseguí— contó que durante celebraciones importantes tales como el día de los Santos Arcángeles, la fiesta de los Apóstoles Pedro y Pablo, el Día de Todos los Santos, la conmemoración de los Difuntos, Navidad, el día de María Reina o en la Fiesta de la Transfiguración del Señor el terreno se convertía en estacionamiento". Y agregó que "los visitantes dejaban sus autos y subían caminando hasta la cima. 'En todos estos meses no ha habido robos, ni accidentes, ni peleas, ni nada. Nuestra Señora los protege a todos'", subrayó.

Pero aquella tarde de marzo de 1986 no hubo automóviles, ni vendedores ambulantes, ni policías, ni agentes secretos del gobierno disfrazados de religiosos, ni espías de la Agencia Central de Inteligencia (CIA) haciéndose pasar por peregrinos estadounidenses. Desde ese punto caminamos alrededor de 30 minutos cuesta arriba, en silencio, bordeando linderos tapizados de manzanillas y espinos que se cimbraban con la brisa del sur. Poco antes de la última cuesta nos topamos con otras gentes que, cuando vieron a Romanov, se pusieron alegres y olvidaron el cansancio. Éramos entonces una docena de caminantes en dirección al sitio cuya fama se extendía ya por todos los rincones del país, incluso más allá de la Cordillera de los Andes.

—¡Qué días aquellos! —exclamó Cantuarias.

Cuando llegamos a la cima había otros que descansaban bajo la sombra del alero de una pequeña capilla construida con bloques de cemento y madera de pino barnizada de color natural. Estaban ahí desde la mañana, esperando, ansiosos, noticias nuevas del acontecimiento que tenía revolucionado a Chile de norte a sur y de cordillera a costa.

—Nuestra Señora pidió construirla —saltó Cantuarias.

—Ya —dije.

—Primero se hizo un pozo rectangular de concreto, de dos metros de profundidad, como un gran cimiento, con una pequeña bóveda en el centro. Después se levantaron las paredes, los tijerales, los amarres cruzados y se colocó el piso. Desde entonces sirve como refugio para todo el mundo.

—¿Alguien vive ahí? —pregunté.

—¿En el interior de la capilla? —interrumpió Cantuarias adelantándose a otra pregunta—. Ella, pues, Nuestra Señora. Es la casa de Ella. ¿Cómo se le ocurre preguntar eso?

Parados a la entrada del pequeño santuario los peregrinos que habían madrugado nos dieron las buenas tardes y siguieron hablando entre ellos, despacito, como murmurando cada frase, cada palabra, cada historia de aquel día de otoño. Un anciano le decía a otro, sentado frente a él, que el sol había girado. "Era como si se viniera sobre nuestras cabezas. Se movió para la derecha y después regresó a su lugar de origen, y lo mismo hizo cuando se fue hacia la izquierda. Luego subió hasta casi perderse en la distancia y al poco rato se dejó venir de regreso sobre nosotros. Parecía un bólido a mil kilómetros por hora. Yo sentí que me moría en ese momento"[16].

—Si le contara las expresiones de asombro y ansiedad de las gentes —decía en voz baja aquel hombre de mirada tranquila—. "Que nos vamos a morir", dijeron unos; "que se acaba el mundo", gritaron otros. Pero, ¿sabe qué? —preguntó ahora, en voz alta—. Yo miraba que las golondrinas seguían volando, como alegres, y eso me hizo tener confianza. El miedo hay que tenerlo cuando los animales también lo tienen. ¿No es lo mismo cuando viene el terremoto? Vea usted a las vacas. Cuando ellas no comen y dejan de dar leche, o la leche sale amarilla o mugen a deshora y contienen el orín, es porque la tierra se sacudirá con fuerza en no más de tres días. Y también lo hacen cuando vienen las guerras. Pero esa vez fue distinto, porque las golondrinas revoloteaban felices en la cima del cerro. Se elevaban hasta cerca de las nubes y después se dejaban en caer en picada y pasaban rozando el suelo. Lo hicieron durante todo el rato que duró el fenómeno.

Ambos guardaron silencio. El que contó la historia se quedó viéndonos, curioso; el otro se puso de pié y caminó hacia la entrada de la capilla, sobre cuyas puertas se lee en letras góticas: '*Et portae inferi non prevalebunt adversus eam*', Las puertas del infierno no prevalecerán.

Pronto vino la noche, oscura, silenciosa. En la distancia, entre la bruma, asomaron las luces de la ciudad. Junto a un oratorio en recuerdo de la aparición de Nuestra Señora de Fátima, ocurrida en la Cova da Iría, Portugal, entre el 13 de mayo y el 13 de octubre de 1917, un grupo de mujeres platicaba en voz queda. Más distante, junto a otro monumento que recuerda la aparición de Nuestra Señora de Lourdes, La Inmaculada Concepción, registrada en las afueras de París en 1858, Romanov hurgaba sus bolsillos. Se disponía a dar un paso cuando, en una mínima fracción de tiempo,

---

[16] El milagro del sol es, quizás, uno de los hechos más extraordinarios registrados por miles de testigos en Peñablanca. En el siguiente capítulo amplío sobre el tema.

sucedió algo difícil de explicar, casi imposible de escribir. Fue como si de algún punto desconocido del espacio que hay entre la Tierra y el firmamento —y al mismo tiempo de la nada— alguien le dio un mandato urgente, una instrucción secreta, una orden precisa que ejecutó con velocidad inhumana. Levantó la cabeza, miró hacia la noche, enderezó el cuerpo y caminó en dirección a un arco erigido en medio de un jardín de rosas. Su paso era firme, vertiginoso. Iba con la cabeza echada hacia atrás cuando se detuvo debajo de los maderos. Permaneció mirando el cielo durante largos minutos y después comenzó a mover ligeramente los labios, a sonreír, a musitar palabras suaves, a asentir con la cabeza y señalar con el índice de su mano derecha —sin dirigirnos la mirada— a algunos de los que ahí estábamos, aterrorizados, tullidos, encrespados a causa del frío, temerosos, despojados de todo y —debo reconocer— prisioneros del miedo, pero también ávidos por entender qué estaba ocurriendo.

El tiempo se detuvo. La noche comenzaba a volverse eterna, como ausente, cuando Romanov giró hacia donde estábamos y cayó de rodillas. Simplemente se desplomó, con violencia, azotando los huesos de sus piernas sobre la tierra y el cerro se cimbró, como si un pequeño terremoto nos hubiese pillado desprevenidos. El golpe sonó como cuando se fracturan las piedras en el caudal del río, sonido que espanta y que se queda grabado para siempre en el pensamiento. Romanov no acusó dolor. Enseguida tomó una vela que alguien la encendió de prisa y se la puso delante del pecho para que la llama le lamiera la garganta.

—¡Se está quemando viva! —dijo uno.

No se quemó. Así estuvo cuatro o cinco minutos, hincada en dirección al este, hacia la Cordillera de Los Andes, hablando en voz baja con un invitado que sólo ella veía y escuchaba. Nadie puso atención a lo que ocurrió aquel día.

Capítulo seis

EL MILAGRO DEL SOL
"Que el Papa esté en guardia
contra los hacedores de milagros".
Fragmento del mensaje registrado en
La Salette, Francia, el 19 de septiembre de
1846.

Poco después de las 2:30 p.m. del domingo 29 de septiembre
de 1985, en Peñablanca se registró un fenómeno similar al ocurrido
en Fátima el sábado 13 de octubre de 1917[17]. No fue el primero y
tampoco el último.

Reportes de prensa informaron que el suceso fue visto por entre
250,000 y 400,000 personas congregadas en el cerro de las apariciones, y por otras 50,000 a 100,000 que se encontraban en las
afueras de sus casas, algunos distantes unos 20 kilómetros del lugar.

Tal fue el asombro producido que 11 años más tarde, en el otoño
de 1996, testigos seguían repitiendo, con palabras similares y asom-
bros parecidos, unos relatos increíbles sobre un hecho sorprendente,
como el vivido sesenta y ocho años antes en la localidad de la Cova
da Iría, Ajustrel, Portugal.

"No puedo hablar a menos que me pregunten", me dijo un profesor de escuela pública que en todo momento pidió el anonimato,
tal vez por vergüenza, quizás por miedo a la burla. "Después del
25 de agosto de 1984 el Obispo prohibió comentar la gracia. ¿Me
entiende? Yo digo que no se puede callar lo que vio tanta gente. Le
obedezco a monseñor, de verdad que si, con mucho respeto. Pero si
me preguntan acerca del milagro, lo cuento todo, porque fue el día
más hermoso de todos los días de mi vida. Y tengo muchos, tantos
como los días del Obispo".

Otro mencionó: "Los militares aseguraron que se trató de un

---

[17] Europa era azotada por la Primera Guerra Mundial. Había llovido durante toda la aparición de aquel día. Cuando la Señora se marchó, las nubes se
entreabrieron y apareció el sol como un gigantesco disco de color plata que
bailaba sobre su eje y también se movía de un lado a otro, cambiando luego de
colores, subiendo y bajando a una velocidad nunca antes vista por el hombre.
Todos, los 80,000 espectadores presentes en el lugar y aquellos que estaban
a unas siete o 10 millas de distancia, se maravillaron con el milagro, según
registro del diario *O Seculo* de Portugal.

show ideado el Partido Comunista, pero los comunistas afirmaron que fueron los militares quienes fabricaron el milagro". Y agregó: "Todo indica que el Ministerio del Interior recibió ayuda de espías norteamericanos quienes, con aparatos especiales controlados desde el espacio, generaron un estado de sugestión masiva. Y una vez alcanzado, metieron en las cabezas de los fieles pensamientos favorables al régimen. Bien, esa es la versión de los comunistas".

Entre los asistentes aquel día se hallaban médicos, policías, militares, sacerdotes, científicos, bomberos, estudiantes, amas de casa, periodistas, jubilados, nacionalistas, soldados, marinos, pescadores, opositores, vendedores ambulantes, espías, banqueros y agentes de la temida Central Nacional de Inteligencia (CNI), el salvaje servicio secreto de Augusto Pinochet que suplantó las labores que ejecutaba la despiadada y tenebrosa Dirección de Inteligencia Nacional (DINA), creada por el general Manuel Contreras, hoy en día preso por crímenes cometidos durante la dictadura.

"No entiendo por qué niegan el milagro", dijo Cantuarias. "Si fue un truco, magia o como le quieran llamar, ¿por qué Pinochet no usó la misma técnica para influir en el resultado de la encuesta que puso fin a su dictadura? ¿Miedo? Doy fe que el sol se movió el 29 de septiembre de 1985, fue de un lado a otro, subió, bajó y sentimos miedo, mucho, porque pensamos que se nos venía encima y que íbamos a perecer. Y no fue la única vez".

El noticiero central de Televisión Nacional de Chile (TVN) reportó que un extraño caso ocurrió ese día en Peñablanca y detalló que el sol, súbitamente, estuvo fuera de órbita durante un período de tiempo que osciló entre tres y cuatro minutos, quizás cinco, y que después del extraño fenómeno todo volvió a la normalidad, y que no hubo víctimas, excepto algunos desmayos.

Cantuarias contó que otros medios también informaron del fenómeno, que el astro cambió de color —de su natural blanco incandescente se volvió amarillo, luego rojo y finalmente plateado, algunas veces oscuro—, que la temperatura del lugar descendió bruscamente (los termómetros bajaron al menos 10 grados Centígrados en menos de un minuto), que el valle ubicado al este de Peñablanca se cubrió de sombras y que las aves quedaron adormecidas en las copas de los árboles.

"No hubo truco. Es imposible una trampa así. Ni los estadounidenses tienen una tecnología para sacar el sol de orbita y hacerlo girar sobre las cabezas de miles de personas sin que el resto del mundo no se dé cuenta", apuntó. "Claro, hay cosas que todavía no me respondo, ¿sabe? En mi cabeza quedan interrogantes que espero algún día resolver, para quedarme tranquilo, ¿entiende? Lo vi con mis propios ojos. El sol giró, se movió, se salió de su órbita, se vino sobre nuestras cabezas, fue a la izquierda, a la derecha, volvió a subir y después todo siguió como antes. Llevo años averiguando qué sucedió y no encuentro respuestas. ¿Usted las tiene?".

—¿Cómo cuáles? —pregunté.

—¿Por qué se oscureció el cielo de Peñablanca? ¿Cómo se explica el brusco cambio de temperatura? ¿Por qué el sol se puso rojo y después su color cambió a plateado? ¿Dónde está el reportaje que transmitió TVN? ¿Vio el Obispo Valenzuela el milagro? ¿Qué dijo cuándo se enteró del fenómeno? ¿Se acordó del milagro de Fátima? ¿Por qué las aves se adormecieron a las tres de la tarde? ¿Por qué ninguno se volvió loco? ¿Por qué no lo vieron en Santiago, en Rancagua, en Punta Arenas o en Arica si ellos ven el mismo sol que nosotros? ¿Acaso en esas ciudades alumbra un sol distinto al de Peñablanca? ¿Y qué me dice de los reportes meteorológicos de la Armada?

También contó que entre los testigos hubo algunos que negaron el fenómeno y aseguraron que el supuesto milagro —que presenciaron como todos los demás— se trató de un invento del gobierno avalado por los obispos de la Conferencia para desviar la preocupación del pueblo, y para que los medios de prensa perdieran el interés en reportar los abusos del régimen y las graves violaciones de los derechos humanos de miles de chilenos.

—Se dijeron muchas estupideces por aquellos días —recalcó Cantuarias—. Pero nadie aportó ninguna prueba de que la danza del sol era algo ideado por los militares o por la CIA.

—Tampoco se ha demostrado que el sol danzó el domingo 29 de septiembre de 1985 —replanteé.

—Por supuesto que sí —respondió, molesto, señalándome con el índice de su mano derecha—. Muchos de los que vieron ese milagro están vivos. Vaya a Peñablanca y pregunte qué ocurrió a eso de las 3:00 p.m. de aquel día y se topará con la misma historia que yo le cuento.

Citó varias pruebas posibles a las que "uno puede echar mano" para corroborar el milagro. "Algunas evidencias concretas son el reportaje de la periodista Gabriela Velasco (de TVN), las miles fotografías tomadas ese día y que se guardaron en los álbumes familiares, películas que todavía circulan, periódicos de la fecha y reportajes de radio. ¿Se da cuenta? Sí se puede demostrar el milagro, más sin embargo el Obispo ya tomó una decisión. Lamentable, pero decisión al fin y al cabo".

En los días posteriores a aquel encuentro me reuní con otras personas que aseguraron haber estado en el cerro ese día. Les pedí que me narraran qué vieron aquella tarde, qué sintieron, cuánto tiempo duró la "danza", qué hizo la gente que estaba alrededor de ellos, si vieron aviones o helicópteros sobrevolando la zona antes, durante o después del fenómeno, si había soldados en las cumbres vecinas, si estaba nublado, si había nubes, si hacía calor o frío. Varios se encogieron de hombros, dieron media vuelta y se fueron en silencio; otros, los menos, contaron detalles similares a los narrados por Cantuarias y mencionaron el reportaje de Velasco. Y un pequeño grupo, incrédulos todos, aseguró que el milagro fue "sugestión", pero no dudaron en asegurar que "algo" sucedió el día señalado, que vieron un "movimiento sospechoso" en el sol, que las miles de gentes congregadas en el cerro "también lo vieron", pero se aferraron a la hipótesis de que "ese día el gobierno militar experimentó un arma secreta" para "cambiar" la actitud al pueblo.

—Si nos preguntan si el sol se movió, decimos que sí. Pero si preguntan por un milagro, respondemos que no, que se trató de un truco, de una mentira del régimen, de un extraño suceso que no sabemos cómo lo hicieron y que nunca más lo volvieron a hacer.

Cuando insistí en averiguar si tenían algún grado de conocimiento acerca de cómo creían que hizo el gobierno para mover el sol, algunos contestaron: "Con la ayuda de la CIA".

—¿Y para qué? —insistí.

—Para culpar a los marxistas—comunistas —volvieron a responder—. Para justificar la represión y eliminar a los enemigos del régimen.

Entre quienes dijeron estar convencidos que el fenómeno en verdad se trató de un portento, advirtieron que les "faltaban palabras" para describirlo en su totalidad. "El vocabulario que conozco no basta para detallar lo que vi", dijo uno. "No encuentro la manera de decirle que el sol se desprendió del cielo y se dejó caer, pero al mismo tiempo estaba como dirigido por algo que no veíamos. Sentí mucho miedo. Pero cuando se detuvo sobre nuestras cabezas mi corazón se tranquilizó y sentí una paz interna muy grande, al punto que me puse a llorar", añadió.

La danza del sol, como muchos le llamaron —y le siguen llamando—, no fue registrada por los radares de las torres de control de los aeropuertos cercanos, entre ellos la antigua Base Aeronaval El Belloto.

"Se movió, giró sobre nuestras cabezas, bailó por varios minutos", relató Yolanda López, una mujer que vivía en los suburbios de Quilpué, ciudad distante nueve kilómetros al sur de Peñablanca. "Se salió de órbita y oscureció el cielo", agregó.

Durante una segunda entrevista, explicó que aquella tarde de domingo el día estaba despejado, "había poca brisa y una que otra nube en el cielo", y que cuando comenzó a ocurrir el milagro "hacía un poco de calor, pero a los pocos minutos el clima se puso fresco".

—¿Miró usted el sol? —pregunté.

—Todos lo vimos —dijo ella.

—¿Tenía puesto anteojos para el sol?

—No. Lo vi como lo veo a usted ahora. Eso era lo extraño. Vimos el sol cara a cara y a nadie se le quemaron los ojos, nadie se quedó ciego.

—¿Pudo ver al sol de frente?

—Durante todo el tiempo que duró el milagro. No encuentro ninguna explicación.

Según el reportaje de Velasco, el astro se acercó a la Tierra por debajo de la distancia de las nubes, se movió de un lado a otro, de este a oeste, giró sobre su eje a una velocidad pasmosa, se detuvo, viró en sentido contrario y después regresó al principio, todo ello en un lapso no mayor de 15, quizás 20 segundos.

Cuando comenzó, la cámara estaba enfocando a la gente. "En eso algunos miraban al cielo y levantaban los brazos como invitando a los demás a presenciar lo mismo. Entontes al camarógrafo se le ocurrió enfocarlo", dijo Cantuarias. "Y ahí estaba, enorme, plateado, primero de tono oscuro, girando sobre su eje, lanzando destellos brillantes, como rayos. No había ruido, ni viento, ni calor, ni frío. Sólo los gritos de asombro y los miedos de la gente. La temperatura bajó de inmediato. ¿Cuánto? No tengo la menor idea. Y no tengo ninguna duda en decir que aquello fue un milagro".

Otro que observó la danza del sol fue Iván Carrasco, quien meses más tarde del portento escribió un folleto donde relató lo sucedido entre las 3:00 p.m. y las 3:10 p.m. del domingo 29 de septiembre de 1985 en el Cerro *El membrillar* de Peñablanca. Relató que de forma espontánea y sin previo aviso, una gran cantidad de estallidos de luz "sin aparente explicación" tuvo lugar durante varios minutos ante la expectación de miles de fieles. Agregó que dichas luces aparecieron a distintos niveles y que muchas (de aquellas luces como rayos) dieron contra el techo de la capilla, fenómeno que ya había sido registrado el 28 y el 29 de enero, y el 29 de septiembre de 1984, en el mismo lugar y ante la presencia de miles de creyentes y curiosos, un detalle reportado por los medios de prensa locales.

Fue en el instante en que las luces descritas por Carrasco se apagaban cuando el reportaje de Velasco mostró un objeto de color plata que giraba sobre sí mismo y emitía destellos que se reflejan en las cabezas y en los rostros de la gente. La esfera —explicó la reportera— se elevó, subió hasta una altura que no pudo precisar y después bajó, a gran velocidad. Los gritos de la multitud eran ensordecedores.

Carrasco matizó que aquello, el fenómeno, ocurrió "de manera abrupta", y que cuando el sol dejó de girar y regresó a su lugar de origen (a eso de las 3:10 p.m.), los feligreses dieron gracias y aplaudieron con entusiasmo.

—¿Sabe qué dijo la oficina del Obispo? —preguntó Cantuarias.

—No lo sé —respondí.

—Que fue montaje.

—¿Quién preparó el montaje? —pregunté.

—No fue montaje, hombre, fue un milagro de Nuestra Señora —respondió Cantuarias—. Pero el Obispo acusó al gobierno de idear trampas para ocultar la violación de los derechos humanos.

—¿Y si fuera cierto? —le volví a preguntar.

—¿Un montaje? —exclamó.

—Claro.

—Muéstreme las pruebas. Dígame cómo diablos se pude sacar el sol de orbita, lanzarlo sobre las cabezas de casi medio millón de personas, que no les ocurra nada y después déjelo donde mismo y que la vida continúe como si nada. Si me lo demuestra, le creo. Si no tiene cómo demostrármelo, entonces seguiré afirmando que se trató de un milagro.

Cuando pregunté qué otra cosa sucedió aquella tarde, Cantuarias refirió que antes de la danza del sol la Señora entregó un mensaje triste, "como un llanto amargo", una especie de ruego "para que cambiemos de vida"[18].

El arquitecto Álvaro Barros Valenzuela, en su libro *Mensajes de Peñablanca*, transcribió el encargo dado por la Señora:

"Yo he venido a Peñablanca a dar el mismo mensaje que he dado siempre: no ofendáis más al Señor, que demasiado se le ha ofendido, no ofendáis más al Señor porque vendrá un gran castigo. No olviden el mensaje que fue dicho el 7 de octubre de 1983 al igual que el mensaje que fue dicho el 12 de junio de 1984 (...) El mundo ya no implora misericordia al Señor, ni perdón. Ya no hay personas dignas que puedan ofrecer la Víctima Inmaculada del Eterno a favor del Mundo".

---

[18] El mensaje lo entregó Romanov durante una aparición previa. Se lo dio la Señora y le indicó que iba dirigido al mundo. Barros y otros recopiladores de los mensajes de Peñablanca lo citan en sus obras.

Capítulo siete

VER PARA CREER

"Quien devotamente venga a Mí, tendrá mi auxilio".
Fragmento del mensaje registrado en
Peñablanca, Chile, septiembre de 1984.

El reportaje de Televisión Nacional de Chile (TVN), conducido por Gabriela Velasco y que mostró por primera vez el milagro o danza del sol, fue visto por cientos de miles de personas –tal vez millones— en todo el país. Resumió los hechos a partir del mediodía del domingo 12 de junio, cuando Miguel Ángel Poblete vio por primera vez a la Señora que viajaba dentro del globo de luz más blanca que el sol, descalza y un listón rojo bermellón debajo de sus pies. Contó qué fue lo primero que Ella le dijo y narró los acontecimientos posteriores –la ida a las parroquias vecinas y las multitudinarias e inexplicables concentraciones—, hasta una semana antes de su emisión.

También mostró fenómenos extraordinarios ocurridos en el cerro *El membrillar*, entre ellos estigmas, éxtasis, comuniones visibles, el azote de las rodillas en tierra cuando el vidente hablaba con la Señora, el fenómeno de la vela encendida debajo del mentón de Romanov, el jardín de flores, las carreras extáticas cerro arriba y cerro abajo, la capilla, los fieles, enfermos, desahuciados, miles de congregados con Rosario en mano, sacerdotes, confesiones al aire libre, vendedores ambulantes, policías, bomberos, personal de la Cruz Roja y de la Defensa Civil, y periodistas de otros medios de comunicación.

En otro instante mostró el interior de la capilla erigida en la cima del cerro solicitada por la Señora. Dentro de ella se alcanza ver a Poblete, en éxtasis, de rodillas frente al altar. Personas graban lo que dice para luego distribuir copias; otros rezan, algunos sólo miran, curiosos.

"Ser enviado de Dios es un don", explicó Velasco en un fragmento de 2:14 minutos del reportaje colgado en YouTube. "A veces, Necesitamos ver para creer, como dijo Santo Tomás", agregó.

El camarógrafo hizo entonces un ligero paneo de derecha a izquierda y captó lo que sucedía en el interior del pequeño templo. Por el murmullo de las gentes parece que hay decenas congregadas. Lamentablemente no hubo apoyo de una segunda toma en los alrededores.

"Este fenómeno, que nos mostrará la cámara de un aficionado, no tiene explicación técnica", advirtió Velasco. "Cualquier cámara, con y sin filtro que enfoque largamente el sol, se quema sin excepción", apuntó[19] "El vidente dice: 'La Señora pide que miren el sol'. Y éste, como si tuviera un filtro, nos permite mirarlo sin dañarnos".
En esta parte del video Velasco se emocionó. Tras un instante de silencio, añadió: "El sol gira a una velocidad inexplicable, cambia de color y pareciera salirse de su órbita".

Después de una segunda pausa, aportó algunos datos del día en que fue registrado el fenómeno: "Esta grabación fue realizada a las 7:00 a.m. de un día de verano durante una aparición[20]. El cielo se oscurece alrededor del sol. El sol se aleja y se acerca. De él salen rayos".

Una tercera pausa en el relato. Velasco entonces explicó lo que dijo Poblete, de acuerdo al registro tomado por quienes estuvieron presentes en la aparición de aquel día del verano de 1984: "El vidente dice: 'La señora dice que pueden fotografiar el sol'". Y reiteró: "Y cualquier máquina, sin filtro alguno, enfoca y salen fotografías asombrosas de este prodigio. El sol pareciera danzar ante nuestra atónita mirada. Este fenómeno no tiene una explicación física. Y frente a lo inexplicable, enmudecemos", reportó la presentadora.

Este fragmento del reportaje de Velasco sobre el milagro del sol es único en su tipo, comparado tan solo con grabaciones de similares formatos de sucesos idénticos ocurridos en Europa (en particular Bosnia—Herzegovina, Medjugorje, donde la Señora se aparece desde 1981). Después de revisarlo varias veces, verlo cuadro a cuadro, observar cada detalle y analizar el comportamiento de los testigos que aparecen en la filmación, cualquier explicación que agregue al acontecimiento resulta insuficiente, pequeña, escasa e incompleta.

En internet hallé, durante una búsqueda simple, (utilizando las palabras danza+del+sol y milagro+del+sol) al menos seis hechos de similares características.

No hay explicación científica para ninguno de ellos. La única

[19] En 1984 sólo había cámaras de cine de 8mm y en formato VHS. De esas grabaciones quedan algunas copias, recensiones que por el tiempo en que fueron hechas son de mala calidad. Pero son testimonios, los únicos que existen sobre este milagro en particular.

[20] No citó fecha. Por averiguaciones que hice, ocurrió entre el 1 de enero y el 28 de febrero de 1984.

referencia, hasta ahora, es el relato de los pobladores de Peñablanca, del orden de unos 300,000, y Fátima y sus alrededores, unos 80,000 que vieron el milagro el 13 de octubre de 1917. Uno de ellos, el doctor José Maria de Almeida Garrett, profesor de la Facultad de Ciencias de Coimbra, escribió al respecto (de acuerdo con la página www.fatima.org):

"Debió haber sido la 1:30 p.m. cuando se elevó, exactamente en el lugar en el que se encontraban los niños, una nube de humo, delgada, fina y azulada, que se extendía unos dos metros por encima de sus cabezas, donde se evaporaba. Este fenómeno, perfectamente visible a simple vista, duró unos pocos segundos. Debido a que no me di cuenta de cuánto tiempo duró este fenómeno, no sé si fue más o menos un minuto. El humo se disipó abruptamente y, después de un tiempo, volvió a aparecer, y luego una tercera vez".

"El cielo, que había estado nublado todo el día, súbitamente se aclaró; la lluvia paró y parecía como si el sol estuviera a punto de llenar de luz el campo que la mañana invernal había vuelto tan lóbrego. Yo miraba el lugar de las apariciones en un estado sereno, aunque frío, en espera de que algo pasara, y mi curiosidad disminuía, pues ya había transcurrido bastante tiempo sin que pasara nada que llamara mi atención. Unos momentos antes, el sol se había abierto paso entre una capa gruesa de nubes que lo escondían y brillaba entonces clara e intensamente".

"De repente escuché el clamor de miles de voces, y vi a la multitud desparramarse en aquel vasto espacio a mis pies... darle la espalda a aquel lugar, que hasta ese momento había sido el foco de sus expectativas, y mirar hacia el sol en la otra dirección. Yo también di la vuelta hacia el punto que atraía su atención y pude ver el sol, como un disco transparente, con su agudo margen, que brillaba sin lastimar la vista. No se podía confundir con el sol que se ve a través de una neblina (en ese momento no había neblina), pues no estaba velado ni opaco. En Fátima, el sol conservó su luz y calor, y se destacó claramente en el cielo, con un margen agudo, parecía una mesa de juego. Lo más sorprendente era que se podía mirar directamente al disco solar, sin que los ojos se lastimaran o se dañara la retina. [Durante ese tiempo], el disco del sol no permaneció inmóvil, se mantuvo en un movimiento vertiginoso, [pero] no como el titilar de una estrella con todo su brillo, pues el disco giraba alrededor de sí mismo en un furioso remolino".

"Durante el fenómeno solar, el cual acabo de describir, ocurrieron también cambios de color en la atmósfera. Al mirar al sol, noté que todo se estaba oscureciendo. Primero miré los objetos más cercanos y después extendí mi vista hacia el horizonte. Vi que todo había adquirido un color amatista. Los objetos a mí alrededor, el cielo y la atmósfera, eran del mismo color. Todo había cambiado, tanto lo cercano como lo lejano, adquiriendo el color amarillento del damasco viejo. Parecía como si la gente padeciera de ictericia y recuerdo haber tenido una sensación de diversión al ver lo fea y nada atractiva que se veía la gente. Mi propia mano era del mismo color".

"Entonces, súbitamente, escuché un clamor, un grito de angustia de la gente. Fue como si el sol, en su girar enloquecido, se hubiera desprendido del firmamento y, rojo como la sangre, avanzara amenazadoramente sobre la Tierra como si fuera a aplastarnos con su peso enorme y ardiente. La sensación durante esos momentos fue terrible".

"Todos los fenómenos que he descrito yo los observé en un estado mental de calma y serenidad sin trastorno emocional. A otros les toca interpretarlos y explicarlos. Por último, debo declarar que nunca, ni antes ni después del 13 de octubre [1917], he observado ningún fenómeno, atmosférico o solar, similar".

Se trata, sin lugar a dudas, de un testimonio sorprendente. En Peñablanca, Chile, resultó en el olvido al poco tiempo de ocurrido.

Capítulo ocho

TODO ESTÁ DICHO

"Besa la Tierra en penitencia por los pecadores".
Fragmento del mensaje registrado en
Lourdes, Francia, el 24 febrero de 1858.

Las personas, los proyectos, los sueños, las conversaciones diarias y el conocimiento sobre los acontecimientos celestiales cambiaron radicalmente después del domingo 29 de septiembre de 1983 en Peñablanca. "La gente ya no fue la misma", declaró Cantuarias. "Los que creyeron en el milagro del sol no tenían palabras para explicarlo. Ni siquiera entre ellos se atrevían a comentarlo, y si lo hacían hablaban en voz baja, para que ningún otro los escuchara. No piense que era por vergüenza, sino por respeto y prudencia", comentó.

—¿Había miedo en la gente? —le pregunté.

—¿Miedo, miedo de qué? —preguntó él, como retando mi interrogante—. ¿Cómo se le ocurre pensar que la gente sintió miedo, si por dentro había felicidad? Lo que ocurre es que no querían externarlo porque así es la gente de aquí. Somos apagados para las cosas grandes, y a eso agréguele lo que ya le dije, prudencia para no enojar al Obispo Francisco de Borja Valenzuela. ¿Se imagina lo que él estaba sintiendo después del milagro? ¿Cómo explicarle que el sol había salido de órbita ante casi 400,000 gentes? ¿Y cómo decirle que nadie, de los que vieron eso, se quedó ciego? ¿Y lo de la temperatura, que bajó varios grados en cuestión de segundos? ¿Vio el Obispo Valenzuela el milagro desde el Palacio Arzobispal en Valparaíso? Por eso era mejor guardar silencio. La danza del sol apuró las investigaciones.

—¿Cuáles investigaciones? —volví a preguntar.

—Las que ordenó el Obispo —dijo—, para censurar la aparición de Nuestra Señora.

Días antes del primer milagro del sol, monseñor Valenzuela ordenó al sacerdote Jaime Fernández, un destacado mariólogo, que encabezara una comisión para escarbar los sucesos de Peñablanca y elaborar un informe, el que entregó un mes después, en octubre de 1983, con comentarios que no se hicieron públicos[21].

---

[21] *Cambio21* publicó, a finales de 2008, que el sacerdote investigador del caso, Jaime Fernández —actual director de la Pastoral Hospitalaria del Arzobispado de Santiago—, ratificó varias veces en su informe que "un organismo, al cual

—Conmigo no hablaron —dijo Romanov cuando tratamos del tema, a finales de 1993 en Santiago—. Él (Fernández) no informó al Obispo Valenzuela sobre lo que había ocurrido en el cerro, ni lo que habló Nuestra Señora. Y no tenía tanta necesidad de ahondar, por ejemplo, en el milagro del sol, pues porque el Obispo ya tenía conocimiento del fenómeno. Él lo vio desde su ventana, en Valparaíso. Nuestra Señora lo permitió de esa manera. Y en cuanto a la comisión (investigadora), los cinco teólogos y profesores nombrados por Valenzuela fueron al cerro cuando no hubo aparición y hablaron con la poca gente que ahí encontraron, quienes no tenían claro lo que estaba sucediendo. Y se basaron en esos testimonios para escribir conclusiones erróneas. Pero ninguno de los investigadores del Obispo habló conmigo. ¿Cómo entonces pudieron decir que la aparición era falsa? Yo no entiendo nada.

—¿El Obispo de Valparaíso presenció el milagro del sol?

—Claro.

—¿Lo confirmó él?

—Lo dijo Nuestra Señora.

A pesar de las conclusiones emitidas por la primera comisión, de obviar —por razones que nadie dio en aquel tiempo, ni en los años posteriores— una entrevista con Romanov, Valenzuela advirtió y recomendó a los feligreses que no siguieran peregrinando al cerro de Peñablanca, *so pena* de sanciones que incluso sugerían la excomunión inmediata no apelable. Pero la multitud de creyentes y curiosos fue aumentando semana a semana, sobre todo durante algunas festividades religiosas importantes conmemoradas durante 1984 y parte de 1985.

—Hubo otros dos milagros tan grandes como el del 29 de septiembre —dijo Cantuarias—, pero no fueron filmados por la televisión[22]. Sin embargo, cientos de miles los vieron y se llevaron el regalo en el corazón.

Fueron precisamente este tipo de sucesos, reportados sólo por medios locales escritos, los que obligaron a Valenzuela convocar, en abril de 1984, a una segunda comisión investigadora que integraron otros cinco profesores e investigadores de la Facultad de Teología de la Universidad Católica de Valparaíso (UCV), quienes tomaron como

---

ustedes saben que me refiero, es el sustento del montaje". Se trataba —agregó—nada menos que de la Central Nacional de Informaciones (CNI), heredera de la tenebrosa DINA y cuyos jefes de la época están casi todos procesados y detenidos por distintos casos de violaciones flagrantes a los derechos humanos.

[22] Por ejemplo, el reportaje de TVN conducido por Gabriela Velasco, registrado en el verano de 1984.

punto de partida el informe de la primera comisión[23] que presidió Fernández, en septiembre del año anterior. Cuatro meses más tarde, en agosto, los expertos determinaron que el asunto de las apariciones de Peñablanca se trató de un "montaje, en parte inconsciente y en parte deliberado y programado, ya sea por el mismo pretendido vidente, como por terceras personas".

Romanov dijo que los integrantes de la segunda comisión "tampoco hablaron conmigo" y que en los meses de funcionamiento "los teólogos del Obispo fueron al cerro en días y horas en que no hubo aparición de Nuestra Señora, igual que la primera vez. ¿Cómo entonces llegaron a esas conclusiones, todavía más extensas que las escritas por la primera comisión?

Periodísticamente a mí me cuesta entender eso. "Pero hubo uno de los cinco que no firmó el informe", recordó Romanov, "no estuvo presente el día que lo entregaron a la oficina del Obispo Francisco de Borja Valenzuela. ¿Será porque él sí creyó en la aparición? ¿Habrá sido uno de los miles que vio el milagro del 29 de septiembre de 1983?"

Agregó que no recordaba el nombre del teólogo y que el Obispado de Valparaíso guardó silencio sobre el tema.

—¿Respecto al milagro del sol del 29 de septiembre de 1983? —le pregunté a Cantuarias.

—Si —respondió.

—¿Por qué?

—Porque le dio miedo reconocer que él vio el milagro desde su habitación en su casa de Valparaíso.

Pese a las instrucciones de hermetismo impartidas por el Obispo Valenzuela, el teólogo Gonzalo Ulloa, presidente de la segunda comisión investigadora de los sucesos de Peñablanca, habló tiem-

---

[23] Las conclusiones de la primera comisión al Obispo Valenzuela se mantuvieron privadas. Por aquel entonces circuló la versión de que, a causa de las protestas que se registraban contra la dictadura de Pinochet, agentes de inteligencia y expertos en comunicación del gobierno crearon un plan para desviar la atención de las manifestaciones inventando que había un joven que "veía y se conectaba con una Virgen", según se explica en un blog de *Cambio21*. Este era Miguel Ángel Poblete, que fue convencido por estos agentes de sus "potencialidades y cualidades". Agregó que con el apoyo de los medios de comunicación— todos del gobierno militar y los que estaban en manos privadas apoyando fuertemente esta campaña— armaron una plataforma que hizo caer a miles de incautos— incluidos algunos sacerdotes— que decían que Poblete "hablaba con la Señora". La versión fue considerada como base para las conclusiones de la primera comisión investigadora, me señaló Romanov en varias ocasiones entre 1993 y 1995.

po después con un periodista del diario *El Mercurio* de Santiago a quien le explicó detalles sobre el trabajo que realizó en 1984. Ulloa también desacreditó las visitas y los mensajes de la Señora, pero no dijo si esas opiniones fueron anotadas en el informe que le entregó al jefe de la diócesis de Valparaíso.

Ulloa aseguró que la Señora, en el período comprendido entre abril y agosto de 1984 –fechas en que se investigaron los sucesos a pedido de Valenzuela–, le dijo a los feligreses que subieron a la cima del cerro de Peñablanca que "coman tierra", que tenían "una hora para almorzar" y que podían ir a "mear" (orinar).

—Nuestra Señora no habló eso –refutó Romanov cuando le pregunté por estas declaraciones, poco antes de que se agravara su estado de salud–. Y si tocó algunos de esos temas, no lo dijo de esa manera, no en ese contexto, no se refiere así de las personas. Pero a mí no me preguntaron. No tengo idea de dónde sacaron eso. No entiendo cómo pudieron emitir un informe si no hablaron conmigo. ¿De dónde inventaron eso? ¿Dónde están las pruebas de que Nuestra Señora dijo eso? ¿Hay testigos?

La comisión, al igual que el obispado, atribuyó el fenómeno a una especie de "espectáculo organizado por un organismo del estado" de la época de los militares comandados por Pinochet. Algunos medios de prensa incluso reportaron que la propia jerarquía de la Iglesia Católica echó a circular el rumor de que la mano de la Central Nacional de Informaciones (CNI, el servicio secreto de los militares) estaba detrás del fenómeno de Peñablanca"[24].

—Para desviar la atención –dijo Cantuarias.

—¿De qué? –pregunté.

—De la violación de los derechos humanos, de los desaparecidos tras el golpe de estado de 1973, de las torturas, de las cárceles secretas, asesinatos, negocios sucios, robos, mentiras, difamaciones, persecuciones, encarcelamientos forzados... Ya sabe usted, todo eso que se hace en las dictaduras. Y también para detener las protestas en contra del régimen, que por aquel entonces amenazaban con desmoronar a la Junta Militar comandada por Pinochet.

El propio Fernández, en una ocasión a finales de 1984, dijo a periodistas que la CNI alistaba "humitos" para volver más reales las apariciones y que Poblete era llevado en secreto a Santiago para memorizar mensajes. En otra ocasión, el religioso dijo que las figuras de nubes fotografiadas por miles de peregrinos durante días de apariciones habían sido dibujadas en el cielo por aviones de la

---

[24] Una de las hipótesis improbadas era que la marina envió aviones a la zona del cerro de Peñablanca y tiraron al aire una mezcla química que, con la ayuda del viento, ayudó a formar figuras religiosas en el cielo.

marina de guerra que despegaron de un aeropuerto ubicado a pocos kilómetros de Peñablanca.

—Se escribieron muchas cosas sobre la aparición de Nuestra Señora en Peñablanca —mencionó Romanov—. Y son mentiras, puras mentiras. ¿Por qué no me buscaron para entrevistarme?[25] Las dos comisiones sabían donde estaba. ¿Acaso le tienen miedo a lo que ha dicho Nuestra Señora?

Por aquellos días de investigaciones, el viernes 7 de octubre de 1983, al mediodía, la Señora entregó el siguiente mensaje:

"Los sacerdotes, ministros de mi Hijo, por su mala vida, por su impiedad al celebrar los Santos Misterios, por su amor al dinero, a los honores y a los placeres, se han convertido en cloacas de impurezas. Sí, claman venganza. La venganza está suspendida sobre sus cabezas" (este mensaje fue registrado por primera vez el 19 de septiembre de 1846, en La Salette, Francia, aparición todavía no reconocida del todo por El Vaticano, pero tampoco rechazada por la Sagrada Congregación para la Doctrina de la Fe, dependencia encargada de revisar e indagar este tipo de fenómenos).

Y agregó: "Maldición a los sacerdotes y a las personas consagradas a Dios que, con sus infidelidades y su mala vida, crucifican (nuevamente) a mi Hijo, vuestro Señor".

"El mundo no implora ya misericordia y perdón para los pueblos, porque no hay ya almas generosas; más, no hay ya personas dignas de ofrecer la Víctima Inmaculada al Eterno en favor del mundo".

"Dios va a herir de un modo como no hay ejemplo. Desventurados los habitantes de la Tierra. Dios va a agotar su cólera y nadie podrá sustraerse de tantos males reunidos".

"Recuerden cuando me hice ver en Guadalupe, La Salette, Lourdes, Fátima, San Damiano, Garabandal, Chagres[26] y hoy en

---

[25] Romanov siempre sostuvo que las conclusiones de ambas comisiones nombradas por Valenzuela fueron incompletas porque no agregaron su versión de los hechos. En el segundo reporte, fechado en agosto y leído en todas las iglesias de la diócesis de Valparaíso el 4 de septiembre de 1984, Valenzuela escribió: "No hay ningún motivo de credibilidad para aceptar las presuntas apariciones y, al contrario, aparecen más bien como una utilización de la fe popular y de la devoción mariana de nuestro pueblo fiel, que lo aparta de las orientaciones vigentes de nuestra Iglesia, así como de sus legítimos pastores". Agregó que la Iglesia "acepta" que en el cerro haya devoción a la Virgen "y sólo eso". Advirtió además que, aunque se llegara a construir en el lugar alguna capilla, "no autorizaré en ella ningún acto de culto católico, a tenor de las actuales disposiciones canónicas".

[26] La Señora le dijo a Romanov, en varias ocasiones, cuáles eran sus apariciones verdaderas. Algunas no han sido reconocidas por El Vaticano y otras ni siquiera las ha investigado.

Peñablanca. He dado siempre el mismo mensaje: rezar el Rosario, hacer penitencia, cambiar sus vidas".

"En estos días que estaré con ustedes volveré a repetir muchos mensajes. Recordad en Fátima las maravillas de mi Inmaculado Corazón" (uno de ellos la danza del sol).

"Hoy en Peñablanca he querido salvar almas que van a la perdición. Me duele mucho decirlo, pero todo está dicho por mi Hijo, pero este mundo no quiere entender".

"Nuevamente digo: No ofendan más a vuestro Señor, que demasiado se le ha ofendido".

"En estos momentos ha llegado la hora de actuar contra Satanás, rey de la mentira y la soberbia. La Iglesia pasará por una horrorosa crisis. Olvidada la santa fe en Dios, cada individuo querrá guiarse por sí mismo y ser superior a sus semejantes".

"El mundo deberá pensar antes de actuar. He dicho en Fátima que los grandes científicos construirán armas para destruirse a sí mismos. Satanás es el causante de toda esta confusión".

"Pido a los gobernantes de Estados Unidos, Inglaterra y Rusia que accedan a mis súplicas de las energías atómicas. Sólo llevarán a la destrucción humana".

"Recuerden los mensajes. He venido a Chile por algo especial: salvar almas que van a la perdición".

"Hijitos míos, recen el Santo Rosario con mucho fervor. Amen a su prójimo y adoren a Dios, Jehová".

"Más te digo, Miguel Ángel[27], mis hijos predilectos[28] deberán estar muy firmes en la fe. Yo estaré ayudándolos porque no hay muchos que lleguen al Cielo; pero los sacerdotes son cada día más infieles".

"Hijito mío, estas palabras que te he dicho son para los sacerdotes infieles. Pero quien tenga estas cualidades, póngase el gorro, como dicen en Chile. Pero si no es así, siga como está, porque aquel podrá entrar en el Reino de los Cielos. Pero hay de aquellos que no cumplan la doctrina de Jesús, porque sí serán echados al fuego del infierno".

---

[27] Todavía, en aquellos días, Romanov era conocida como Miguel Ángel Poblete. Su cambio de identidad sexual se produjo a principios de 1988, antes de cumplirse el primer ciclo de cinco años, entre el 12 de junio de 1983 y el 12 de junio de 1988.

[28] Los sacerdotes.

Capítulo nueve

EL DESAFÍO

"Satán avanza rápidamente hasta la misma base de Roma".
Fragmento del mensaje registrado en Peñablanca, Chile, el 5 de mayo de 1985.

El 12 de junio de 1986 la Señora entregó un mensaje con carácter urgente. Le indicó a Romanov que debía ser difundido de inmediato para el conocimiento del mundo, pero en especial para Chile. El mensaje en cuestión incluía advertencias, recomendaciones, presagios, urgencias y avisos respecto al peligro en el que se hallan muchas almas, y aporta instrucciones para evitar que éstas caigan en posesión del diablo, Luzbel (su nombre original antes de la desobediencia, de acuerdo con el relato bíblico), el ángel que en el principio del primer día oscureció la Creación.

El encargo advierte, se lee en una transcripción hecha por Barros Valenzuela, que "[El Señor va a agotar] su cólera" y que "nada podrá sustraerse a tantos males reunidos" sobre la faz de la Tierra. "Antes de que acabe el año vendrán tres grandes señales de Dios al mundo, para que se convierta", explicó. "Serán desastres que mandará para que vosotros sepáis que el Día del Señor está muy cerca".

Subrayó que si la humanidad no cambia, ni tampoco hay paz en el mundo, "vendrá otro castigo", pero prometió que "si hacéis lo contrario habrá un tiempo de paz breve e inmediato".

Explicó que donde sea que se torne la mirada del género humano en aquel Día del Castigo habrá "sufrimiento", y lamentó que los hombres guardaran silencio y no circularan los mensajes que entregó en apariciones anteriores, entre ellas La Salette y Lourdes (Francia), Fátima (Portugal), Garabandal (España), San Damiano (Italia) y Medjugorje (Serbia Herzegovina, ex Yugoslavia)[29].

"Cuántas cosas os he dicho que [vosotros] habéis callado", protestó. Después anunció que "el Santo Padre deberá sufrir mucho por la consecuencia de muchos de vosotros" y apuntó que "el mundo no quiere entender" (sus llamados), y que si "no hacéis lo que os digo, la paz (entonces) no vendrá", ni al mundo ni a Chile.

Testigos que hoy en día viven en los alrededores del cerro *El Membrillar* de Peñablanca recordaron que aquel jueves de junio se

---

[29] Lugares donde la Señora se ha aparecido, a partir del 19 de septiembre de 1846.

congregó una multitud de peregrinos venidos de todos los rincones del país, pero que desafortunadamente la mayoría, a causa del pobre y deficiente sistema de amplificación existente en el santuario, no se percató de la gravedad de las palabras de la Señora sino hasta días más tarde.

Entre julio y agosto de 1983 los visitantes de las apariciones, cuyo número oscilaba entre los 50,000 y los 100,000, quizás más, de acuerdo a reportes de los diarios *Las Últimas Noticias* y *La Estrella* de Valparaíso, decidieron instalar un equipo de sonido con cinco o seis parlantes colgados en postes de madera y ramas de árboles, para que todos tuvieran la oportunidad de escuchar los diálogos entre la Señora y Romanov[30].

—Me di cuenta varias semanas después, cuando llegó a mis manos una copia escrita del mensaje. Al leerlo me quedé en silencio, meditando las advertencias. Meses más tarde experimenté el mismo sentir, una extraña mezcla de tristeza y miedo a la vez —me sinceró un hombre ya mayor que conocí en Santiago y que visitaba el cerro con frecuencia semanal.

La Señora de los Pies Descalzos agregó: "Francia, ¿qué estáis haciendo Francia? Para el Santo Padre están haciendo un proyecto maligno. Rezad mucho por él. Debéis rezar mucho por la iglesia, por la unión y la perseverancia de todos. La Iglesia —apuntó— pasará por una grave crisis. Más, muchos sacerdotes se irán en contra del Santo Padre. Obispos y Cardenales serán fusilados, otros serán muertos y se verá en Roma fuego, humo y llanto, muy pronto".

La Madre de los Afligidos, como Ella refirió que también era su nombre, prosiguió: "La conversión de Rusia está a punto". Y luego preguntó: "Francia, ¿qué estás haciendo?" Seguidamente mostró una gran tristeza por Chile: "¡Qué pena me das!", dijo. "Yo soy el Corazón Inmaculado de la Encarnación del Hijo de Dios, Yo soy Salud de los Enfermos".

Los espectadores que se percataron del contenido del mensaje contaron que el silencio que se produjo aquel día fue intenso. "Yo lo recuerdo", dijo Cantuarias. "El respeto entre las gentes era grande. Nos ayudábamos unos a otros, nos asistíamos, nos preocupábamos del que teníamos a la derecha y a la izquierda. Con decirle que nos saludábamos como si nos conociéramos de toda la vida. Por aquellos

---

[30] Los aparatos perdieron calidad debido al tiempo de uso y la falta de mantenimiento. En junio de 1986 el audio era defectuoso. Las transcripciones fueron obtenidas de las grabaciones de fieles que se ubicaron cerca del vidente y capturaron el mensaje. Así lo hicieron durante los primeros cinco años, entre 1983 y 1988. No había una comisión encargada de grabar, transcribir y distribuir, sino que todo se hacía espontáneamente y los casetes de audio y cintas de video no fueron almacenadas y registradas en una base de datos.

días en el cerro se congregaban miles de gentes, no como ahora, que van unas pocas a ver si ocurre algo extraordinario".

Otra fuente, que prefirió dejar su nombre en secreto, relató que, pese a las precarias condiciones del lugar de las apariciones, "ninguno resultó herido" y que en la cima del cerro no había baños, ni refugios para tanta gente ni agua. Un poquito de sombra aquí y allá, pero todos quienes peregrinaban al lugar bajaban intactos, aunque muchos con la fe fortalecida. Usted los hubiera visto. Regresaban con el llanto a flor de piel, contentos, agradecidos de todo y con todos. Y se iban de regreso a sus casas como nuevos, llenos de esperanza, atentos, con el rostro iluminado de buenos deseos. Peñablanca los había cambiado, por lo menos en ese entonces".

El mensaje de la Señora del 12 de junio de 1986 agregó que: "La Iglesia está pasando por una horrorosa crisis de fe. El mundo no quiere entender a la súplica del Santo Padre. Nuestro Señor os mandará un castigo, muy rápido, por los muchos crímenes que han cometido. La naturaleza se horroriza por los pecados que cometen los hombres".

"Chile, Chile, ¡qué pena me das!", repitió una vez más. "Francia, se te dió mucho y se te exige mucho. El Santo Padre ha de sufrir mucho por vuestra culpa. Rezad por él", clamó.

Por ratos, recordó un profesor de matemáticas que viajó desde Santiago a Peñablanca, "la gente se ponía a rezar en voz baja, pero al cabo de los segundos todos callaban al unísono, tratando de captar cada letra, cada palabra, cada frase que la Señora nos decía".

"El mundo no quiere entender", prosiguió. "Aun cuando os dije en La Salette, en Fátima y en Lourdes y en todos mis mensajes, no se me entiende y no se quiere hacer caso de ellos. Habrá una guerra muy próxima, muchos morirán, donde se torne la mirada habrá llanto, lágrimas y sangre. El mundo está condenado y Dios ha querido mandar a su Madre como la Única Áncora de Salvación", avisó.

El silencio de los presentes aquella vez volvió a imponerse. Sólo la voz de la Señora se escuchaba por los viejos altavoces colgados en los postes que sujetan el alero de la capilla[31]. "Os di el Rosario",

---

[31] En junio de 1986 los feligreses que se congregaban en el cerro de las apariciones de Peñablanca contaban con un cierto nivel de organización para mantener el orden durante las concentraciones multitudinarias. Dentro de esa estructura había encargados del equipo de sonido, quienes encendían los altavoces cuando había aparición para que los visitantes se enteraran de los mensajes, o cuando se rezaba el Rosario, por lo general tres veces al día: en la mañana, al mediodía y por la tarde. De las grabaciones, como ya expliqué, los que estaban junto al vidente y éste caía en éxtasis, encendían sus grabadoras y captaban los diálogos con la Señora. Luego los transcribían y repartían. Otros grababan de las bocinas del equipo de sonido. Ese era el procedimiento para recopilar mensajes, rudimentario, pero el único. Este material fue usado por

repitió. "En Fátima os di el mensaje y hoy la propia Virgen María viene a arreglar el Camino de Jesús. Argentina, ¿qué estáis haciendo con mis mensajes? Chile... Habrá sangre derramada aquí, en Chile, de los más altos a los más bajos".

Y de nuevo advirtió, tal como lo hizo en el comienzo, en junio de 1983, cuando sólo unos pocos conocían del portento y se armaban de fe para subir al cerro: "Si no hay paz y amor y se sigue ofendiendo a mi Hijo, vendrá una guerra en todo el mundo". Enseguida reveló un secreto que hasta ese día las autoridades de la ex Unión de Repúblicas Socialistas Soviéticas (URSS) guardaban celosamente: "El estallido de [la planta nuclear de] Chernóbil no fue casual, ha sido a propósito y saboteado. Pero también es una señal que Dios os manda para que vosotros sepáis que está cerca el Día del Señor".

—Tampoco de eso me di cuenta aquella vez —dijo el testigo—. Ni en las semanas venideras. ¿Cómo saber lo que había ocurrido en Ucrania? Pero con el tiempo fui notando la gravedad de aquel secreto. Todavía hoy no logro medir el alcance de palabras tan estremecedoras. ¿Cuánta gente murió en Chernóbil? ¿Cuántos niños fueron infectados con radiación? ¿Cuántos más murieron en los últimos años? ¿Cuántos más seguirán muriendo en los años que siguen?"

"Habrá un terrible accidente", anunció la Señora tras una pausa breve. Será "más grande que El Desafío", precisó, refiriéndose al transbordador espacial *Challenger*, la nave estadounidense que explotó pocos segundos después de su lanzamiento de la plataforma en Cabo Cañaveral, Florida, el 28 de enero de 1986. Un sello en forma de anillo en uno de los tanques de combustible se rompió, dejando escapar gases calientes que provocaron la explosión. Los siete astronautas y los restos de la nave cayeron en el Océano Atlántico. La tragedia fue transmitida 'en vivo' por las principales cadenas de televisión de Estados Unidos[32].

---

algunos recopiladores, entre ellos el arquitecto Álvaro Barros Valenzuela, el sacerdote jesuita Miguel Contardo y el médico Alan Rojas para escribir libros sobre los primeros años de la aparición en Peñablanca y los mensajes de la Señora.

[32] Sobre este detalle en particular hablé con Romanov en 1995, en Villa Alemana. Le pregunté si era cierto que la Señora se había referido al accidente del transbordador y respondió que sí. También le pregunté si los mensajes recopilados entre 1983 y 1988 eran correctos y dijo que "en gran medida". Le pedí que explicara por qué "en gran medida". Su respuesta fue: "Yo no vi los libros antes que los publicaran. Puede que los mensajes tengan errores, no lo se. Pero si fueron publicados está bien. Nuestra Señora me dijo que algunas cosas no están dichas como Ella me lo confió". Volví a preguntarle qué mensajes eran cien por ciento exactos y dijo: "Aquellos que tienen la aprobación de Nuestra Señora. Desde 1992 a la fecha así se hace. Se graban y se transcriben. Cuando Nuestra Señora los revisa, yo los firmo y también la persona encargada que los transcribió. Esos son los mensajes verdaderos. El resto sirve,

Algunas hipótesis barajadas en las semanas inmediatas a la catástrofe aérea señalaron que ciertas evidencias indicarían que la tripulación pudo haber sobrevivido al estallido inicial, pero que a causa de la pérdida de presión dentro de la cabina las posibilidades fueron mínimas. Sin embargo, un informe de la NASA concluido a finales de diciembre de 2008 reveló que la tripulación, compuesta por los astronautas Christa McAuliffe, Grez Javis, Ellison Onizuka, Ronald McNair, Judith A. Resnik, Michael J. Smith y Francis Scobee no tuvo probabilidades de sobrevivir y que se dio cuenta que la nave iba a desintegrarse unos 40 segundos antes.

Posterior al presagio del Desafío (*Challenger*), la Señora previno que el mundo se aterrorizará de los muchos pecados que han cometido contra la naturaleza y exclamó: "¡Horrorízate, Oh naturaleza! El hombre quiere ser como Dios, pero no alcanzará porque no puede, ni podrá. Muchas madres no dejan nacer a las criaturas que tienen en su seno, están pecando muy fuerte, porque están faltando al mandamiento de no matar".

Añadió que "el mundo no quiere entender" y que el género humano "está lleno de odio, malicia y rencor. Pero (de) lo que más está lleno es de falsedades, idolatría y falta a la caridad al prójimo y a Dios".

"No os vengo a amenazar —subrayó— si no a anunciaros lo que está dicho y lo que vendrá. No tratéis de buscar más allá, porque no hallaréis. No tratéis de buscar el futuro, porque será vuestra propia condenación. Seguid a Dios y seréis salvos. No os promete (Dios) aquí riquezas ni felicidad, pero en el Cielo os tendrá una felicidad para siempre y nunca sufrirán".

Tras la promesa, la Señora de los Pies Descalzos dijo: "Hago un llamado a toda la Tierra y a todos los Apóstoles de los Últimos Tiempos lo siguiente: Que recen el Rosario todos los días para la conversión de Rusia y (la conversión de) todas las naciones; que visitéis el Santísimo aunque sea cinco minutines, que cambiéis de vida para un camino de perfección. Rezad mucho, porque ha llegado la hora

---

pero puede que tengan algún error que pase desapercibido, por ahora". Del programa de transbordadores espaciales (*space shuttle*), este comenzó a fines de la década de los 60 y fue diseñado originalmente para llevar astronautas y grandes cargas al espacio, como por ejemplo para abastecer una estación espacial, colocar satélites, armar telescopios o realizar tareas de mantenimiento durante varios días. La nave puede regresar a la Tierra y volver a ser lanzada hasta un máximo de 100 vuelos. En 2010 se anunció que el programa será reemplazado por otro más amplio que la NASA desarrolla en secreto.

decisiva: pelear contra Satanás, el rey de la mentira y la soberbia".
"Si el mundo no atiende a la súplica —añadió—, vendrá un castigo más grande. El mundo sigue avanzando y sigue armando muros muy grandes, pero con bases no sólidas. Tan solo al soplo del viento se derrumbarán y no volverán a pararse jamás, porque temblarán ante el sonido de las trompetas. Y ahí verán a mi Hijo, el Hijo del Hombre que ha de venir a juzgar a los vivos y a los muertos".

La última parte del mensaje del 12 de junio de 1986, según consta en una cinta transcrita, está dirigido a los vecinos fronterizos de Chile. "Perú, atiende a tu Madre. Yo estoy llamando. Amaos, de lo contrario también habrá un castigo para vosotros. Argentina, se te exigirá mucho porque mucho se te ha dado. Brasil, si sigues con tus inequidades, llevarás a tu tierra al sacrificio. (Brasil) El país de las inequidades".

También anunció aquel día: "El Señor castigará a muchas naciones peor que (a) Sodoma y Gomorra. No es nada el castigo que se merecieron Sodoma y Gomorra con lo que ahora se merecen". Y reiteró: "El comunismo es el peor enemigo del cristianismo. El Santo Padre os dijo, Dios lo ha puesto en su boca para que todos vosotros sepáis que hay que luchar contra un gran Anticristo. Ya está el Anticristo entre vosotros, no lo busquéis más".

Al término de aquella aparición, la Madre de los Afligidos explicó que "las Siete Estrellas de mi Corona quiere decir: De Monte Carmelo a La Salette; de La Salette a Massabielle; de Massabielle a Fátima; de Fátima a Garabandal; de Garabandal a San Damiano; de San Damiano a Peñablanca. Yo soy la vencedora del dragón infernal"[33].

---

[33] La Señora repite los nombres de sus apariciones como si se trata de una serie, presumiblemente para leer su mensaje en el mismo el orden. No está establecido de esta manera, pero un grupo de fieles en Santiago, con el consentimiento de la Señora y de Romanov, recopiló parte de estos mensajes y los guardó para una futura base de datos. Los documentos también incluyen registros de mensajes capturados en Peñablanca, fotografías y filmaciones.

Capítulo diez

PASTOR CIEGO

"Escuchad la canción del alba, de los pájaros,
el susurro del viento para adorar a Dios
y alzar el espíritu".
Fragmento del mensaje registrado en
Peñablanca, Chile, el 1 de noviembre de 1984.

El 20 de diciembre de 1983, seis meses después de la primera visita a Peñablanca, la Señora le entregó a Romanov este breve y dramático mensaje: "Las personas están cometiendo muchos crímenes. Debéis rezar mucho para la conversión de muchos hombres. La injusticia y violencia han llegado a su extremo. Las personas no cesan de ofender a Mi Hijo".

Luego, el mismo día y durante el mismo encuentro, hizo la siguiente promesa: "Cada persona deberá rezar mucho. Porque si muchas Ave Marías habéis rezado, Yo estaré con ustedes a la hora de su muerte e intercederé ante el Padre por aquellas almas".

Ningún medio de prensa cubrió el suceso. Tampoco el Obispo de Valparaíso de ese entonces, monseñor Valenzuela. La buena nueva no fue divulgada en las parroquias de la diócesis para que éstas, a su vez, la compartieran con sus feligreses, y los feligreses con sus familiares y vecinos, incluso de otros credos.

Le pregunté a Cantuarias por qué los periódicos no reportaron esa aparición. El testigo se quedó viéndome, extrañado, sorprendido. Después sonrió, bajó la mirada y respondió, en voz baja: "¿Qué le puedo decir? ¿Acaso soy reportero? Pero para no dejarlo con la inquietud, pienso que los periodistas sintieron vergüenza".

Vergüenza o apatía, lo cierto es que la cobertura del primer ciclo de la aparición en Chile fue mínima, mientras que en el segundo período, que comenzó el 13 de junio de 1988, fue nula. Los escasos artículos publicados —la mayoría de ellos en internet— no incluyen mensajes[34], ni declaraciones de teólogos, ni opiniones de expertos en

---

[34] El ciclo de Peñablanca (12 de junio de 1983 al 12 de junio de 1988) nunca fue reconocido por la Iglesia. Por tanto, la diócesis de Valparaíso no invirtió, ni esfuerzos ni recursos para grabar, transcribir y divulgar los mensajes de la Señora. Las grabaciones las hicieron testigos por cuenta propia y algunos, entre ellos Álvaro Barros, Miguel Contardo y Alan Rojas, publicaron libros y folletos. Este material es el que se conoce como "Mensajes de la Señora en

mariología, ni comentarios, ni vivencias de testigos presentes en cada visita. Tampoco hay relatos de curaciones milagrosas, ni testimonios de conversiones, ni experiencias de religiosos encubiertos presentes en una aparición, ni dictámenes, ni elucidaciones, ni informes de la policía secreta,[35] ni detalles, ni nada. Sólo prevalecen críticas, burlas e insultos a la Señora, a Romanov, a los peregrinos, a la Iglesia Católica y a todo lo que durante el primer y segundo ciclo forman parte directa e indirecta de un fenómeno que sacudió y estremece los cimientos de Chile.

—En la primera etapa dijeron muchas tonterías —explicó Cantuarias—. Pero no las atribuyeron[36]. Simplemente las dijeron y, después de dichas, guardaron silencio. Como aquellos que lanzan piedras durante una revuelta callejera y después esconden la mano. Nadie fue, nadie escuchó nada, nadie vio nada.

Le pregunté si conocía otros motivos que explicaran la apatía de los medios. Se encogió de hombros y respondió con un "no" rotundo. Luego dijo: "Y si los hay, están escondidos, como los secretos de estado, como aquellos documentos confidenciales que se pueden leer pero que nadie puede decir públicamente que los leyó, porque entonces lo meten preso por haber divulgado información privilegiada. Puede ser que la prensa se silenció sola al enterarse del contenido de los mensajes, o bien recibió presión del gobierno para desacreditar a la Iglesia Católica, o la Iglesia Católica presionó a los medios —a través del gobierno— para silenciar a un enemigo en común, una revelación que, quizás, involucra a todos en algo

---

Peñablanca". Romanov confirmó que estos textos sí fueron grabados en Peñablanca, pero advirtió errores al momento de transcribirlos. "Algunos no dicen exactamente lo que dijo Nuestra Señora", me comentó muchas veces entre 1993 y 1996.

[35] Las acusaciones hechas por la oficina del Obispo Valenzuela y las dos comisiones que investigaron el fenómeno, fueron indagadas por la Central Nacional de Informaciones (CNI). "Yo fui detenida por el servicio secreto e interrogada en Santiago", contó Romanov. "Creyeron que se trataba de un complot comunista para agitar a la gente y ponerla en contra del gobierno. Yo les dije la verdad, que era Nuestra Señora. Después me liberaron".

[36] Un reportaje del noticiero *24 horas* de Televisión Nacional de Chile (TVN) publicado en YouTube) aseguró que Miguel Ángel Poblete (Karole Romanov) subió la primera vez al cerro de las apariciones con otros dos chicos de su edad para aspirar pegamento de zapatos. Romanov aseguró que el 12 de junio de 1983 fue sola al cerro y no precisamente a aspirar neoprén, sino porque los demás chicos del orfanato fueron de paseo a Granizo y él no cupo en el bus. No hay dato que revierta la afirmación de la vidente. Tampoco en los mensajes recopilados por Barros, Contardo o Rojas. Este tipo de señalamientos fue y es muy frecuente durante el ciclo de Peñablanca.

muy grave. ¿Sabe cuáles son esas faltas? Las que cuando aparecen desatan la guerra".

También le pregunté al testigo qué podía ser tan grave que involucrara a militares, a religiosos y a civiles al mismo tiempo y respondió que no lo sabía. Insistí y dijo que en la calle se dicen "muchas" cosas. Volví a preguntar qué tipo de cosas se dicen en la calle y mencionó que se trataba de "rumores" y "cosas tristes que no valen la pena recordar".

Volví a la carga. "¿Qué cosas se escuchan?", pregunté. "Cosas de muertos", respondió. "¿De cuáles muertos?", volví a preguntar. "De los desaparecidos", dijo. "¿Los desaparecidos de la dictadura?", pregunté, otra vez, pero el testigo guardó silencio. Se quedó viéndome y encendió un cigarrillo. Al cabo de un instante, apuntó: "Mucha gente fue desaparecida por sus ideas[37]. Pero lo que nadie sabía era que esas ideas afectaban por igual a militares, a curas y a empresarios. ¿Me entiende? Si no capta lo que le estoy diciendo, entonces olvídelo, no me responda, quédese callado y váyase", dijo ahora, molesto.

—¿Está involucrada la Iglesia en la desaparición de opositores al gobierno militar? –insistí.

—Ya le dije, váyase.

—¿Se trata del comunismo? ¿La Iglesia se involucró en la lucha de Pinochet en contra del comunismo?

—El comunismo está en todas partes.

—La oficina del Obispo dijo que las apariciones de la Señora fueron planificadas por un partido político.

—Yo no sé lo que comentó la oficina del Obispo.

—El Ministerio del Interior aseguró que fue el Partido Comunista.

—Lo único que puedo decir es que el gobierno y la Iglesia Católica no quieren que se propague el mensaje. No conozco los motivos, pero sé que existe miedo a que se divulguen las cosas que dice Nuestra Señora. ¿Por qué? Me lo he preguntado muchas veces y no conozco la respuesta. Una vez le hice esa pregunta a Romanov.

—¿Qué respondió?

—Que era por las verdades.

—¿Qué verdades?

---

[37] En noviembre de 2004 el gobierno de Ricardo Lagos divulgó el informe *Prisión Política y Torturas* durante la dictadura, que mostró los excesos cometidos durante el régimen militar. Explicó que más allá de encarcelar a sus opositores, en las prisiones muchos fueron víctimas de flagelo, violaciones y, en algunos casos, hasta fueron obligados a tener relaciones sexuales con perros amaestrados de los servicios secretos. Unos 28,000 presos fueron atormentados, la mayoría hombres de entre 21 y 30 años de edad.

—Verdades, sólo eso.

Por aquellos días, principios de 1992, Cantuarias tenía poca o casi nada de idea sobre la cantidad de conocimientos que la Señora le había entregado a Romanov durante los cinco primeros años de visitas, menos aún de los secretos que comenzaban a ser revelados en Santiago a partir de 1991. Pero sí tenía conciencia —dijo una tarde, mientras almorzábamos un *hot dog* en una carreta en el centro de Villa Alemana— que los datos en su poder no eran suficientes para entender "ni siquiera el comienzo del misterio".

"Ella le pasó a Romanov muchos mensajes", explicó. "Y cada frase de cada mensaje encierra un misterio, con cada misterio se pueden escribir mil libros y todos esos conocimientos revelan historias secretas escondidas en las Santas Escrituras. Pero, ¿cómo puedo yo conocer esa verdad si ni siquiera tengo estudio para aprender tanto? ¿Por qué me presiona si apenas tengo yo idea de lo que sucedió en Peñablanca? ¿Por qué no le pregunta a los curas? ¿Por qué no le pide audiencia al Obispo y lo interroga? Él tiene que conocer las verdades que usted busca y puede responderle qué ocurrió en Chile antes, durante y después del golpe de estado que derrocó al presidente Allende. Si no lo sabe, entonces ¿cómo podremos justificar el enojo de los militares, de los curas y de los empresarios ante un mismo hecho? Le repito, yo no tengo ninguna respuesta que darle", subrayó.

Siguiendo el rastro de las dudas de Cantuarias descubrí que durante el primer ciclo de apariciones (del 12 de junio de 1983 al 12 de junio de 1988, cuando todavía aparecía el nombre de Miguel Ángel Poblete y no había saltado el escándalo de su sexualidad con la revelación de Karole Romanov) la Señora se apareció al menos una vez diaria, lo que arroja un total de 1,825 visitas[38]. Y si en cada una de ellas entregó un mensaje, entonces habría 1,825 mensajes en poder de Romanov, su heredera espiritual, sin contar que en

---

[38] Barros Valenzuela, en su libro *Mensajes de Peñablanca 1983–1988*, detalló que el 12 de marzo de 1984 se registraron dos visitas de la Señora, una a las 9:00 p.m. y otra a las 12:20 a.m. del amanecer del 13 de marzo. El sábado 17 del mismo mes se registraron visitas a las 7:00 p.m. y a las 10:30 p.m. El 14 de abril también se registraron dos visitas, a las 9:00 p.m. y a las 11:30 p.m. Le pregunté a Romanov sobre este detalle y respondió: "Nuestra Señora no viene una sola vez en el día. Algunos días ha estado hasta cuatro veces. Nadie dijo que lo hacía una sola vez cada día. En Peñablanca la aparición duró cinco años, 1,825 días. Si vino más de una vez al día, entonces saca la cuenta. Ella vino más veces de los días que muchos cuentan. ¿Me entiendes? Cada vez que hubo una emergencia, un peligro, una amenaza, Ella estaba ahí, cuidándonos de la misma manera como lo hace en Santiago y Villa Alemana. Ella es la Capitana, nuestra guardiana".

más de una ocasión se registraron hasta cuatro apariciones en un solo día. Si a este dato se le suman las visitas posteriores al 12 de junio de 1988, que constituyen el segundo ciclo (que concluyó con la muerte de Romanov el 27 de septiembre de 2008), la cifra total entonces supera las 4,200 apariciones durante las cuales la Señora entregó conocimientos.

"Tampoco olvide el tiempo de una aparición", acotó Cantuarias. "Algunas veces las visitas de la Señora tomaron hasta cinco horas, como la primera vez, cuando Romanov dijo que comenzó a las 12 p.m. y que cuando preguntó la hora le dijeron que eran pasadas las 4 p.m. ¿Cuánto puede decir la Señora en todo ese tiempo? Una vez tomé un libro y me puse a leer en voz alta. En 15 minutos avancé siete páginas con letra de regular tamaño. Eso significa que en una hora se pueden decir 28 páginas bien leídas. Ahora, ¿cuántas horas permaneció la Señora con Romanov en todos estos años? ¿Cien, mil, un millón de horas?"

Le respondí que entendía sus razonamientos, pero insistí en que tenía el interés por conocer qué clase de verdades fueron las que preocuparon al gobierno militar y a la jerarquía de la Iglesia Católica para que ambas instituciones, entre junio y diciembre de 1983, se unieran y atacaran a Romanov.

Del mismo modo, para saber cuántos recursos destinaron para desacreditar el fenómeno y luego ocultar el mensaje.

Por un momento pensé que Cantuarias iba a responder, que me entregaría datos para seguir investigando, pistas, un eslabón perdido, un secreto, una clave, un indicio, un mensaje nuevo, pero no lo hizo. Se molestó.

—¿Piensa que le voy a despejar sus dudas? ¿Sabe cuántos años llevo yo tratando de aclarar mis propias dudas? ¿Y las dudas de los que vinieron durante los primeros cinco años al cerro? ¿No tienen ellos el mismo derecho suyo a una respuesta? ¿Cuál es la verdad de Peñablanca? ¿Lo que dijo el gobierno? ¿Lo que sigue diciendo la policía secreta, que todo fue una trama orquestada por el Partido Comunista? ¿O lo que dice el Obispo, que se trató de un show montado por la desaparecida Central Nacional de Informaciones (CNI) para distraer la atención del pueblo? ¿O el pedazo de verdad publicado por los medios, que todo fue arreglado por la embajada de Estados Unidos para probar armas secretas capaces de lavar el cerebro del pueblo? ¿Y qué dice Nuestra Señora? ¿Por qué no la busca a Ella y le pregunta? ¿Acaso le tiene miedo?

La última pregunta de Cantuarias se quedó dando vueltas en mi cabeza durante varios días. ¿Era miedo lo que sentía? Y si era miedo lo que turbaba mis pensamientos, ¿de dónde surgió? ¿Por qué apareció el miedo sin que me diera cuenta que ahí estaba? ¿A qué le tenía miedo? ¿Había forma de combatirlo? ¿Había otros, como yo, presas del mismo mal? ¿Dónde lo obtuvieron? ¿Es contagioso? ¿Estaban conscientes del estado en que vivían? ¿Lo enfrentaban? ¿Cómo lo combatían? ¿Cuántos éramos los afectados por este tormento? ¿Qué tan fuerte y peligroso era moverse dentro de este estado? ¿Hasta dónde alcanzaba? ¿Qué forma tenía? ¿Qué había más allá del miedo? ¿Crecía? ¿Evolucionaba? ¿Mutaba? ¿Transformaba? ¿Mataba?

Parte de las interrogantes ya habían sido respondidas por el doctor Alan Rojas y el sacerdote jesuita Miguel Contardo, autores del libro *El Monte Carmelo de Peñablanca*, 1985, documento que incluyó conferencias, mensajes que la Señora entregó a Romanov entre 1983 y 1985, fragmentos y citas de publicaciones católicas de Europa y Estados Unidos donde se menciona el fenómeno y, por último, textos que, aseguraron, corresponden al mensaje oculto de La Salette y que fue entregado por la Señora el 19 de septiembre de 1846, en Francia, y el Tercer Secreto de Fátima, fechado el 13 de octubre de 1917, en Portugal.

Los autores explicaron que poco antes de finalizar el mes de diciembre de 1983, el conocimiento acerca de Peñablanca se había extendido y que el Obispo de Valparaíso había ordenado una primera investigación a cargo del sacerdote de (la congregación de) Schoenstatt, padre Jaime Fernández, el que después de un estudio más bien breve terminó concluyendo, en un informe privado, "que esto (las apariciones) tendría un móvil político"[39].

Rojas y Contardo agregaron que los resultados de la pesquisa sirvieron para que el prelado determinara que las visitas de la Señora eran "un *show* montado para distraer la atención pública",

---

[39] Un reportaje publicado el 10 de febrero de 2008 en el diario *El Mercurio*, firmado por María Teresa Anguita y Rodrigo Cea, apuntó que "en septiembre de 1983 el Obispo de Valparaíso, Francisco de Borja Valenzuela, ordenó al sacerdote Jaime Fernández Montero encabezar una comisión investigadora. Experto en mariología, Fernández tardó poco más de un mes en emitir un juicio: no había nada sobrenatural. Agregó que en abril de 1984 Valenzuela creó una nueva comisión investigadora, constituida por cinco expertos de la Universidad Católica de Valparaíso (UCV). Cuatro meses después, las conclusiones fueron similares: "El origen de todo este asunto, en la medida que resulta posible de ser investigado, lleva a pensar en un montaje, en parte, inconsciente y en parte deliberado y programado, ya sea por el mismo pretendido vidente, como por terceras personas, lo que induce a cuestionar la hipótesis de una iniciativa sobrenatural".

y afirmaron que el pastor, después de comunicar la resolución a sus "íntimos" (no dice quiénes, ni dónde, ni cuándo, ni cómo) "lo hace saber discretamente a la prensa" (tampoco explican cómo, ni a quién, ni a quiénes y por qué) y emite dos comunicados en los que establece que "no hay elementos de credibilidad que avalen la realidad de la aparición"[40].

Ambos informes, esperados con ansia por miles de peregrinos y escépticos residentes, tanto de Peñablanca como del resto del país, causaron honda preocupación, disgusto y tristeza.

—Pero no fueron los resultados los que causaron ese sentimiento de frustración —explicó Cantuarias—. Más bien fue por la forma en que fueron dadas a conocer las conclusiones. Todo lo manejaron como si se tratara de un asunto sucio, una maldad terrible, un suceso que debía permanecer oculto y sumido en el secreto. Yo creo que las conclusiones de ambos informes evidenciaron que el Obispo tenía miedo. Pero, ¿miedo a qué? ¿A qué le puede tener miedo un Obispo? A menos, claro está, que haya querido ocultar sus propias faltas.

Miedo, enojo o desesperación, la oficina de Valenzuela no claudicó en su afán por ocultar el fenómeno de Peñablanca. Tras la divulgación del primer informe vino otro, redactado a prisa y en los mismos términos, documento que en cuestión de horas incrementó la desesperanza entre todos aquellos que nunca estuvieron completamente seguros de que la Señora se aparecía y entregaba mensajes a Romanov, blanco permanente de los agentes del servicio secreto del gobierno militar y de los teólogos del obispado que ocultaban sus rostros bajo las sombras del pastor.

Cabe destacar que en su edición de diciembre de 1983, el semanario católico parisino *L'Impartial* advirtió que la aparición en Chile no se trataba de "una invención del general Augusto Pinochet" y señaló que "ésta fue negada por los obispos chilenos" y que el 20 de noviembre de ese año "un decreto del Ordinario de Valparaíso aseguró que no había nada de sobrenatural en los hechos del cerro de Peñablanca".

Añadió que la Iglesia Católica, con su experiencia milenaria fundándose fielmente en el depósito de la fe que le ha sido confiado

---

[40] El informe de la segunda comisión, según reportó *El Mercurio* de Valparaíso en la edición del 15 de junio de 2003, precisó que un grupo de expertos de la Pontificia Universidad Católica (UCV) afirmó taxativamente en agosto de 1984: "No hay ningún motivo de credibilidad para aceptar las presuntas apariciones y, al contrario, aparecen más bien como una utilización de la fe popular y de la devoción mariana de nuestro pueblo fiel, que lo aparta de las orientaciones vigentes de nuestra Iglesia, así como de sus legítimos pastores". Agregó que el fallo fue leído en todas las parroquias el 4 de septiembre de ese año.

"no reconoce el lenguaje de la Santísima Virgen" (imagino que tras analizar los mensajes entregados por Romanov) y aseguró que los obispos (de la conferencia chilena) rechazan "muchas afirmaciones" que se atribuyen como que fueron dichas o pronunciadas por la Madre de Cristo.

—Fue entonces cuando vino la división —explicó Romanov—. No por las cosas que se publicaron en Chile y en el extranjero, sino porque aquel momento era el comienzo del 'tiempo de las divisiones'. Nuestra Señora ya lo había advertido, había dicho que en Chile muchos no quieren obedecer, y también pidió que su mensaje sea propagado con urgencia, pero con fidelidad. También dijo que muchos iban al cerro sólo a buscar prodigios y que además subían con el corazón lleno de mugre.

Una de esas advertencias la registró Barros Valenzuela en una cinta a eso de las 5:00 p.m. del 21 de febrero de 1984. Según dicha transcripción, de acuerdo con el libro *Mensajes de Peñablanca, 1983 a 1988*, la Señora dijo: "Me he estado apareciendo en muchas partes y no se hace caso a mi mensaje. Me niegan y ocultan muchas cosas que Yo he dicho. Ha llegado al colmo la soberbia de muchos sacerdotes. El que no crea que Yo estoy aquí Yo no creeré que él está con mi Hijo, porque la palabra que yo traigo es de mi Hijo".

Pese a la advertencia, las divisiones en Peñablanca se acrecentaron en las semanas y meses venideros. Mientras el gobierno presionaba a la Iglesia para que ordenara el fin de los peregrinajes, la Conferencia de Obispos Católicos de Chile se dedicó a buscar el nexo entre Romanov, la Central Nacional de Informaciones (CNI) y la Agencia Central de Inteligencia (CIA) de Estados Unidos, que por aquel entonces, aseguraban, experimentaba con aviones invisibles e inaudibles que rociaban un cierto tipo de gases que alteraban el comportamiento de las personas, incluso hacerles creer cosas tan inverosímiles como una aparición de la Santísima Virgen María[41].

---

[41] Un artículo publicado en la página web de *Disorder Magazine*, detalló que "como las apariciones de la Virgen se hacían cada vez más frecuentes y los mensajes de la señora se hacían progresivamente más irracionales" —esto es entre finales de 1983 y el primer cuatrimestre de 1984—, el Obispo de Valparaíso inició una investigación para llegar al fondo de los supuestos fenómenos extraordinarios. Explicó que las indagaciones estuvieron a cargo del sacerdote Jaime Fernández, "quien elaboró una comisión multidisciplinaria con cinco expertos de la Universidad Católica de Valparaíso". Luego de tres a cuatro meses de trabajo, la comisión concluyó: "El origen de todo este asunto, en la medida que resulta posible de ser investigado, lleva a pensar en un montaje, en parte, inconsciente y en parte deliberado y programado, ya sea por el mismo pretendido vidente, como por terceras personas, lo que induce a cuestionar la hipótesis de una iniciativa sobrenatural". La nota agrega que Fernández, "que fue objeto de seguimientos y amenazas de muerte, estaba seguro de que

—Todo se desordenó muy rápido —precisó Cantuarias—. Eran tantas las desavenencias que la gente tenía miedo de ir al cerro. ¿Entiende? Reinaba la duda y los insultos llovían. Nadie quería sentirse ofendido por gentes extrañas que aparecían de la nada y le decían a los peregrinos que hicieran esto, esto otro, vete para allá, sube por este lado, ponte a rezar, tráeme esto, lleva esto otro, muévete, siéntate, párate, sal de aquí, no hagas esto, cállate. Fueron días difíciles. Muchos empacaron sus desesperanzas y se fueron para siempre de Peñablanca.

Un registro publicado por Barros en 1989 da cuenta que el día sábado 17 de marzo de 1984, entre las 7:00 p.m. y las 10:30 p.m., la Señora le dijo a Romanov que: "Ha llegado el Tiempo de los Tiempos". Y agregó: "Y de cierto les digo, muchos perecerán si siguen así. En el Evangelio está escrito y sale todo, pero he venido a salvar almas que van a la perdición. Hay odio, codicia, envidia, blasfemia contra Dios".

Una semana después, el sábado 24 de marzo, la Señora lamentó que sus palabras "sean como la brisa que pasa y como el viento que sopla, y que a muchos no les deja nada porque simplemente las ignoran". Y prosiguió: "Soy el Inmaculado Corazón de la Encarnación del Hijo de Dios. Hijitos míos, rezad el Rosario, haced muchos sacrificios en este tiempo. No crucifiquéis más a Mi Hijo, Vuestro Señor. Todos los días lo estáis crucificando. Os quiero y os amo. Hijitos míos, venid a Mí porque Yo os espero con las manos abiertas y con mi manto protector protegeré a todo el mundo de las garras de Satanás".

No existen registros del número de personas que fueron testigos, ese día, del fenómeno. La Señora continuó: "Yo soy la Madre del Salvador, aquella luz que ilumina vuestro sendero y que muchos se niegan a seguir. Os quiero y os amo, y pido a mis hijos predilectos (los sacerdotes) que lleven el rebaño a buen camino y no a la perdición. Os quiero y os amo. No me iré de aquí después de este año. Como vuelvo a deciros, después de este año. No este año ni el que viene. Serán cinco años que estaré con vosotros".

Tampoco hay indicios de que la prensa haya reportado el suceso. Ni siquiera en el Obispado de Valparaíso existe una bitácora de los acontecimientos sucedidos en el cerro de Peñablanca durante aquellos días y años. El mensaje añade: "Quiero la unión de vosotros, y amor y paz. Daos el saludo de la paz con amor, sin mirar a los demás como cosa cualquiera. Os pido y os abrazo porque yo soy la Madre

---

se trataba de un montaje de la dictadura", y que cada vez que podía declaraba a los medios que "todo esto es un montaje de un organismo y todos saben a cual me refiero", haciendo alusión a la CNI. Fernández también señaló que "el Obispo me encargó una investigación de tipo teológica, y para sorpresa mía me encontré con un caso de carácter político".

del Buen Consejo, la Madre de los Afligidos, soy Rosa Mística y soy vuestra Señora del Rosario. Os quiero y os amo. Mirad, mirad mi corazón, está triste, lleno de púas por el pecado de vosotros. Os pido que consagréis el mundo al Inmaculado Corazón de María como os pedí en Fátima[42]. Amaos unos a otros, como Dios, Mi Hijo, al entrar al mundo. Yo soy la Estrella que ilumina tu sendero, que te llevará a Dios. Os pido amor. Rezad el Rosario, haced penitencia y haced muchísimos, muchísimos sacrificios".

Al despedirse de Romanov y de los pocos testigos de aquel día, la Señora dijo: "Ha llegado la hora de luchar contra Satanás, rey de la mentira y de la soberbia. Y os pido que no dejéis engañaros. Adiós".

Días después de esta aparición, el Obispo de Valparaíso, Valenzuela, acusó a Romanov de ser una especie de emisario del diablo[43], el ángel desobediente que aparece en los relatos bíblicos sobre la creación del Cielo. Y los militares, nerviosos y desconcertados, rompieron el silencio impuesto por el alto mando y acusaron a Romanov de ser una pieza dentro de una intrincada trama ideada por la Iglesia Católica —infiltrada por el Partido Comunista— para desestabilizar al gobierno presidido por el capitán general Augusto Pinochet[44].

—Ninguno tuvo razón —dijo Romanov.

—¿Por qué lo dijeron? —pregunté.

---

[42] Aparición reconocida por El Vaticano ocurrida en 1917 en Portugal.

[43] Diablo es el ángel que desobedeció a Dios en el primer día de la Creación. También se le conoce como mensajero del mal, príncipe de las tinieblas, malak, ángel caído, nadie, lucifer, adversario, espíritu del mal, enemigo, gran embustero, embaucador, mentiroso, el gran engañador, dragón gigante, serpiente primitiva, Satanás.

[44] Según el sitio Cambio21, Francisco Javier Cuadra, quien fuera vocero del gobierno de Pinochet, en la década de los 80 hubo hitos que marcaron a los chilenos, entre ellos el cometa Halley y el vidente de Peñablanca. Dijo que ambos fueron montajes o "verdades a medias" para ocultar o desviar el tema de los derechos humanos. El blog El Antro sostiene que la aparición de Peñablanca fue creada para "acaparar la atención del público justo cuando las primeras protestas en contra de Pinochet se gestaban en Chile", y agregó que todo se trató de un plan ideado por la "extrema derecha y Pinochet". Una entrevista de El Mercurio a Romanov, publicada el 10 de febrero de 2008, detalla que las acusaciones sobre su supuesto fraude en Peñablanca fueron mutuas. "No recuerdo si el 86 o el 87. Mire, la CNI creía que era la Iglesia y la Iglesia creía que era la CNI. Entonces, a las finales yo estaba en una encrucijada. El padre (Jaime) Fernández hizo la denuncia de lo que le dijeron. Pero él inventó una cosa que nunca debió haber hecho. Jugó con mis sentimientos, porque me dijo que me iba a ayudar y me dejó a la deriva. Mucha gente me dejó abandonada. Ese mismo año me dijeron 'vamos a llevarte a Viña', y me pusieron el suero de la verdad. Me dio vómitos, dolor de cabeza. El médico decía "se nos está yendo, ¿por qué mierda hicimos esto?"

—Para que se soltara el miedo. Cuando hay miedo aparece la duda y la duda detiene la propagación del mensaje de Nuestra Señora.

—¿Qué más dijo el gobierno?

—Mezcló las mentiras del ejército con los miedos del Obispo (Valenzuela). De esa manera, el cuerpo de generales creyó que quedaban bien con Dios y con el diablo.

También me señaló que los recuerdos de aquellos días le causaban dolor, pero que el sufrimiento más grande "fue por los insultos a Nuestra Señora. Le dijeron cosas muy feas, hasta que un día se puso a llorar".

No detalló los insultos. Cuando le pregunté[45] qué dijo la Señora acerca de las conclusiones emitidas por las dos comisiones nombradas por el obispo, de los comentarios dichos por el gobierno y la postura que asumió el Ejército, respondió: "Ella dijo que vino a Chile a salvar almas que van a la perdición". Después mencionó el mensaje fechado el 5 de mayo de 1984 y subrayó que ese documento explica, brevemente, la razón de su visita a Chile.

El encargo o encomienda de la Señora dice: "No se me quiere oír ni escuchar nada. Si dejan pasar estas palabras, ¿qué cuenta van a dar al Eterno? Meditad mucho, porque Yo estoy aquí y no he venido en vano. Yo soy la Dama Blanca de la Paz que os quiere salvar y os ama a vosotros, a todos. Mirad, todos vosotros sois mis hijos, todos sin excepción. Os amo y os quiero, pero pido también (que) como Yo los amo, que también améis al Señor Vuestro Dios, que murió en la cruz por vosotros. Yo soy el Corazón Inmaculado de la Encarnación del Hijo de Dios, la Dama Blanca de la Paz".

---

[45] Las conversaciones con Romanov sobre la aparición y los mensajes se desarrollaron entre 1993 y 1996 en los lugares donde ella vivía, Santiago y Villa Alemana. Todas se efectuaron en un ambiente grato, amistoso, unas veces acompañados por un vaso de cerveza, otras por el hambre causada por la pobreza. A cada pregunta respondió siempre con una sonrisa, dispuesta a compartir conmigo parte del conocimiento que la Virgen María le entregó en las visitas que comenzaron el 12 de junio de 1983. Algunas de esas pláticas duraron incluso hasta el amanecer del día siguiente, y al final de algunas —no pocas— la Señora la visitó unos instantes para dejarle un encargo, un secreto, una instrucción o simplemente nos bendijo.

Capítulo once

LAS COMISIONES DEL OBISPO

"Vendrán días difíciles, pero Yo estaré contigo".
Fragmento del mensaje registrado en
Peñablanca, Chile, el 6 de mayo de 1984.

El 1 de septiembre de 1983 se congregaron más de 100,000 personas en el cerro de Peñablanca para asistir a una aparición anunciada por Romanov días antes del acontecimiento. A esas alturas, publicó el diario *El Mercurio* de Santiago en un artículo fechado en enero de 2008, "la noticia (del fenómeno sobrenatural extraordinario) ya se conocía en todo el país. La prensa informaba profusamente acerca de los extraños sucesos, incluidos los sangramientos espontáneos del 'profeta', que para las dos comisiones investigadoras sólo se trataron de fenómenos psiquiátricos".

Durante la visita del citado día, la Señora dijo, entre otras cosas, que "tendréis (los chilenos) que tener mucho cuidado con el comunismo, que son los máximos enemigos del cristianismo"[46]. Esta frase o fragmento del mensaje del 1 de septiembre de aquel año fue uno de los argumentos tomados por las comisiones investigadoras del Obispo Valenzuela para concluir que la aparición había sido un montaje ideado por la Central Nacional de Inteligencia (CNI) del gobierno militar.

Poco después, agregó el reportaje de uno de los principales diarios del país, Valenzuela ordenó al sacerdote Jaime Fernández Montero "encabezar una comisión investigadora". Fernández sólo demoró poco más de un mes en emitir una conclusión: "No había

---

[46] El mensaje completo de aquel día es como sigue, según Álvaro Barros en su libro *'Mensajes de Peñablanca'*: "Las mujeres deberán cubrirse la cabeza con paños o velos. Vuelvo a decir que en cada puerta de los hogares deberán de hacer un pez y los colores son amarillo, rojo, azul y blanco. No olvidéis eso. Además, tendréis que tener mucho cuidado con el comunismo, que son los máximos enemigos del cristianismo. Jesús sufre mucho por vuestra conducta. Arrepentirse, no le crucifiquéis más. Mira, los hombres adoran las cosas materiales y no las celestiales. Los chilenos deben pensar antes de actuar. Si no acceden ni cambian, vendrá un gran castigo. Los hombres hacen gloria de las cosas de este mundo y no de las cosas celestiales. Muchos sacerdotes, obispos y monseñores van por el camino de la perdición y con ello llevan muchas almas a la perdición".

nada sobrenatural" en Peñablanca, dijo.

Le pregunté a Romanov, durante una llamada telefónica que le hice desde Estados Unidos, si el resultado de aquella indagación afectó el curso de la aparición.

—No. Nuestra Señora ya lo había dicho –respondió.

—¿Conocía Ella de antemano el resultado de la comisión que encabezó el padre Fernández?

—Ella lo sabe todo.

—¿Te mencionó Ella que el padre Fernández concluiría que en Peñablanca no había nada sobrenatural?

—Ella dijo que iban a negar la aparición y que el Obispo nombraría una segunda comisión.

La segunda comisión nombrada por el Obispo Valenzuela se instaló en abril de 1984 y la constituyeron cinco expertos de la Universidad Católica de Valparaíso. En agosto, cuatro meses después, concluyó que "el origen de todo este asunto (de las apariciones), en la medida que resulta posible de ser investigado, lleva a pensar en un montaje, en parte, inconsciente y en parte deliberado y programado, ya sea por el mismo pretendido vidente como por terceras personas, lo que induce a cuestionar la hipótesis de una iniciativa sobrenatural".

Nuevamente le pregunté a Romanov si las conclusiones de la segunda comisión afectaron la aparición. "En nada", respondió. "Ya te dije que Nuestra Señora lo sabía y lo había anunciado, que la iban a negar".

—¿Hablaron contigo las comisiones del Obispo Valenzuela? –volví a preguntar.

—No.

—¿Pidieron hablar contigo?

—No.

—¿Estuvieron presentes en alguna visita?

—No, fueron al cerro en días y horas en que no hubo nada.

Según el teólogo Gonzalo Ulloa, que encabezó la segunda comisión, entre abril y agosto de 1984 "se encontraron elementos de sobra para desacreditar la fluida comunicación entre Miguel Ángel Poblete y la Madre de Dios, y mencionó como ejemplos unos mensajes en los que la Señora le habría dicho a los peregrinos que tenían una hora para ir a almorzar o que podían ir a mear" (orinar).

Romanov dijo que aquello "no se trató de un mensaje de la Señora. ¿Cómo pudieron decir eso si nunca fueron a una aparición? A menos que lo hayan inventado para tener un argumento que justificara la negación".

En cuanto a la hipótesis de que la CNI se hallaba detrás del fenómeno, la versión fue soltada por el padre Fernández en declaraciones a periodistas que escribieron sobre el tema. *El Mercurio* reportó que el sacerdote acusó a "un organismo, todos saben a cual me refiero" de montar las apariciones, y agregó que dicha entidad (la Central Nacional de Informaciones –CNI–) "preparaba humitos para hacer más reales las manifestaciones marianas y que el vidente —en aquel tiempo Miguel Ángel Poblete— era trasladado a una casa en Santiago para memorizar el texto de sus mensajes".

Fernández aseguró, además, que las sorprendentes figuras que se formaban en el cielo —y que fueron reportadas por miles de testigos que acudieron al cerro de Peñablanca entre 1983 y 1988, entre ellas algunas con forma de pez y de la Virgen— "eran obra de aviones que despegaban de la base aeronaval 'El Belloto', entonces a cargo de la marina de guerra.

"El Obispo me encargó una investigación de tipo teológica y, para sorpresa mía, me encontré con un caso de carácter político", respondió Fernández al suplemento *Reportajes* de *El Mercurio*.

El diario aseguró además que, de acuerdo con datos proporcionados por una "fuente eclesiástica" (anónima), Fernández fue objeto de persecución y amenazas de muerte durante la elaboración del primer informe, y que por testimonios recavados a finales de 1983 se podía sindicar que la CNI era el "cerebro detrás de Peñablanca".

"Ellos eligieron con mucho cuidado a Miguel Ángel y se lo llevaron desde Santiago a Villa Alemana con el propósito de hacer las apariciones", habría declarado Fernández según *El Mercurio*.

Pero las declaraciones del religioso fueron refutadas por el psicólogo Julio Irarrázabal, ex gerente del hogar Carlos van Buren donde estuvo internado Miguel Ángel Poblete. Y aunque cree (Irarrázabal) que sí existió una intervención, ésta habría sido posterior a las primeras apariciones. "No me cabe duda de que hubo intervención, porque llevaron micros, arreglaron el camino (que lleva al cerro) en un momento que era difícil".

Ulloa se limitó a decir que la segunda comisión nombrada por el Obispo Valenzuela nunca pudo "probar fehacientemente un montaje del gobierno o de los sistemas de seguridad" del régimen militar de Pinochet.

Sobre el método empleado por la segunda comisión investigadora, en 2003 *El Mercurio* de Valparaíso publicó un artículo en el que Ulloa explicó que los otros cuatro integrantes del equipo ordenado por el Obispo Valenzuela fueron los teólogos Kamel Harire y Pedro Garcés, el biólogo Atilio Almagia y del físico Carlos Wörner. Agregó que en cuanto a la metodología empleada en la investigación del fenómeno se valieron de entrevistas, observaciones, grabaciones y principalmente visitas al lugar.

"Pasamos largos trasnoches en la cumbre del cerro en pleno invierno, junio, julio, de (l) (19)83 y (19)84", dijo el académico.

—Nunca los vi —reiteró Romanov—. No fueron cuando hubo apariciones de Nuestra Señora. Subieron al cerro en los días que no hubo nadie o muy poca gente que no tenía mucha idea de lo que había sucedido y lo que estaba ocurriendo en ese entonces.

En otra parte de la entrevista, Ulloa dijo que, "en términos metafóricos, íbamos a buscar luces verdes (señales que apoyaran la tesis de que había algo sobrenatural), pero también íbamos a tener mucho cuidado con las luces rojas (una podía ser algo circunstancial, accidental o episódico, pero si se repetían era necesario detenerse y revisar qué estábamos observando) y mucha prudencia con las amarillas".

Respecto a la luz verde, el teólogo resaltó "la devoción masiva de la gente, que sorprendía; además, personas de todos los estratos". Pero advirtió que también surgieron señales de alerta: "Al observar al seudo vidente, escucharlo, ver sus actitudes, se podía constatar de que ahí había un desfase no muy grave de desarrollo intelectual. Estaba su historia de niño abandonado y con carencia maternal, su paso de hogar en hogar, una vida dramática; el tema de la droga en que estaba con sus amigos cuando decía haber visto la primera aparición".

Sobre este detalle hablé varias veces con Romanov. Le pregunté si el domingo 12 de junio de 1983 había subido con alguien más al cerro de las apariciones y respondió que no, "fui sola porque todos se fueron de paseo a Granizo. Me dejaron. Por eso fui al cerro y fue entonces que vi por primera vez a Nuestra Señora". Del asunto de la droga, declaró que ese tema "apareció solo" en los medios y que no se explicaba "quién ni por qué lo dijeron, si nunca han aportado una prueba de que así ocurrió aquel día. Ni siquiera preguntaron qué dijo Nuestra Señora la primera vez que vino a Peñablanca".

Respecto a los fenómenos físicos vistos por miles de peregrinos, tales como la danza del sol, comuniones visibles que aparecieron en la boca de Romanov, estigmas, éxtasis, violentas caídas de rodillas sin que causaran daños a la vidente, rayos multicolores que descendieron en el cerro de Peñablanca a la vista de miles de testigos o la formación de figuras religiosas entre las nubes, Ulloa aseguró que ninguno de los cinco investigadores vio algo. "Nosotros nunca vimos nada", apuntó. Sin embargo, reconoció que "a nosotros nos mostraron un pañuelo que guardaba lágrimas de la Virgen, que le habían entregado a Miguel Ángel; un mechón de cabellos y unos zapatitos de Jesús cuando era niño".

Al término de la entrevista, Ulloa acotó que la comisión actuó "como académicos, investigadores, con un criterio muy objetivo, obviamente con mucha seriedad. Al mismo tiempo, tanto como comisión como en lo individual, nos pusimos en las manos de Dios e invocamos la asistencia divina para que nuestra misión fuera bien cumplida".

—No hablaron conmigo –cuestionó Romanov una de las últimas veces que hablamos del tema, a finales de junio de 2008– ¿Es válido que una comisión de expertos concluya sin haber hablado conmigo? Yo no entiendo cómo pudieron hacerlo de esa manera. Es como si tú escribes la historia de Perico Pérez que vive en Santiago con su familia y le pasa algo grave. Pero en vez de hablar con él, tomas un bus y te vas al sur, adonde sea, lejos, y en otra parte hablas con personas que te dicen que conocen o han visto a Perico Pérez. Y con esos datos escribes su historia. Yo no entiendo eso"[47].

---

[47] En junio de 2009 hablé con el arquitecto Álvaro Barros y le pregunté por qué no había hablado con Romanov y por qué no se había interesado en los sucesos posteriores al 12 de junio de 1988, cuando terminó el ciclo de Peñablanca. Me dijo que no lo había hecho y que no lo haría porque el vidente "desobedeció a la Santísima Virgen" y que la gran prueba de fe anunciada por la Señora "era esa transformación" que para Barros se trataba de algo "imperdonable". Y agregó: "Yo rezo por él para que vuelva, para que regrese, para que abandone el pecado en el que se encuentra", refiriéndose a la supuesta preferencia homosexual. Un argumento parecido, el del pecado imperdonable para los ojos de la Iglesia Católica, comentó en varias entrevistas con medios locales el teólogo Gonzalo Ulloa, quien presidió la segunda comisión investigadora.

Capítulo doce

TIEMPO ETERNO
"No soy Satán, soy la Corredentora,
Auxilio de los Pecadores".
Fragmento del mensaje registrado en
Peñablanca, Chile, el 25 de enero de 1985.

Testigos de Peñablanca aseguraron que al término de cada visita, cada éxtasis, cada comunicación sobrenatural extraordinaria entre la Señora y Romanov, "el silencio envolvió al cerro". Y detallaron que podía haber tres, cinco, cien, quinientas, mil, diez mil, cien mil gentes, que no importaba el número, ni el clima, ni la hora, ni las amenazas, ni el toque de queda impuesto por el gobierno militar desde el 11 de septiembre de 1973, "porque siempre hubo quietud momentos antes, durante y los instantes después del éxtasis"[48].

Aquella calma —sostienen los testigos que siguen creyendo que los fenómenos registrados en Peñablanca se relacionan con la visita de la Santísima Virgen— "es agradable para el cuerpo y el alma", algo así como "un pedazo de eternidad" que, sin embargo, se esfuma al primer rezongo, la primera critica, la primera discusión, el primer enojo, el primer grito, la primera pelea, el primer odio.

---

[48] Jorge Enrique Mújica, religioso mexicano de la congregación de los Legionarios de Cristo, explicó que la causa de los fenómenos sobrenaturales extraordinarios sólo pueden provenir de Dios, mientras que los fenómenos preternaturales sólo pueden venir del Diablo. Y agregó: "Al referirnos a fenómenos sobrenaturales hacemos relación a lo que trasciende lo natural, lo que está más allá de las leyes normales como el no poder volar por nosotros mismos o conocer lenguas sin antes haberlas estudiado. La causa sólo puede ser Dios, aunque la propia naturaleza o el demonio pueden imitar algunos de estos fenómenos para confundir cuando en realidad no son tales". También señala que los fenómenos sobrenaturales se manifiestan con los así llamados fenómenos místicos, y que éstos se deben a gracias regaladas por Dios que quiere ofrecer una posibilidad de unión más íntima con él al alma que los recibe o manifestar externamente al mundo el misterio de su acción omnipotente no explicable a la ciencia. Añade que en los fenómenos sobrenaturales extraordinarios la voluntad humana permanece siempre libre. Y dentro de la comunicación entre el vidente y la divinidad se dan dos tipos de órdenes: cognoscitivo y místico. En el primero se afectan los sentidos corporales y puede haber conocimiento de lo sagrado a partir de una gracia otorgada por Dios de forma espontánea, en el segundo se registran hechos tales como estigmas y hostias visibles, entre otros. Ambos estados dentro del éxtasis se vieron en Romanov durante apariciones en Peñablanca, Villa Alemana y Santiago.

Esa sensación descrita por las fuentes fue más intensa –o masiva– entre el 12 de junio de 1983 y finales de agosto de 1984, cuando el Obispo Valenzuela dio a conocer las conclusiones de la segunda comisión investigadora presidida por Ulloa, e impuso restricciones a los feligreses y a los sacerdotes "para que no subieran al cerro" de las apariciones, dijo Cantuarias[49].

Otros mencionaron "la recuperación del alma", el "volver a soñar con el mañana" como no lo hacían desde los tiempos de la juventud, que los problemas de cada quien "se hacían humo" durante las visitas, que las preocupaciones se olvidaban y unos pocos refirieron que, una vez terminado el éxtasis "los minutos se volvían como eternos", pero aseguraron que el ambiente que rodeaba el lugar, en la mayoría de las veces, no necesariamente era armonioso.

"Tenga en cuenta que donde está la Señora merodea el diablo", dijo Julia Cueto, directora de los Grupos de Oración desde el Puerto de Valparaíso hasta Arica, en el norte de Chile, frontera con Perú[50]. "El ambiente de tranquilidad se daba durante las visitas, pero cuando Ella no estaba presente nosotros debíamos ser lo suficientemente valerosos para saber lidiar con el mal y encontrar la paz dentro de cada quien".

Al cabo de un instante, comentó: "Después de todo, quien tiene la dicha de disfrutar de las gracias de Nuestra Madre debe estar dispuesto a pagar el precio del sacrificio por cada una de las bendiciones que recibe. ¿No le parece justo? ¿O piensa que Dios no prueba a cada alma? Si Dios le da algo, tenga por seguro que medirá su fidelidad,

---

[49] El 4 de septiembre de 1984 el Obispo Valenzuela advirtió que, aunque se llegara a construir en el cerro de las apariciones una capilla, "no autorizaré en ella ningún acto de culto católico, a tenor de las actuales disposiciones canónicas". Doce años más tarde, en 1996, el sucesor de Valenzuela, monseñor Jorge Medina Estévez —quien después fue ordenado cardenal por el Papa Juan Pablo II y asumió como director de la Congregación para el Culto Divino y la Disciplina de los Sacramentos— autorizó que en el lugar se oficiara misa una vez al mes, permiso que contó con la venia del entonces Prefecto de la Congregación para la Doctrina de la Fe —ex Santo Oficio—, cardenal Joseph Ratzinger, hoy en día Papa Benedicto XVI.

[50] La fundación de los Apóstoles de los Últimos Tiempos, creada por Romanov por instrucciones de la Señora, cuenta con una directiva que coordina el trabajo nacional. Julia Cueto es una de las misioneras a cargo del cumplimiento del reglamento. La organización fue requerida por primera vez el 19 de septiembre de 1846, en La Salette, Francia, cuando la Señora se le apareció a los niños Melania y Maximino. La fundación tiene bajo su cuidado la recopilación de mensajes, tanto de Peñablanca como de las visitas posteriores al 12 de junio de 1988.

su obediencia y su compromiso"[51].

El detalle de los minutos eternos fue comentado por los testigos durante el primer ciclo de apariciones, pero no registraron las experiencias, ni elaboraron conclusiones. Lo más probable es que no tuvieron conocimiento acerca del fenómeno hasta que Romanov, cierto día, mencionó que aquella gracia se trataba de una fracción de la eternidad y que ella también la experimentó durante los éxtasis. "Al igual que el olor a rosas".

El doctor Rojas lo explicó de la siguiente manera en su libro *El Monte Carmelo de Peñablanca*[52]: "El sábado 21 de julio (de 1984), durante un éxtasis, estábamos varios médicos, periodistas y miembros de la comisión del obispado (al parecer la misma que emitió los informes negativos de finales de 1983) dentro del sitio de las apariciones cuando percibí un olor a rosas exquisito. La fragancia era intensa y venía por oleadas".

Agrega el relato: "Yo pensé, en un primer momento, que era una periodista que estaba cerca de mí. Y pensé: 'Por Dios, qué buen gusto tiene esa niña. Esto debe ser carísimo'".

"En eso estaba", prosigue, "cuando el padre (Miguel) Contardo me dice al oído: ¿Siente, doctor, ese olor? Es a rosas. Estoy seguro que es de la Santísima Virgen".

Rojas concluyó que terminado el éxtasis, Romanov contó que la Señora le había besado la mano derecha "y cuando la olimos ésta exhalaba una fragancia (a rosas) que perduró largo rato", y que el tiempo de duración de aquella visita fue también extenso, mucho más de lo acostumbrado.

Infortunadamente, Rojas y Contardo no registraron el mensaje de ese día. Y si lo hicieron, lo publicaron pero olvidaron anotar la fecha y la hora para tener una idea más clara acerca de qué fue lo ocurrido el sábado 21 de junio de 1984 en el cerro de Peñablanca.

---

[51] Julia Cueto bordea los 75 años de edad. Conoció a Romanov en Peñablanca y permaneció junto a ella hasta el 27 de septiembre de 2008. Cuando la conocí, en una casa de oración ubicada en Villa Alemana, en el año 1993, padecía un severo reumatismo que le dificultaba caminar. Su enfermedad, sin embargo, no era impedimento para asistir a vigilias, rezos y visitas de la Señora en cualquier época del año.

[52] *El Monte Carmelo de Peñablanca*, Una aparición de la Santísima Virgen en Chile. Miguel Contardo y Alan Rojas. Editorial Covadonga, septiembre de 1985.

Capítulo trece

GUERRA DE SILENCIOS

"No vengo a amenazaros, sino a deciros en qué grave
estado estáis. Mirad, por todos lados la discordia,
todas las guerras, desastres y persecución".
Fragmento del mensaje registrado en
Peñablanca, Chile, el 13 de abril de 1987.

La aparición mariana de Peñablanca ocurrió en momentos que en Chile comenzaban a desarrollarse grandes protestas contra al gobierno militar y acusaciones sobre violaciones a los derechos humanos, entre ellas arrestos indiscriminados de opositores, encarcelamientos en recintos secretos, planificación de asesinatos de dirigentes políticos y activistas de organizaciones de izquierda, y tortura y desaparición de prisioneros políticos. Por esos motivos se rumoreó —y se sigue rumoreando— que el fenómeno sobrenatural extraordinario no fue tal y que detrás de ello se encontraba la Central Nacional de Informaciones (CNI), comandada por el general Odlanier Mena, un organismo secreto que reemplazó a la temida Dirección Nacional de Inteligencia (DINA) que creó y dirigió el también general Manuel Contreras[53], uno de los hombres de confianza de Augusto Pinochet.

Según dijo el profesor y filósofo Gonzalo Ulloa a *El Mercurio*, en junio de 2003 –previo a la conmemoración del 20 aniversario de la primera visita de la Señora—, los integrantes de la segunda comisión investigadora nombrada por el Obispo Valenzuela observaron, en algunas ocasiones, —no detalló fechas ni lugares— despliegues de seguridad, pero advirtió que eso pudo estar relacionado con la

---

[53] El general Manuel Contreras, alias 'mamo', dirigió la DINA entre 1973 y 1977. En noviembre de 1993 fue condenado a siete años de prisión por el asesinato del ex canciller chileno Orlando Letelier. En junio de 1995 fue condenado en ausencia por la justicia de Italia a 14 años de cárcel por haber inducido al homicidio frustrado del ex embajador chileno Bernardo Leighton y su esposa, en Roma. En mayo de 2002 recibió una nueva condena por la muerte del ex jefe del ejército de Chile, general Carlos Prats y su esposa, en Buenos Aires en 1974, y el 15 de abril de 2003 a otros 15 años de prisión por la muerte de Miguel Ángel Sandoval, un dirigente de izquierda desaparecido de la cárcel secreta de Villa Grimaldi, propiedad a la Colonia Dignidad, hacienda fundada y administrada por ex nazis que huyeron de Alemania y Europa al término de la Segunda Guerra Mundial.

concurrencia del almirante José Toribio Merino (el segundo en la sucesión del mando de la Junta Militar de Gobierno presidida por el general Augusto Pinochet) al cerro *El membrillar* de Peñablanca en algunas oportunidades.

Pero ni Ulloa ni nadie, a la fecha de finalización de este libro—reportaje periodístico, han aportado pruebas que demuestren que el gobierno militar organizó las apariciones de Peñablanca, ni tampoco que el motivo del montaje haya sido desviar la atención pública para disminuir el rechazo al régimen y permitir que Pinochet, entre 1983 y 1988, gobernara y manejara sin contratiempos el control del país, de las Fuerzas Armadas y de los partidos de la oposición política.

Pinochet encabezó un gobierno de facto entre el 11 de septiembre de 1973 y el 11 de marzo de 1990. Durante esos años se cometieron más de 30,000 violaciones a los derechos humanos dentro y fuera del país, delitos que en su mayoría no fueron reportados por los medios[54]. Algunos casos que llegaron a las salas de redacción no fueron verificados en su totalidad, y en otros, quienes los reportearon basaron los hechos en antecedentes que les entregaron los militares que cometieron los crímenes.

En 1991, el entonces presidente Patricio Aylwin nombró la Comisión Nacional de Verdad y Reconciliación —conocida también como Comisión Rettig— para reunir datos e investigar los atropellos del régimen de facto. La instancia concluyó que en el período militar perdieron la vida 2,279 personas, de las cuales 164 los clasificó como víctimas de la violencia política y 2,115 de violaciones a los derechos humanos (entre ellos decenas de prisioneros políticos lanzados al mar, vivos, desde aeronaves de la Fuerza Aérea de Chile (FACH) y de la Armada. Otros, según me contó un ex oficial de la marina mercante, fueron encerrados en contenedores que luego hundieron frente a las costas de Antofagasta, entre gritos de horror y cánticos de guerra entonados por un escuadrón secreto vestido de negro que

---

[54] El 12 de mayo de 2008, el presidente del Colegio de Periodistas de Chile, Abraham Santibáñez, develó a *Cambio21* detalles de lo que fue el periodismo, la censura y los "montajes" que hubo en la época del régimen militar. Aseguró que "el cometa Halley" y el "vidente de Peñablanca" fueron símbolos de lo que "eran capaces los militares con el apoyo de civiles con tal de distraer a la opinión publica". También dijo que "hace muchos años que se viene sabiendo que ciertos hechos en cuanto a la ocultación de información o también de pintarla y hacerla más sutil. Con estos efectos, el gobierno militar podía zafarse de cierta forma de las violaciones a los derechos humanos que estaba cometiendo y así no recibiría mayores críticas" (...) "Había mucha gente que pensaba que estaba viviendo en un mundo 'happy'" (...) "Se provocaba censura al periodismo y salía la información tal como ellos (los militares) querían".

luego desembarcó en Panamá para regresar a Chile en un avión comercial. Aylwin pidió perdón a los familiares de las víctimas por las atrocidades cometidas por los uniformados y recalcó que todos ellos "fueron denigrados por acusaciones de delitos que nunca les fueron probados y de los cuales nunca tuvieron oportunidad ni medios adecuados para defenderse".

El Informe Rettig, sin embargo, no fue exacto. Un caso reportado como crimen político fue un asesinato cometido por una esposa y su hijo, quienes dieron muerte en Quillota (noreste de Valparaíso) al esposo y padre porque estaban cansados de sus maltratos (el crimen fue revelado en el programa *Mea Culpa* de Televisión Nacional de Chile —TVN— bajo el título "Cita Requerida"). Pero este ejemplo advertido por la Comisión no le quita peso a las graves violaciones cometidas durante el régimen de Pinochet y tampoco resta importancia ni veracidad a las denuncias, el dolor y el sufrimiento de las víctimas[55].

En 2004, catorce años después de la dictadura, el gobierno de Chile divulgó un segundo estudio, de unas 1,200 páginas, en el que mostró las atrocidades, bestialidades y perversiones del régimen. El documento explicó que, más allá de encarcelar a sus opositores, en las prisiones de Pinochet muchos fueron víctimas de flagelo, violaciones, torturas y ejecuciones, en algunos casos hasta fueron obligados a ser penetrados sexualmente por perros amaestrados de los servicios secretos o atarlos en el suelo y dejar que ratas y arañas mordieran la vagina y el ano a las detenidas[56].

Titulado *Informe sobre Prisión Política y Torturas durante la Dictadura*, el documento acreditó la aplicación de tormentos a más de 30,000 presos políticos, la mayoría hombres de entre 21 y 30 años de edad, y recopiló cerca de 35,000 testimonios. Alrededor de 28,000 de esas recopilaciones fueron consideradas válidas. Las personas entrevistadas sufrieron abusos de parte de los agentes de los aparatos represivos del régimen de Pinochet,

[55] Tres casos citados en el Informe de la Comisión de Verdad y Reconciliación resumen las actuaciones del régimen: Gumercindo Álvarez, detenido el 29 de agosto de 1974, murió el 2 de septiembre de ese año por las torturas sufridas a manos de Carabineros; Javier Alvear, ejecutado por agentes del estado el 20 de octubre de 1973 tras ser detenido por una patrulla militar; Oscar Ramos, detenido el 5 de agosto de 1976 por agentes de la DINA y trasladado a Villa Grimaldi, lugar donde se perdió su rastro.

[56] Un testimonio citado en el informe detalla: "Embarazada de cinco meses fui detenida y hecha prisionera (...) Colocada en el suelo con las pierna abiertas, ratones y arañas fueron instalados y dispuestos en la vagina y ano. Sentía que era mordida. Despertaba en mi propia sangre. Se obligó a dos médicos prisioneros a mantener relaciones sexuales conmigo".

señala uno de sus párrafos.

"Los relatos de las víctimas estremecen. He sentido muy de cerca la magnitud del sufrimiento, la sinrazón, la crueldad extrema, la inmensidad del dolor", expresó el entonces presidente Ricardo Lagos en un discurso transmitido por cadena nacional de radio y televisión. "¿Cómo explicar tanto dolor, cómo explicar que 94 por ciento de los detenidos señalen que fueron objeto de tortura, cómo explicar que de las 3,400 mujeres que entregaron su testimonio, casi todas señalen haber sido objeto de alguna violencia sexual?", añadió el mandatario.

La comisión que redactó el documento fue nombrada por Lagos el 12 de agosto de 2003 y su objetivo fue investigar qué ocurrió con los presos políticos en las cárceles y cuarteles militares durante el régimen. El grupo fue presidido por el Obispo católico, Sergio Valech, y estuvo integrado por otros siete miembros, entre ellos juristas y defensores de los derechos humanos. Lagos les pidió elaborar un informe detallado para conocer la verdad y poder reparar los daños provocados durante la dictadura.

Quince meses más tarde de su nombramiento, la comisión concluyó que en Chile existió una "conspiración de silencio" sobre los hechos de tortura, y que con el pasar de los años muchos creyeron que los maltratos no fueron "tan masivos". Sin embargo, el informe reconoció que tras escuchar los relatos de miles de ex presos, no cabe ninguna duda de que "esta parte de la verdad" debe ser mostrada para que los chilenos puedan reconciliarse.

Los investigadores concluyeron que en todos los casos "escuchamos el estupor, el temor, la impotencia que aún genera la dignidad violada por agentes del Estado, de quienes se espera —o debería esperarse— respeto a las personas, protección a los débiles y un escrupuloso cumplimiento de la ley".

Al explicar por qué el país calló durante tantos años las atrocidades cometidas, la comisión advirtió que el silencio se basó en el miedo de las víctimas a "descorrer el velo de la tortura, de la humillación, de la violación física y psicológica", y también reconoció que experimentó dificultades para redactar el documento.

Explicó que la mayoría de las víctimas entrevistadas tenía entre 17 y 24 años cuando fueron arrestados y vejados, que las torturas fueron cometidas en cuarteles militares y centros de detención controlados por las Fuerzas Armadas chilenas, y que en todos los casos se usó la tortura, tanto física como psicológica. "Nos cuesta imaginar la infamia (…) y ese ingenio malévolo que poseemos los humanos cuando nos ensañamos con una víctima o simplemente hacemos ostentación de nuestro poder", apuntó el informe.

Del total de personas entrevistadas, señaló, el 94 por ciento dijo haber sido torturada durante las detenciones y que a juzgar por la enorme cantidad de testimonios de personas golpeadas, "puede afirmarse que las golpizas reiteradas constituyeron el método de tortura más socorrido durante el régimen militar y, en general, el primero que se aplicó a las víctimas de la represión".

La comisión detalló los diferentes métodos entonces utilizados por los militares y policías chilenos:

- Golpes de pies y puños[57].
- Golpes con objetos contundentes: culata de las armas (culatazos), palos (palizas), laque (también llamado churro, luma o tonto –bastón– de goma o caucho)[58].
- Apedreamientos con otros objetos contundentes[59].
- Golpes con objetos flexibles o no contundentes (también llamados azotes o flagelamiento) tales como látigos, fustas para caballos, baquetas (varillas de coligüe).
- El teléfono, esto es, golpes con mano abierta en ambos oídos (puede provocar lesiones auditivas permanentes).
- Golpes reiterados en los ojos, boca, nariz, testículos, pecho, cuello, rodillas y otras partes sensibles del cuerpo.

Una mujer entrevistada por la Comisión, detenida en septiembre de 1973 siendo menor de edad, contó que cuando la llevaron a un cuartel militar le pusieron una capucha y la desnudaron. "Me pusieron en una especie de camilla, amarrada de manos y pies, con las piernas abiertas. Sentí una luz muy potente que casi me quemaba la piel. Escuché que estos individuos se reían, luego un hombre

---

[57] Federico Renato Álvarez Santibáñez fue arrestado el 14 de agosto de 1979 por Carabineros. El 20 de agosto fue llevado a declarar ante la 3ra. Fiscalía Militar, bajo custodia de la CNI. Abogados constataron que el reo estaba en "muy malas condiciones físicas". Al día siguiente falleció en la Posta Central de Santiago. Se le diagnosticó contusiones múltiples, hemoptisis e insuficiencia pulmonar. Casos como el de Álvarez hay decenas.

[58] A Eduardo Jara lo secuestraron el 23 de julio de 1980. Fue torturado con golpes en todo el cuerpo y le aplicaron electricidad. Le quemaron las muñecas, tobillos y labios. Tenía además contusiones en la frente y nariz. Fue liberado el 2 de agosto y murió ese día. La Comisión Rettig dijo que falleció a causa de las torturas que recibió durante su arresto por parte de agentes de la Policía de Investigaciones.

[59] Mario Fernández López fue detenido el 18 de octubre de 1984 y murió al día siguiente. La CNI aseguró que el detenido sufrió una crisis nerviosa, perdió el control sobre sus actos y se golpeó contra los muebles de la dependencia donde estaba, causándose lesiones indeterminadas. La Comisión Rettig concluyó que Fernández fue torturado por agentes de la CNI.

comenzó a darme pequeños golpes con su pene sobre mi cuerpo, me preguntó de qué porte me gustaba, (mientras) otro hombre escribía cosas sobre mi cuerpo con un lápiz", relató. La mujer agregó que luego fue interrogada y "enseguida alguien ordenó que me pusieran corriente en los senos, vagina y rodillas".

Entre los métodos de tortura identificados, según el informe Rettig, los más utilizados fueron los golpes y la aplicación de electricidad: "Los golpes ya no se propinaban al bulto, sino en lugares corporales específicos, provocando desmayos, asfixia o lesiones en órganos internos".

El documento también reveló que los detenidos por el servicio secreto de Pinochet fueron sometidos "inclusive a prácticas aberrantes tales como violaciones con perros especialmente entrenados al efecto, o la introducción de arañas en la vagina o en el ano".

"De hecho, en Santiago existió un recinto secreto a cargo de la DINA (Dirección de Inteligencia Nacional, el servicio secreto de los militares que funcionó entre 1973 y 1977), conocido como 'La Venda Sexy', lugar en el que las agresiones sexuales fueron el método de tortura preferente", precisó el informe.

Una mujer que tenía 14 años en 1973, contó a la comisión: "Fui violada, me ponían corriente, me quemaron con cigarrillos, me hacían chupones, me pusieron ratas. Creo que estuve en Londres [recinto secreto de la DINA ubicado en el centro de Santiago], me amarraron a una camilla donde unos perros amaestrados me violaron[60]. Estaba siempre con scotch (cinta adhesiva en ojos y boca), después una venda y después una capucha. Se reían, nos ofrecían comida y nos daban cáscaras de naranjas. Nos despertaban de noche para perder la noción del tiempo".

Luego de su liberación, dos años más tarde, la mujer fue expulsada del país, sola, sin su familia. Entonces tenía 16 años de edad.

El documento entregado por Lagos identificó más de 1,130 lugares de detención que funcionaron en distintos puntos de Chile

---

[60] La socióloga Ximena Bunster, en su obra *La Tortura de Prisioneras políticas: un estudio de esclavitud sexual femenina*, escribió que la DINA contó con un programa de violaciones sexuales a mujeres para degradarles la moral y no permitir que se convirtieran en líderes del movimiento comunista, además de obtener información y ésta que los llevara a la detención de familiares opositores al régimen. En las sesiones de tortura, los agentes de la inteligencia de Pinochet utilizaron cigarrillos encendidos para quemar senos y pezones, electricidad en zonas erógenas, introducción de objetos (palos, fierros o de cualquier forma similar) en la vagina y el uso de animales como tormento sexual tales como ratones y perros de la raza boxer especialmente entrenados en este tipo de actos de zoofilia, tortura que hunde profundamente la dignidad de un prisionero en manos del gobierno. El resultado, por lo general, es una depresión permanente que conduce al reo a un estado de vida catastrófico y finalmente a la muerte en la más cruel de las soledades.

durante la dictadura de Pinochet. La policía militarizada de Carabineros fue la institución a la que se le atribuyó el mayor número de detenciones, con cerca de 40,000 casos, seguida por el Ejército con casi 25,000. En su discurso, el entonces presidente de Chile anunció que todas las víctimas serán indemnizadas por el gobierno. También se les otorgó ayuda médica permanente para recuperar, en lo posible, los daños causados durante sus detenciones.

¿Eran estas historias las que intentó acallar el régimen de Pinochet entre el 12 de junio de 1983 y el 12 de junio de 1988? ¿Sabía la Iglesia Católica de estos crímenes y los ocultó porque el enemigo del régimen era también un potencial enemigo suyo? ¿Fue Romanov el instrumento utilizado por los militares para hacer creer una supuesta aparición de la Santísima Virgen y con ello distraer la atención del país sobre los casos de violaciones a los derechos humanos?

—Mire —me respondió Cantuarias—. Si los militares tienen en su poder un arma que cambia el pensamiento de las personas, como aseguran los obispos, entonces todavía estarían sentados en el Palacio de La Moneda. ¿Me entiende? No existe esa arma secreta. Eso fue un invento de los curas. Y los militares echaron a correr la bola de que la aparición de Peñablanca fue planeada por curas comunistas para levantar al pueblo en contra del régimen. Al final, nada. Pinochet se fue, llegaron los civiles y aquí no ha pasado nada. ¿Y el mensaje de Nuestra Señora? ¿Acaso Ella vino para hablar sólo de estas cosas? Ahí está el problema. Ella no vino para hablar de Chile, sino para decirle al mundo unas cuántas verdades.

Capítulo catorce

LOBO DISFRAZADO DE OVEJA

"Será de noche, cuando todos se hayan olvidado, cuando ya no se acuerden más de lo ocurrido".
Fragmento del mensaje registrado en
Peñablanca, Chile, el 17 de marzo de 1985.

A finales de 1992 Romanov compartió algunas de las experiencias vividas durante y después de las conclusiones de la primera comisión nombrada por el Obispo de Valparaíso para investigar los sucesos de Peñablanca. Dijo que la Iglesia y el gobierno militar se acusaron mutua y simultáneamente de haber ideado la aparición, y que cada quien aportó sus propias teorías, pero que al fin de cuentas "nadie pudo probar nada". Añadió que el Ministerio del Interior dio por sentado que Peñablanca era un asunto ideado por sacerdotes marxistas para alterar el orden y la seguridad públicos, sacar gente a las calles, indisponerlas en contra del gobierno militar y causar un clima de convulsión social que propiciara el comienzo de una guerra civil[61].

"Por eso prohibieron las peregrinaciones al cerro", apuntó Romanov. "Pero de nada sirvió la orden que emitió el Obispo Valenzuela, porque Nuestra Señora siguió apareciéndose, todos los días, cuando Ella quiso. Ella nunca faltó a una cita, ni aunque estuviera

---

[61] El diario *El Mercurio*, en un reportaje publicado en 2003 titulado 'Encuentro en Peñablanca, 20 años después', reportó que las "supuestas apariciones coincidieron con grandes protestas políticas", y que por esa época "se rumoreó mucho que los organismos de seguridad estaban vinculados con los sucesos de Peñablanca". Agregó que el profesor Gonzalo Ulloa, quien presidió la segunda comisión nombrada por el Obispo Valenzuela, dijo que "vieron algunas veces despliegues de seguridad" (en el cerro de Peñablanca), pero observó que eso "pudo estar relacionado con la concurrencia del almirante José Toribio Merino" al lugar en algunas oportunidades. También señaló que la teoría del montaje para desviar la atención pública de la coyuntura política pudo haber estado vinculada a que en ese tiempo, en parte de los supuestos mensajes que entregó la Señora a Romanov, "hubo alusión a los cacerolazos", en el sentido de que ni a Dios ni a la Virgen les gustaban esas manifestaciones. También reportó que a los integrantes de la comisión "se les informó, indirectamente, que había un testigo clave para probar que esa hipótesis —la del montaje— era cierta. Se trataba de la empleada de una de las familias seguidoras de Miguel Ángel, que habría oído una conversación en que eso quedaba en evidencia". Pero la comisión nunca habló con esa persona, cuyo nombre jamás fue divulgado.

lloviendo o hiciera mucho frío. Siempre estuvo ahí entre el 12 de junio de 1983 y el 12 de junio de 1988. Después se marchó de Peñablanca, en el Tiempo del Castigo. Pero no se fue de Chile como dicen algunos, se quedó en Santiago y Villa Alemana".

En una de esas apariciones, fechada por el arquitecto Barros Valenzuela el jueves 12 de enero de 1984[62], a las 12 del mediodía, la Señora dijo: "El lobo siempre viene disfrazado de oveja. Reza mucho, mucho. Tendrás que sufrir más aún. El brazo de mi Hijo es muy fuerte, pero está cayendo porque no puede sostener el peso de vuestros pecados".

Barros fue uno de los primeros en registrar y publicar mensajes que la Señora le entregó a Miguel Ángel Poblete a partir del 12 de junio de 1983 en el cerro de Peñablanca. "Por ese tiempo yo había escrito el libro '¿Qué quieres, mamá?' y tenía experiencia en el tema", me contó cuando hablamos por teléfono el 15 de junio de 2009. "Cuando tuve datos de Peñablanca, de los mensajes que la Señora le estaba dando a Poblete, me pareció que era evidente, que eso era cierto", agregó, con la voz entrecortada por la emoción. "Imagínese usted estas cosas ocurriendo aquí, en Chile".

Luego de una pausa, el arquitecto apuntó que "desde entonces la he estudiado". También contó que la recopilación la hizo grabando él mismo algunas visitas, conversando con Poblete o escuchando grabaciones y películas tomadas por otros testigos de los sucesos.

"Los materiales de que disponíamos en esos años eran casetes y filmadoras VHS y Súper 8mm. No había tanto adelanto como ahora. Imagínese si ocurriera en estos momentos, con todas las cosas que hay para registrar estos hechos".

El registro del 12 de enero de 1984 añade: "Cuántas veces el Evangelio dice: Convertíos para llegar al cielo, y muchos se hacen los sordos. Hay guerras en todas partes. Habrá una paz ligera. Luego habrá mucha discusión y nuevamente habrá conflictos rompiendo la paz. Estados Unidos enviará, en las primeras semanas del cuarto mes, unos satélites muy poderosos. Luego el cristiano predicará el Evangelio y dirá la verdad de estas armas poderosas por las calles, por la Iglesia y serán aborrecidos. Más te diré la fecha de un gran crimen que acontecerá en España y Estados Unidos... El día... de 1984. Más mi corazón se entristece por los hombres".

Barros no aportó detalles adicionales a esta aparición, ni tampoco explicó el número de testigos, ni la reacción de éstos antes, durante o después del fenómeno. Tampoco refiere si hubo prodigios tales como la aparición de la Sagrada Forma, estigmas, bilocaciones, el súbito y delicado olor a rosas frescas, la danza del sol, la aparición

---

[62] Álvaro Barros Valenzuela, *Mensajes de Peñablanca, 1983/1988*.

de los minutos eternos o algún tipo de curación milagrosa. Otros autores tampoco mencionan el mensaje. ¿Olvido? ¿No supieron de él? No se sabe.

Dos meses después de la advertencia y cuando el Ministerio del Interior incrementó el patrullaje militar para averiguar qué estaba sucediendo en el cerro, la Señora le entregó a Romanov un nuevo mensaje, esta vez un signo, una clave para entender, dijo, "el comienzo del Tiempo de Tiempos". La aparición se registró entre las 7:00 p.m. y las 10:30 p.m. del lunes 17 de marzo de 1984. El mensaje precisó: "Hijitos míos, no os turbéis. Ha llegado el Tiempo de los Tiempos. Y de cierto les digo, muchos perecerán si siguen así. En el Evangelio está escrito y sale todo, pero he venido a salvar almas que van a la perdición. Hay odio, codicia, envidia, blasfemia contra Dios. Pero si el sacerdote les prohíbe, obedeced y haced penitencia. No tengan miedo de abrir los ojos a Cristo".

Y agregó: "Verán muchas cosas, muchos fenómenos sobrenaturales y no tengan miedo. Habrá grandes prodigios para quien conserva la Palabra de Cristo. El 13 de octubre (de 1917, fecha de la sexta aparición en Fátima, Portugal, día en que ocurrió el milagro del sol) di un mensaje: Los sacerdotes, ministros de mi Hijo, por su mala vida, por su impiedad al celebrar los Santos Misterios, por su amor al dinero, a los honores y a los placeres, se han convertido en cloacas de impurezas que claman al Cielo. Maldición a los sacerdotes y a las personas consagradas a Dios que, con sus infidelidades y su mala vida, crucifican de nuevo a mi Hijo, Vuestro Señor"[63].

Tras una pausa, la Señora advirtió[64]: "Muchos hombres son

---

[63] El mensaje corresponde al secreto de La Salette y fue entregado por la Señora a Melania Calvat el 19 de septiembre de 1846. Contiene una parte que se hizo pública ese año y otra que se mantuvo en secreto hasta que lo viera primero el Papa Pío IX. El 20 de enero de 1982 le presentaron al Papa Juan Pablo II, durante una audiencia privada, documentación sobre ambas partes de aquel encargo de la Santísima Virgen. El 19 de febrero de 1996, año en que se celebró el 150 aniversario del acontecimiento, el pontífice polaco dijo que "La Salette es un mensaje de esperanza, puesto que nuestra esperanza se apoya en la intersección de la Madre de los Hombres", y recomendó que "el anuncio de esta esperanza esté siempre en el centro de vuestro encuentro con los hombres y las mujeres de hoy. Gracias a Ella, nuestros contemporáneos pueden estar seguros de que las rupturas no son irremediables, y que es siempre posible convertirse de sus infidelidades a fin de reconstruir una humanidad reconciliada y seguir al Señor, puesto que ninguno está demasiado lejos para Dios". El mensaje, avalado por el Obispo de Roma, contiene 2,357 palabras. La primera parte es la misma recopilada por Barros y que fue recordada por la Señora en Peñablanca el 12 de enero de 1984.

[64] Tomado del libro *Mensajes de Peñablanca, Las apariciones de la Virgen María en Peñablanca, 1983–1988*, de Álvaro Barros Valenzuela.

infieles, muchos gobernantes son infieles. Están podridos, muy podridos. Caerá y no podrá levantarse jamás. Los gobernantes no deben de acceder a las bombas nucleares. Pero siguen. Desventurados los habitantes que pueblan la Tierra. Dios va a agotar su cólera y va a azotar al mundo por Rusia. Rusia será el azote del mundo, por sus pecados, por sus blasfemias contra Dios".

"Quiero que mediten mis palabras. Muchos sacerdotes, muchos obispos, muchos cardenales y mucha gente, todos llevan al mundo a la perdición. Los sacerdotes están para guiar al Pueblo de Dios y no para otras cosas, no para la política. Yo soy la Llena de Gracia, soy la Madre Agonizante, soy la Madre del Verbo, la Virgen María", concluyó.

Fueron días difíciles, me comentó Romanov. "También me quisieron matar. Muerto el perro se acaba la rabia, dice el refrán. Al final, las cosas sucedieron tal y como Nuestra Señora dijo que iba a ocurrir. Y lo que no ha sido es porque todavía no llega su tiempo", agregó.

Barros Valenzuela, Contardo, Rojas y otros autores que han escrito libros y artículos relacionados con Peñablanca durante el primer ciclo, no mencionaron las denuncias de Romanov[65]. Hubo, quizás, vergüenza por defender sus derechos, contar los momentos difíciles que vivió durante aquellos meses, sus temores, sus necesidades, sus pesares y sus miedos.

—Era como un espiral –dijo Romanov—. El odio un día estaba como del tamaño de mi mano, y al otro día era del tamaño de una pelota de playa. Pero al tercer día se encontraba del porte de una rueda de camión. Y después, ni digamos, se ponía del tamaño de un estadio. Así de grande eran los odios y las mentiras que decían de Nuestra Señora y de sus mensajes. Decían embustes, para que guardara silencio. Eran muchos los que gritaban, pero eran pocos quienes guardaban silencio y la seguían con el corazón.

---

[65] Romanov me contó que en diversas épocas denunció amenazas de muerte en su contra, pero que éstas no fueron investigadas. También denunció que fue arrestada y torturada por agentes de la CNI. El 20 de febrero de 2008, el diario *El Mercurio* de Santiago publicó una entrevista en la cual Romanov dijo que había estado recluida en el Cuartel Vergara entre 1986 y 1987, donde le pusieron el suero de la verdad. "Me dio vómitos, dolor de cabeza. El médico decía: 'se nos está yendo. ¿Por qué mierda hicimos esto?'" El periódico detalló que Romanov estuvo detenida al menos cuatro días, la torturaron con corriente y después fue liberada. Sobre la presencia de médicos durante las sesiones de tortura de la CNI, el informe de la socióloga Ximena Bunster denunció que éstos asistían a los verdugos del régimen para mantener vivos a los prisioneros durante el despiadado proceso para la obtención de informaciones.

—¿Ella habló de las divisiones en Peñablanca? – pregunté.

—Ya.

—¿Qué dijo?

—Que estaba triste.

—¿Qué dijo exactamente?

—Lloró.

—¿Habló?

—Una lágrima de Ella vale más que un millón de palabras nuestras. Una sola lágrima de Ella sana a un ejército de miles de enfermos.

—¿Mencionó un error en particular?

—No.

—¿Dijo cuál de las mentiras era la que más dolor le causaba?

—No.

—¿Señaló a algún grupo en particular?

—Pregúntale a Ella.

—¿Cómo quieres que le pregunte a Ella?

—Con el corazón. Ella escucha todas las preguntas que le hace el mundo, todo el tiempo y en todas partes.

El sábado 23 de junio de 1984, a las 11:00 p.m., la Señora le entregó a Romanov el siguiente mensaje:

"Yo soy aquella porque lloran, (la) que clama dolores de parto y el dragón trata de devorar la palabra del Señor, a mi Hijo. Yo soy la mujer vestida de sol y clama dolores de parto porque mis hijos no quieren entender. Lloro porque Soy la que Llora, soy la Omnipotencia Suplicante, la Corredentora y la Dama Blanca de la Paz. (...) Os pido que os portéis bien y no sigáis ofendiendo al Señor Vuestro Dios".

Tres semanas más tarde, el jueves 12 de julio a eso de las 6:00 p.m. y cuando al menos 250,000 personas se encontraban reunidas en la cima del cerro de Peñablanca, el cuerpo de Romanov acusó uno de los fenómenos más impactantes registrados hasta esa fecha: los estigmas de la Pasión de Cristo.

Estigmas son unas heridas súbitas, erosiones variadas, unas grandes y otras diminutas, por las que brotaba sangre de manera profusa que le corría a Romanov por la frente y el rostro hasta caer al suelo. "Y también en las muñecas, los empeines y costado derecho, entre la tercera y la cuarta costilla. Nos recordó las heridas del Cristo narrado en los Santos Evangelios", dijo un testigo de aquel día que pidió mantener su nombre en reserva por miedo a ser blanco de burlas por miembros de su familia, quienes no creen que los hechos de Peñablanca fueron fenómenos sobrenaturales.

"La cabeza está sangrando en distintos puntos", explicó el dermatólogo Alan Rojas[66] en el libro *El Monte Carmelo de Peñablanca*. "Hay distintas zonas pequeñas de las cuales mana sangre. Se están formando algunas, ante nuestros ojos. Aquí hay una que se está formando en piel sana y está creciendo; están aumentando en tamaño y aparecieron otras. Hay numerosísimas lesiones, unas quince o veinte, más o menos; unas mayores, unas menores, como cuando objetos punzantes lesionan la piel", detalló.

Rojas agregó en la cita: "Hay numerosos puntos sangrantes que han aumentado de tamaño en estos últimos minutos. Más o menos son quince a veinte", y refirió que junto a él se hallaban por lo menos otros dos médicos. "Somos tres médicos que en esos momentos estamos examinando" (a Romanov).

El testimonio de Rojas lo tomé de una charla que impartió en Santiago en 1984. Según su diagnóstico, durante el primer año de la aparición el material que se acumuló (fotografías, VHS, audios y películas de cine, además de testimonios de testigos presenciales) fue "enorme", y también las burlas y tergiversaciones de la prensa. Pero fue un fenómeno en particular el que fijó su atención, registrado entre el 19 de junio y el 31 de julio de 1984.

El día 19 de junio de ese año, narró el médico, "en circunstancias que había ido yo al cerro a una de las llamadas apariciones de la Santísima Virgen, me tocó en suerte ser testigo de un suceso destinado a tener honda repercusión en un determinado círculo médico e implicaciones teológicas. Pocos minutos antes de la aparición vi a Miguel Ángel Poblete mostrando un gran dolor –según él, de cabeza– y pude apreciar al examinarlo a la luz de una vela (en el cerro no había luz eléctrica) que el dolor era de la piel del cuero cabelludo y que en este había dos puntos sangrantes en la parte anterior, cuyo origen no pude interpretar con seguridad en ese momento. Producida la aparición, aumentó el sangramiento y observé que el número de puntos sangrantes había aumentado, llegando al terminar el éxtasis a alrededor de treinta. Durante el éxtasis, el niño decía que esto correspondía a la infamante Corona de Espinas que todos sabemos se le colocó a Nuestro Señor Jesucristo durante la Pasión".

Rojas detalló que por la distribución de las lesiones observadas, "se deduce que lo que se le colocó fue un verdadero casco de espinas, lo que por lo demás está de acuerdo con los estudios que se han hecho de la Sábana Santa de Turín" (que la Iglesia Católica

---

[66] Médico dermatólogo que creyó en la aparición de Peñablanca e investigó y evaluó a Romanov (Poblete) en varias ocasiones durante estados de éxtasis registrados en el cerro entre finales de 1983 y 1986. Fue uno de los testigos del 12 de julio de 1984.

afirma se trató del lienzo en que fue envuelto Jesús cuando murió en la Cruz y luego resucitó al tercer día, de acuerdo con los relatos de las Escrituras).

En otra parte de la charla, Rojas contó que en la piel del cuero cabelludo de Poblete "aparecían pequeñas heridas punzantes ante mis ojos y los de quienes me rodeaban, de las cuales manaba sangre roja fresca", y que la lesión "se inicia en piel sana donde bruscamente aparece un punto rojo como un rubí, del tamaño de una punta de alfiler. Este comienza a crecer y a formar una gota de sangre; a esa gota sigue otra gota y si con un poco de gasa se limpia la superficie se ve que hay ahora una micro—erosión como producida por un instrumento punzante. En el curso de los minutos, el número de lesiones sigue aumentando, mientras el niño da grandes muestras de dolor".

Cuando detalló la presencia de otros doctores en el cerro de la aparición el 19 de junio de 1984, Rojas dijo que se trató de Adela Farías, especialista en pediatría y adolescencia, y Carla Hieber, dermatóloga, quien conoció y examinó a la estigmatizada Theresa Neumann[67], en Konenreuth, Alemania. Hieber certificó que el proceso de formación de heridas en la cabeza de Poblete era "similar" al de Neumann.

"Un signo muy importante para comprobar que no son de origen demoníaco"—las lesiones de Poblete, subrayó Rojas—, "es la brusquedad de su aparición y la rapidez con que mejoran una vez finalizado el éxtasis".

Este relato no fue tomado en cuenta por la oficina del Obispo de Valparaíso para reabrir las investigaciones hechas por las dos comisiones (de teólogos e investigadores) nombradas a finales de 1983 y principios de 1984. Nadie tiene una explicación.

Hieber describió los estigmas sufridos por Romanov. "No hay herida previa. Hay piel sana". Rojas comprobó luego que la sangre dejó de brotar y las heridas sanaron súbitamente. "Este fenómeno no tiene explicación natural", concluyó.

---

[67] Theresa Neumann fue la primera estigmatizada del Siglo XX. Nació en Baviera en 1898. Desde niña trabajó como sirviente. A los 21 años y después de varias caídas, quedó paralizada y ciega. En 1923, en el día de Santa Teresa de Lisieux, recuperó la vista, y dos años más tarde, cuando Lesieux fue canonizada, se curó su paraplejía. En 1926 a Newmann le aparecieron los primeros estigmas y lloró lágrimas de sangre. Vivió durante 36 años sin comer ni beber, sólo con la Eucaristía. Cuando se le manifestaban los estigmas, estando en éxtasis, podía perder hasta dos litros de sangre. También experimentó bilocaciones (estar en dos lugares físicamente al mismo tiempo y en eras distintas).

Durante aquel acontecimiento, la Señora dijo —según los registros de Rojas y Contardo[68]— lo siguiente: "Las espinas más grandes
que le son clavadas son por la soberbia de su Pastor, porque no quiere
enfrentar la realidad. Por el orgullo y el placer se ha convertido en
cloaca de impureza".

Después pronunció la advertencia grave, el presagio terrible, el
anuncio que estremeció los cimientos de la Iglesia Católica chilena
y también de la Santa Sede: "Sí, la venganza está suspendida sobre
sus cabezas. Maldición, porque ya no hay persona digna de ofrecer la
Víctima Inmaculada al Eterno. Por causa de muchas cosas, por causa
de él están pasando muchas cosas. Nuevamente la Quinta Región
(de Chile) será azotada por otro (temporal), ahora de lluvias, vientos, relámpagos y truenos. Habrán grandes cantidades de muertos,
derrumbes, porque muchos se han salvado y no dan gracias a Dios.
No se acuerdan que hay un padre[69]. Desventurados los habitantes
de Viña del Mar y Valparaíso. Dios está agotando su cólera y nadie
podrá sustraerse a tantos males reunidos. Mas si quieren que Dios
perdone, tendrán que rezar mucho y hacer sacrificios y venir al
Monte Carmelo (el cerro de Peñablanca) a rezar al Padre Eterno
con los brazos abiertos. Más, todos deben decir: Gloria al Padre, al
Hijo y al Espíritu Santo".

Al término de la aparición, Hieber dictaminó que las heridas
sangrantes en el cuerpo de Romanov fueron "estigmas" y no heridas
naturales o normales. "Son sangrantes, puntiformes, escurriendo
sangre, con costras, que no caben de ninguna manera en la medicina natural normal a que estamos acostumbrados. Para mí son
estigmas", subrayó.

---

[68] Los registros del 12 de junio de 1984 se hicieron de forma voluntaria con
pequeñas grabadoras portátiles, similares a las utilizadas por reporteros de
prensa. Luego, las grabaciones se transcribieron y se divulgaron gratis entre
fieles y curiosos que acudieron al cerro de las apariciones.

[69] Le pregunté a Romanov qué quiso decir la Señora cuando advirtió que "muchos se han salvado y no dan gracias a Dios". Me dio dos respuestas. La primera, que desde siempre Dios puso a prueba al hombre, que lo ampara, lo
protege y lo ayuda, pero que no siempre el hombre agradece esa ayuda y da
gracias al Creador, todos los días, por el simple hecho de estar vivo, ver el sol,
tener una familia, un trabajo, un plato de comida. La segunda, que entre 1984
y 1988 se produjeron varios desastres, que muchos sobrevivieron ilesos y que
pocos dieron gracias por sobrevivir sin un solo rasguño. El 3 de mazo de 1985
un terremoto de 8 grados en la escala de Richter azotó el centro del país con
un saldo de 177 muertos, 2,575 heridos y más de 142,000 casas destruidas.
Cerca de un millón de personas resultaron damnificadas. El puerto de San
Antonio quedó dañado en un 90%. El sismo fue advertido por la Señora días
antes de que ocurriera.

Doce años después de aquel milagro le pregunté a Romanov qué eran los estigmas. Me dijo que se trataba de "las heridas sufridas por Nuestro Señor desde el atardecer del Jueves Santo", cuando fue llevado ante la presencia de Caifás. La gente que llenaba el salón principal del Templo estaba como loca, llenos de rabia. Gritaban de espanto, de odio, de miedo, de rabia, de cobardía. Llegó a tal grado el delirio que muchos huyeron presas del pánico.

La beata alemana Ana Catalina Emmerich, en sus memorias sobre *La Amarga Pasión de Cristo* (que inspiró la polémica película de Mel Gibson *La Pasión*, producida en 2004), detalló que aquella tarde Caifás también entró en pánico. Todos gritaban y maldecían. Hubo quienes quisieron linchar a Jesús, pero no pudieron tocarlo porque los ángeles lo impidieron. Entonces la guardia de Caifás se adelantó y golpeó el cuerpo del Señor con ramas verdes y nudos en las puntas. Después le tiraron "todo tipo de suciedades" y por último le golpearon los genitales. Dijo además que Jesús permaneció en silencio durante aquella terrible flagelación.

La golpiza, agregó la beata —quien sufrió estigmas a partir de 1813— se detuvo cuando el primer rayo de sol asomó en el horizonte. Contó que los esbirros de Caifás desataron las manos de Jesús, le arrancaron la capa vieja con la que le habían cubierto, lo obligaron a ponerse su túnica cubierta de "inmundicias", lo ataron y lo sacaron del calabozo. "Todo esto lo hicieron precipitadamente y con una horrible brutalidad".

Romanov ahondó que los estigmas muestran "detalles" del sufrimiento de Cristo tales como "una llaga, un golpe, una herida, una laceración, una huella del salvajismo humano, del odio, la rabia, la ira, la maldad". Y agregó: "Es una gracia para que no perdamos la memoria acerca de la Pasión de Nuestro Señor Jesucristo, del camino al calvario, del camino de la salvación del hombre en la humanidad del Hijo de Dios, la Segunda Persona de la Santísima Trinidad, el Verbo. Son las huellas físicas del padecimiento del Dios Vivo que se muestran en el cuerpo de una persona que Dios así lo ha dispuesto. Es una gracia que no se puede inventar, no se puede trucar, no se puede fingir, no se puede planificar. Viene cuando Dios quiere y termina cuando Dios así lo dispone. Es un regalo del Cielo".

También me contó que el primero en sufrir los estigmas fue el apóstol San Pablo la primera vez que viajó a Corinto. Él mismo se refirió a las marcas en su cuerpo como "los efectos sensibles del espíritu y de la virtud" (1Cor2, 4) y definió el fenómeno como una "sabiduría que ninguno de los príncipes de este siglo ha entendido; que si la hubiesen entendido, nunca hubieran crucificado al Señor de

Jorge Cancino 107

la Gloria" (1Cor2, 8)[70].

De los estigmas de Pablo no se habla, "porque no los entienden", refirió Romanov en otra conversación que tuvimos a finales de 2007. Comentó además que para la mayoría de quienes han sido testigos de los estigmas "es difícil" entender que una persona sangre de manera súbita por la cabeza, las manos, el costado y los empeines, "que grite por dolores que nadie se entera de dónde vienen", que vean a alguien retorcerse y haga esfuerzos desesperados por acallar un sufrimiento invisible[71], que de pronto aparezcan laceraciones en el pecho, las piernas y el rostro, que al cabo de los minutos se precipite la agonía y que un instante antes del principio de la muerte todo vuelva a ser como en el segundo previo a los estigmas.

—Lo asocian con asuntos del diablo —dijo.

—¿Por qué? –le pregunté.

—Por ignorancia –contestó.

Pero Rojas no lo asoció con el diablo. El día 19 de junio de 1984, junto a otros testigos, registró con una pequeña grabadora de mano otro estigma en el cerro de las apariciones y grabó la voz de Miguel Ángel Poblete en éxtasis[72] y con un marcado cambio en el tono y

---

[70] El relato aparece en el Nuevo Testamento, Libro 1 de los Corintios, capítulo 2, versículo 8. El 17 de junio de 2007, durante una homilía, el Papa Benedicto XVI dijo que "San Pablo se sitúa como testigo y pregonero de la gracia", y que en el camino de Damasco, "el rostro resplandeciente y la voz fuerte de Cristo lo habían arrancado de su celo violento de perseguidor y habían encendido en él un nuevo celo por el Crucificado, que reconcilia en su cruz a los que están cerca y a los que están lejos" (cf.Ef2, 11—22). Romanov me explicó que recibir a Cristo de la forma en que lo hizo Pablo "sólo pudo ser estando en éxtasis" y que a partir de entonces "la gracia" le fue concedida "innumerables veces", en particular "durante la soledad de la duda".

[71] La mayoría de los estigmas estudiados por la Iglesia Católica ocurren en la cabeza, las muñecas, el costado izquierdo debajo de la última costilla y los empeines, que identifican las llagas de Cristo registradas durante su Pasión. "Pero no son todas las señales que pueden aparecer en un estigmatizado", me explicó Romanov en 2006. "Son las partes visibles del cuerpo". Agregó que en aquellas partes debajo de las vestimentas también pueden aparecer estigmas, "pero esas quedan ocultas para resguardo de la dignidad del vidente". Cristo fue azotado salvajemente y luego de la laceración cargó un pesado madero sobre sus hombros, con el que cayó tres veces al suelo, agravando las heridas en su cuerpo y el rostro. "Todas esas marcas pueden aparecer en la humanidad del estigmatizado y recuerdan el padecimiento de Nuestro Señor Jesucristo", agregó.

[72] Las grabaciones en esos años se hicieron en dos formatos básicos: casete de audio y VHS. Una vez transcritos, reproducían y divulgaban los textos entre los peregrinos al cerro de las apariciones. Rojas grabó en aquella época para reunir información que luego utilizó para dictar charlas y escribir libros, uno

108 La revelación del Tercer Secreto de Fátima

acento de su voz, ahora fuerte, firme: "Las (heridas) más grandes son del Pastor por causa de su soberbia. Padre, perdónalo, porque no sabe lo que hace. Por su soberbia vuelve a crucificarme... ¡Padre!"

El Obispo no respondió a la mención. ¿Debía hacerlo? Simplemente "y un poco a regañadientes"—explicaron Rojas y Contardo—monseñor Valenzuela reconoció que "tal vez" la primera comisión investigadora "adoleció de algunos defectos"(sic) y luego anunció el nombramiento de una nueva comisión para estudiar los fenómenos sobrenaturales de Peñablanca, esta vez conformada por seglares. Semanas más tarde, esta instancia también emitió un informe negativo y condenatorio[73].

—Ya lo sabía —dijo Romanov—. Nuestra Señora dijo que el Obispo, esta vez, tampoco iba a creer.

Testigos de aquellos días cuentan que el pastor se aferró al argumento de que los asuntos de Peñablanca eran mentiras del gobierno militar y que incluso afirmó que el supuesto montaje había sido planeado, orquestado y encabezado por alguien con una personalidad capacitada para el engaño, esto es, Romanov.

—¿Se imagina si yo tuviera la capacidad para hacer esas cosas?— preguntó la vidente—. Tendría poder, fortuna, automóviles, aviones de lujo, sirvientes, secretarios, joyas... Pero no tengo nada más que mi vida y el conocimiento que me dio Nuestra Señora.

Pocos días después del segundo informe, el 20 de abril de 1984,

de ellos 'El Monte Carmelo de Peñablanca' junto al sacerdote jesuita Miguel Contardo.

[73] Un reportaje de *El Mercurio* de Valparaíso fechado el 15 de junio de 2003 citó declaraciones del profesor Gonzalo Ulloa, quien presidió la segunda comisión nombrada por el obispo. Dijo que para cumplir con el pedido del pastor pidió la colaboración de los teólogos Kamel Harire y Pedro Garcés; del biólogo Atilio Almagia y del físico Carlos Wörner. Refirió que se valieron de entrevistas, observaciones, grabaciones y principalmente visitas al lugar y que el grupo fijó un criterio, esto es, que "en términos metafóricos, íbamos a buscar luces verdes (señales que apoyaran la tesis de que había algo sobrenatural), pero también íbamos a tener mucho cuidado con las luces rojas (una podía ser algo circunstancial, accidental o episódico, pero si se repetían era necesario detenerse y revisar qué estábamos observando) y mucha prudencia con las amarillas". Explicó que la principal luz verde fue "la devoción masiva de la gente, que sorprendía; además, personas de todos los estratos". Pero también surgieron señales de alerta: "Al observar al seudo vidente, escucharlo, ver sus actitudes, se podía constatar de que ahí había un desfase no muy grave de desarrollo intelectual". En el reportaje Barros Valenzuela criticó las conclusiones "porque desgraciadamente no hizo una investigación científica, no entrevistó a la gente" (esto lo había señalado Romanov). "Había más de 100,000 personas", aseguró Barros. "Imagínese usted que a un padre se le ocurre decir que los aviones hacían figuras en el cielo y no ha podido mostrar una foto en que aparezca un avión..."

el padre Miguel Contardo registró un nuevo mensaje de la Señora y explicó, en su libro escrito junto con Rojas, que la aparición de ese día no ocurrió en el cerro de Peñablanca, sino en Ocoa[74], un pueblo ubicado al noreste del cerro de las visitas, en el Valle de Aconcagua, lugar rodeado de espinos, cactus y palmas chilenas (Ocas), de donde proviene su nombre. Se lee en la transcripción:

"Desventurados los habitantes de la Tierra. Dios va a agotar su cólera, y muy pronto. Está dicho en Fátima, en el Tercer Secreto. He aquí vendrán muchos, muchos, muchos castigos sobre la humanidad. Rusia será el azote del mundo. Más os digo, Estados Unidos será también invadido".

Y añadió: "Chile será invadido por el Comunismo. Humo se verá en la Cordillera, la naturaleza se horrorizará. Muchos perecerán, todos los que estén parados se derrumbarán. Donde se torne la mirada habrá miseria. Fuego se verá caer. Los mares se tragarán grandes ciudades".

Indicó que "la Iglesia caerá por causa de muchos sacerdotes. El pueblo de Cristo será perseguido. La copa se ha llenado. Vuestra Señora ya no puede sostener el brazo de su Hijo; los pesos son muchos. Existe maldad y violencia. Está muy próxima la venida de Jesús. Nadie es capaz de decir Aleluya a su Dios en el Cielo y alzar las manos porque lo encuentran ridículo, pero nadie que no lo haga entrará en el Reino. No sacáis nada con hacer sacrificios si no los hacéis con amor".

Una pausa y la Señora ordenó a los testigos que "miren los árboles que están alrededor. Ni uno de ellos estará parado. La Tierra temblará y muchas almas se habrán perdido por no conocer al Pastor. Está dicho en las Revelaciones que el dragón vendrá con gloria y majestad para que sea adorado. Ya no accedimos, ya es tarde. Y seguimos pecando y seguimos soberbios y queremos ser más que Dios".

El mensaje prosigue: "La cólera de Dios vendrá muy pronto, finalizado el Año Santo. Prepararse, poner el pez (ICTUS) que simboliza Cristo[75]. Piden milagros, piden señales. Ya he hecho muchas

---

[74] Entre 1983 y 1988, el primer ciclo incluyó visitas a otros lugares además del cerro de Peñablanca. Según Barros, Rojas, Contardo y demás investigadores privados que publicaron libros y folletos, y testigos a quienes entrevisté para este libro—reportaje, inclusive Romanov, la Señora visitó Ocoa, Quilpué, Santiago, Curicó, Mendoza (Argentina), Santa Cruz (Bolivia) y Nueva York (Estados Unidos), por citar algunos puntos. Cuando le pregunté a Romanov por qué hubo apariciones en estos sitios, simplemente respondió: "Porque así quiso Nuestra Señora".

[75] El ICTUS es la figura de un pez y la utilizaron los primeros cristianos para identificarse entre ellos en la época de las grandes persecuciones del Siglo I. La Señora revivió este símbolo en Peñablanca y pidió que todos—peregrinos y no

(señales) y siguen con los ojos cerrados. Aunque viniera el mismo Cristo no lo verían, porque tienen los ojos cerrados. No creerían que es el Señor; le pedirían pruebas".

"Desventuradas las madres que tengan hijos. Se dirá también bienaventurada la madre que no parió, porque vendrán días horrorosos y está cerca. El Anticristo con sus secuaces están preparando la gran lucha con Cristo. Jesús no murió en vano, sino murió por vosotros. Maldición a todos aquellos que sacrifican a Jesús", dijo.

"El aborto es un pecado, más quien tome píldoras anticonceptivas está pecando. Los sacerdotes están pecando. Quien deja matar a una criatura... (ininteligible). Dios hizo a la mujer y al hombre para que se reproduzcan y así siguen pecando y ofendiendo a Dios. Ya hombres son mujeres y ya mujeres son hombres", expuso.

Enseguida advirtió: "Dios va a agotar su cólera en la Tierra y serán los castigos peores que el diluvio. Fuego, y la Tierra clamará a gritos. Está dicho en Fátima (Portugal, 1917), La Salette (Francia, 1856), en (el Libro de) los Hechos (de los Apóstoles). Incluso una luz con una enorme cabellera moverá el eje de la Tierra. Esa luz con esa enorme cabellera todos la verán, porque está próxima. El que tenga oídos, escuche. Rezad mucho por vuestros hijos (...) Cuando recen (las mujeres) que se pongan un velo en la cabeza o anden con el pelo largo. No cortar el pelo de manera que parezcan hombres, porque esa moda ofende a Cristo. El hombre no debe colocarse cosas de mujer, ni la mujer (debe colocarse cosas) de hombre".

Luego explicó: "Muchos piden y no hacen sacrificios. No confundan nunca los sacrificios con la penitencia. Penitencia es cumplir el deber, el sacrificio es hacer las cosas que no les gusten".

Después de estas enseñanzas, la Señora puntualizó que "debemos asistir a menudo a los sacramentos" y dijo que "llega la hora, el fin de los fines y está próxima la venida de Cristo. Muchos morirán sin creer e irán al infierno. Habrá que rezar mucho por las almas. Leer mucho la Biblia, el Antiguo y el Nuevo Testamento, aunque digan lo que digan. Muchos sufrirán, a muchos los matarán, pero al nombre de Jesucristo llegarán al Cielo[76]".

Dicho esto, la Señora entregó las primeras normas del reglamento para sus hijos, a quienes identificó como "los Apóstoles de los

---

peregrinos—lo pintaran en la puerta de sus hogares "para protegerlos de los desastres de todo tipo que acechan en estos Últimos Tiempos".

[76] Con excepción de algunos hechos explícitos mostrados o advertidos por la Señora, el mensaje de Peñablanca está lleno de profecías o anuncios que estarían por cumplirse. Este libro—reportaje no ahonda en cuanto al significado de todas y cada una de las advertencias o preavisos que incluye, sino sólo las cita como parte de un hecho que conmovió a la sociedad chilena en un tiempo determinado.

Últimos Tiempos[77]", "Misioneros de Dios, quienes –dijo–tendrán una gran tarea en el tiempo crítico".

- Primera regla: deberán asistir a Misa.
- Segunda regla: amar al prójimo como a sí mismos.
- Tercera regla: la vestimenta.
- Cuarta regla: tendrán que meditar los Misterios.
- Quinta regla: irán a todas partes.

–Luego daré lo demás –indicó la Señora, refiriéndose al reglamento de los Apóstoles de los Últimos Tiempos.

Y agregó un fragmento que ya había entregado con anterioridad en La Salette, Fátima, Lourdes y Peñablanca y que tantos problemas le causó al Papa Pío IX cuando aprobó su contenido, tanto así que 69 años más tarde la Santa Sede prohibió su publicación, pero el 4 de mayo de 2000 Juan Pablo II lo reivindicó y le atribuyó "un lugar importante en el ministerio de la reconciliación". Señala la polémica fracción: "Los sacerdotes, ministros de mi Hijo, por su mala vida, por su impiedad al celebrar los Santos Misterios, por su amor al dinero, a los honores y a los placeres, se han convertido en cloacas de impurezas que claman al Cielo".

Y agregó: "Maldición a los sacerdotes y a las personas consagradas a Dios que, con sus infidelidades y su mala vida, crucifican de nuevo a mi Hijo, Vuestro Señor. Muchos hombres son infieles, muchos gobernantes son infieles. Están podridos, muy podridos. Caerá y no podrá levantarse jamás. Los gobernantes no deben de acceder a las bombas nucleares. Pero siguen. Desventurados los habitantes que pueblan la Tierra. Dios va a agotar su cólera y va a azotar al mundo por Rusia... Rusia será el azote del mundo, por sus pecados, por sus blasfemias contra Dios. Quiero que mediten mis palabras. Muchos sacerdotes, muchos obispos, muchos cardenales y mucha gente, todos llevan al mundo a la perdición. Los sacerdotes están para guiar al Pueblo de Dios y no para otras cosas, no para política[78].

---

[77] La primera vez que la Señora habló de los Apóstoles de los Últimos Tiempos fue durante la aparición de La Salette, en 1846. El mensaje, sin embargo, causó división en el seno de la Iglesia por su contenido. El Papa Pío IX lo aprobó y fue duramente criticado por esta decisión, hasta que en 1915 la Santa Sede prohibió su publicación, pero no la devoción a Nuestra Señora de La Salette. En 1983, la Señora le dijo a Romanov que aquel mensaje fue ocultado y desatendido, por lo que volvió a repetirlo en Lourdes (1858), luego en Fátima (1917) y después en Peñablanca a partir de 1983. Asumo entonces que su contenido y urgencia siguen teniendo validez.

[78] Romanov habló frecuentemente sobre este mensaje durante las entrevistas que sostuvimos entre 1993 y 1996. Me dijo que era un texto "importante" para entender la aparición de Peñablanca, pero con la advertencia que "no lo era

El mensaje del 20 de abril de 1984 fue una especie de bálsamo para los oídos de miles de peregrinos que habían caído —por las respuestas de la Oficina del Obispo y las comisiones investigadoras que había nombrado— en la pérdida de confianza y la apatía. Los motivó a seguir visitando el cerro a pesar de las dificultades y a asumir el compromiso de propagar los mensajes entre familiares, vecinos y gentes que venían de otras partes del país y del extranjero a enterarse de los acontecimientos o en busca de una cura para una enfermedad incurable.

El padre Contardo explicó en su libro que después de esa fecha se produjo "un reclamo colectivo", en que unos testigos alegaron conversiones personales, otros declararon cambios de vida, médicos relataron mejorías inexplicables, personas dijeron haber visto signos en el sol "y algunos exhibieron fotografías sorprendentes tomadas en el sitio de las apariciones".

Romanov agregó que después del mensaje de Ocoa, que fue una repetición de una de las partes del mensaje que la Señora entregó en La Salette, el 19 de septiembre de 1846, "el Obispo Valenzuela no quiso saber nada de Peñablanca". Mandó a decir, nuevamente, que estaba prohibido subir al cerro "porque lo que ahí había era un asunto del diablo".

—Nuestra Señora se puso muy triste por esa declaración— comentó.

---

todo". Precisó que "el misterio" de Peñablanca se entenderá cuando la aparición sea reconocida.

Capítulo quince

DOS VECES INCRÉDULO
"Llegará el día en que muchos (sacerdotes) estarán débiles".
Fragmento del mensaje registrado en
Peñablanca, Chile, el 13 de marzo de 1987.

En los años que investigué esta serie de sucesos, no pude hablar con Monseñor Francisco de Borja Valenzuela y Ríos y preguntarle por qué no creyó en los fenómenos sobrenaturales de Peñablanca. Murió el 20 de febrero de 1998 en una casa para sacerdotes retirados. Pero sí pude conseguir, hurgando en diversos documentos confiables, una historia que resume el corto alcance que tuvieron las dos comisiones que el Obispo nombró para averiguar si eran ciertas o no las visitas de la Virgen María a Chile a partir del 12 de junio de 1983.

Valenzuela nació en Buin, una comuna del Gran Santiago. Durante su carrera como sacerdote de la Iglesia Católica desempeñó los cargos de Administrador Apostólico y Obispo Prelado de la Prelatura de Calama, entre los años 1955 y 1957; Obispo de Antofagasta, entre los años 1957 a 1967; Arzobispo de Antofagasta, entre los años 1967 y 1974; Arzobispo—Obispo de San Felipe, entre los años 1974 a 1983; y, Arzobispo—Obispo de Valparaíso entre los años 1983 a 1993, cuando se retiró. También fue Presidente de la Conferencia Episcopal de Chile entre los años 1978 a 1979, y Gran Canciller de la Pontificia Universidad Católica de Valparaíso mientras fungió como Obispo de la diócesis del puerto.

Entre junio y julio de 1983, poco después del comienzo de la aparición en Peñablanca, Valenzuela le pidió al sacerdote Jaime Fernández que encabezara una investigación de los hechos para determinar el origen de los extraños acontecimientos. Las conclusiones fueron que en Peñablanca no había nada extraordinario, nada proveniente del Cielo, nada de Nuestra Señora, nada que pudiera ser asociado con la Iglesia Católica.

Un año más tarde, entre junio y julio de 1984, Valenzuela, presionado por los testimonios de miles de testigos que presenciaron el fenómeno del 29 de septiembre de 1983, cuando el sol danzó sobre el cielo de Peñablanca, le pidió al teólogo Gonzalo Ulloa, un profesor de la facultad de teología de la Universidad Católica de Valparaíso, que volviese a investigar los hechos y emitiera una opinión. Los resultados de las indagaciones fueron anotadas en una carta fechada el 4 de septiembre de 1984, firmada por el Arzobispo—Obispo y leída en todas las capillas y templos de su diócesis. En ella, el pastor aseveró que no permitiría la construcción de ninguna capilla en el cerro de Peñablanca y que no autorizaría en ese lugar ningún acto de culto católico, "a tenor de las actuales disposiciones canónicas".

La segunda comisión concluyó, además, que "el origen de todo este asunto, en la medida que resulta posible de ser investigado, lleva a pensar en un montaje, en parte, inconsciente y en parte deliberado y programado, ya sea por el mismo pretendido vidente o por terceras personas", deliberación que abrió la puerta para que algunos integrantes de la primera comisión apuntaran a la Central Nacional de Informaciones (CNI) como los autores intelectuales y materiales de unos sucesos que hicieron creer a miles de chilenos en una aparición de la Santísima Virgen María.

El padre Fernández, quien encabezó la primera comisión nombrada por Valenzuela, dijo en repetidas ocasiones que "un organismo" del Estado montó las apariciones, y que además "preparaba humitos" para hacerlas más reales, de acuerdo con un reportaje publicado en Lima, Perú, por el diario *El Comercio*, en octubre de 2008. Y agregó que, aprovechándose de su inocencia e ignorancia, Miguel Ángel era aleccionado respecto de los diálogos que tenía que mantener durante las supuestas apariciones, y que el religioso habría afirmado que las figuras en el cielo eran hechas por aeronaves de la Armada.

En declaraciones a medios locales, Fernández ironizó indicando que el Obispo Valenzuela le había ordenado (en 1983) una investigación de tipo teológico, pero que al final de cuentas se topó con un "caso de carácter político".

Casi 20 años más tarde de aquella segunda investigación, Ulloa, en declaraciones al diario *El Mercurio* de Valparaíso, dijo estar convencido que no había "ningún motivo de credibilidad para aceptar las presuntas apariciones y, al contrario, aparecen más bien como una utilización de la fe popular y de la devoción mariana de nuestro pueblo fiel, que lo aparta de las orientaciones vigentes de nuestra Iglesia, así como de sus legítimos pastores".

Valenzuela rechazó y negó dos veces el fenómeno de Peñablanca en el curso de un año. Y pasó por alto uno de los mayores sucesos ocurridos en Chile a finales de septiembre de 1983, el milagro o danza del sol, acontecimiento visto por unas 300,000 mil personas, más otros miles a varios kilómetros a la redonda del cerro de las apariciones.

A pesar de la negativa de la comisión de Ulloa, cinco hechos son relevantes y se parecen mucho a los registrados el 17 de octubre de 1917 en Fátima, a saber: los videntes no estuvieron solos, miles de personas vieron lo mismo, ninguno de los que vieron el milagro quedó ciego, había periodistas que reportaron el hecho y lo vieron otras personas a varios kilómetros de distancia.

En una entrevista al periodista especializado en temas religiosos, Juan Guillermo Prado, publicado en la Internet en la dirección www.angelfire.com/zine/BLH/prado.html, el investigador dijo que "hay curas que nunca negaron que ahí (en Peñablanca) ocurría algo extraordinario". Y agregó: "Ocurrieron varios milagros. Conozco un convento de clausura donde la gente me ha jurado que en Santiago, paralelamente al momento que la gente en Peñablanca veía la danza del sol, ellas la observaban en la capital desde sus celdas, o sea, hay algo especial. Algunos le dan un carácter ufológico, otros un carácter mariano, etc., pero algo ocurrió. De lo que sí estoy francamente sorprendido y perplejo es que allí no ha ocurrido ningún hecho de carácter herético o sectario. Los fieles se han mantenido, a pesar de todos los ataques, en la Iglesia Católica, y si esto hubiera sido fabricado por un organismo de seguridad, como se ha dicho, creo que ya se hubiera sabido".

Este particular detalle no fue tomado en cuenta, ni por Fernández ni por Ulloa en las conclusiones pedidas por Valenzuela y que muy probablemente hubiesen dado un giro al proceso de investigaciones del fenómeno que, de ello estoy seguro, cambió la historia de la Iglesia Católica chilena y estremeció el trono del Papa Juan Pablo II.

Capítulo dieciséis

ERROR BENDITO

"Deseo vivamente que se me erija aquí un templo, para
en él mostrar y dar todo mi amor y compasión, auxilio
y defensa, pues yo soy vuestra piadosa Madre".
Fragmento del mensaje de Guadalupe,
México, 12 de diciembre de 1531.

En los meses posteriores a la rendición del segundo informe, la jerarquía de la Iglesia Católica chilena se esforzó por esclarecer que ningún obispo, ni sacerdote, ni teólogo se encontraba involucrado en los asuntos de Peñablanca, que tampoco había ideado una trama para divulgar propaganda o publicidad en contra del régimen, pero insistió en que los acontecimientos que se estaban sucediendo tenían un móvil político y que probablemente fueron planificados por el servicio secreto (la Central Nacional de Informaciones —CNI—, comandada por el general Odlanier Mena) para desviar la atención del pueblo de los reclamos por las graves violaciones a los derechos humanos[79] cometidas las fuerzas de seguridad del gobierno.

—En las calles se escucha que hay gente violada, torturada, desaparecida, humillada tanto por los militares como por civiles que colaboraron con los militares, pero nadie dice ni hace nada por esclarecer las denuncias —dijo Cantuarias—. Es muy triste el silencio.

Otros testigos, los cuales se cuentan por cientos en la zona de Peñablanca (que incluye ciudades y poblados vecinos), refirieron

---

[79] El Informe de la Comisión Nacional de Verdad y Reconciliación explicó que los métodos de tortura utilizados por la CNI y los cuerpos de seguridad del gobierno militar fueron "variadísimos". Agregó que "los golpes violentos y continuados hasta producir fracturas y derramamiento de sangre se usaron casi universalmente", y también "el agravar, hasta constituir tortura, la rigurosidad de la detención. Por ejemplo: permanecer los detenidos boca abajo en el suelo, o al revés de pie, largas horas sin moverse; permanecer horas o días desnudos, bajo luz constante o, al contrario, enceguecidos por vendas o capuchas, o amarrados; alojar en cubículos tan estrechos, a veces fabricados ad hoc, que era imposible moverse; incomunicación" (...) "negación de alimentos o agua, o de abrigo, o facilidades sanitarias. Asimismo fue común colgar a los detenidos de los brazos, sin que sus pies tocaran el suelo, por espacios de tiempo prolongadísimo. Se emplearon diversas formas de semi asfixia en agua, en sustancias malolientes, en excrementos. Las vejaciones sexuales y violaciones son denunciadas con frecuencia".

que durante los días de investigación profesores y teólogos visitaron el cerro, pero que desafortunadamente "no conversaron" con ellos. Agregaron que los investigadores acudieron al sitio de las visitas en horas en que "no había un alma" y que se tomaron fotografías "sólo para demostrar que estuvieron ahí", pero que no hicieron entrevistas[80].

—¿Cómo entonces elaboraron conclusiones? —se preguntaron muchos entre 1984 y 1996—. ¿Sobre la base de qué argumentos? ¿De dónde sacaron los dictámenes? ¿Quién los elaboró? ¿Hubo acercamientos con el Ministro del Interior, Sergio Jarpa, antes de darlos a conocer a la opinión pública? ¿Por qué no entrevistaron a Romanov? ¿Por qué no tuvieron en cuenta los mensajes de Nuestra Señora?

Rojas, el médico que por su cuenta investigó las apariciones de Peñablanca, dijo que resultaba "penoso" que ninguno de los miembros de las dos comisiones nombradas por monseñor Valenzuela para estudiar los fenómenos, "ni siquiera tomaron el pulso" de la vidente en (o durante un) éxtasis y apuntó que "el no comenzar el estudio por los éxtasis es igual a perder el tiempo, y eso es lo que lamentablemente ha sucedido, lo que invalida en forma absoluta las conclusiones a que han llegado".

Después de la última semana de abril de 1984, cuentan los testigos, la Señora aumentó la frecuencia de sus visitas. "Un regalo inesperado", dijo una anciana que todavía en 1994 radicaba en los alrededores de Peñablanca. "No tenía por qué hacerlo, pero en cada visita dejó pistas. Fueron muchos los encargos, una cantidad enorme, y también misterios, advertencias, ejemplos, bondades, bendiciones, lágrimas y enseñanzas. Ella nos previno de todos los ataques que se produjeron ese año".

No es difícil encontrar las pistas, pero hay que buscarlas en los lugares apropiados tales como parroquias, ciudades aledañas, la Oficina del Obispo, la Facultad de Teología de la Universidad Católica, la Hemeroteca y archivos del diario *El Mercurio* y el vespertino *La Estrella* de Valparaíso, el cuartel de la policía de Carabineros o

---

[80] El 15 de junio de 2003 *El Mercurio* de Valparaíso publicó declaraciones del investigador Gonzalo Ulloa quien aseguró que "en lo metodológico, se valieron de entrevistas, observaciones, grabaciones y principalmente visitas al lugar" de las apariciones para redactar un informe pedido por el Obispo Valenzuela y Ríos, quien además aseguró que los cinco miembros de la segunda comisión investigadora pasó "largos trasnoches en la cumbre del cerro en pleno invierno", entre los meses de junio y julio de 1983, y junio y julio de 1984. Romanov me dijo, las veces que tratamos el tema, que "nadie habló conmigo" sobre la aparición y sobre los mensajes que la Señora le había entregado en aquella época.

118 La revelación del Tercer Secreto de Fátima

los archivos de la policía secreta del régimen de Pinochet, ahora en poder del Ejército[81].

—Le puedo asegurar que todos esos informes dicen exactamente lo mismo —apuntó Cantuarias—. Hasta le apuesto mi alma que registraron cada una de las advertencias, recomendaciones, avisos, presagios, premoniciones, rezos, historias, acontecimientos, fechas, regaños, bendiciones, promesas... Todo está ahí. Incluso la enseñanza de que si no cambiamos de vida, seguiremos crucificando a Nuestro Señor Jesucristo. Y que si seguimos haciendo daño, la humanidad será castigada como no existe ejemplo alguno en la historia.

Le pregunté al testigo si había visto documentos, si tenía contacto con personas que integraron las comisiones o si conocía a alguien que seguía estando involucrado —o involucrada—en indagaciones privadas y también si podía darme nombres, indicios, pistas, un número de teléfono, un detalle para seguir pesquisando, un soplo, un cabo suelto, "un chivo", como se dice en las caletas.

Como siempre, Cantuarias rebuscó entre sus bolsillos hasta encontrar un cigarrillo. Cuando lo encendió y se llenó los pulmones de un humo gris espeso, soltó una sonrisa y agitó las manos, como lo hacen los argentinos, primero sueltas con un ligero movimiento de muñecas, de abajo hacia arriba, dos veces, con las yemas de los dedos juntas apuntando al cielo, como sujetando la punta de una aguja. Al instante dijo, macanudo: "La esposa del almirante"[82]. Pregunté qué almirante y él respondió: "Merino, el de la Junta Militar".

---

[81] Entre el 12 de junio de 1983 y el 12 de junio de 1988, más de 2.4 millones de personas visitaron el cerro de las apariciones y asistieron, por lo menos, a una o dos visitas de la Señora. Muchos grabaron mensajes, tomaron fotos, filmaron fenómenos o se enteraron, por boca de terceros, de acontecimientos que a la fecha no han sido explicados detalladamente. A su vez, entre 200,000 y 300,000 testigos estuvieron presentes cuando ocurrió la danza del sol del 29 de septiembre de 1983. A ello se agregan los archivos de los periódicos locales y nacionales que reportaron el fenómeno en diversas épocas, las evidencias de las dos comisiones investigadoras nombradas por el Obispo Valenzuela, las indagaciones ordenadas por el general Odlanier Mena, el jefe de la CNI, y las averiguaciones de Carabineros de la zona y de la Policía de Investigaciones. Evidencias hay tantas, que darían vida a decenas de comisiones para volver a investigar el fenómeno sobrenatural extraordinario ocurrido en Peñablanca.

[82] El 10 de febrero de 2008, el investigador Gonzalo Ulloa le dijo a un periodista del diario *El Mercurio* de Valparaíso que en varias ocasiones subió al cerro el almirante José Toribio Merino, segundo en la sucesión de mando de la Juta Militar comandada por Pinochet, que el uniformado "fue devoto" de la Virgen de Peñablanca y que por ese motivo "era razonable que hubiera personal de seguridad en el área" durante el tiempo en que la segunda comisión investigó el fenómeno por encargo del Obispo Valenzuela.

—¿Ella visitó el cerro? –volví a preguntar.

—Decenas de veces.

—¿Hay pruebas?

—Pregunte no más.

—¿A quién le pregunto?

—A cualquiera de los que subieron entre 1983 y 1988. Para nadie era un secreto.

—¿Qué hacía la esposa del almirante en el cerro?

—Lo mismo que hacíamos todos, pedir.

—¿Hablaba con los peregrinos?

—Los guardaespaldas no se lo permitían.

—¿Habló con Romanov?

—No lo sé. ¿Por qué no le pregunta a ella? Tal vez también le comente que en más de una ocasión subió la esposa del general Pinochet.

Cuando le pregunté a Romanov, ella contó que no sólo las esposas de Merino y Pinochet estuvieron presentes en algunas de las apariciones de la Señora. "Vino gente de muchos países también", dijo. Tras un momento de silencio, en el que transitó de un estado de ánimo suave a otro severo y con rasgos de inexplicable incomodidad y mal humor, añadió: "Nadie pregunta por qué acude la gente adonde está Nuestra Señora. Es privado. Nadie debe meterse en eso".

Al término de una segunda pausa se quedó viéndome y argumentó que, si quería averiguar cuáles eran las razones por las que "esas personas" visitaron el cerro, "entonces ve donde ellos y que te lo digan ellos. Yo no sé y no tengo por qué dar cuenta de los demás".

No insistí sobre el tema. A cambio, pregunté si conocía detalles de las supuestas evidencias que guardó la jerarquía de la Iglesia, el gobierno militar y la prensa sobre la aparición, si se trataba de documentos, cintas de audio o filmaciones, si sabía o tenía algún conocimiento acerca de quiénes las habían recopilado y si podían ser consideradas pruebas válidas, ciertas y en el supuesto caso que así sea, quién o quiénes podían, además de ella, certificar o avalar la veracidad de aquellos contenidos.

—Tienen registros –respondió—. Existen manuscritos de mensajes, fotos, relatos de testigos y artículos de prensa. Nuestra Señora dijo que cuando todos ellos por su cuenta revisaron los materiales, cada quien dio una interpretación distinta y que después elaboraron conjeturas sobre la base de interpretaciones erróneas.

Algunas de esas conjeturas provinieron del gobierno[83]. El

---

[83] La aparición de Peñablanca se transformó en un dolor de cabeza para el régimen de Pinochet. El país se encontraba bajo un severo toque de queda y estaban prohibidas las concentraciones en sitios públicos, a menos que existiera

Ministerio del Interior reforzó la hipótesis de que los asuntos de Peñablanca fueron planificados por un sector de la Iglesia con el aval de la jerarquía y que algunos obispos, respaldados por el Partido Comunista, desarrollaron un plan para sacar a los militares del poder y permitir que los marxistas nuevamente se instalaran, como en 1970, en el Palacio de la Moneda.

La Oficina del Obispo, en cambio, replicó que las apariciones no fueron creadas por ninguno de sus miembros, que se trató de un plan orquestado por el gobierno para desacreditar a la Iglesia y distanciarla de un pueblo que, temeroso, clamaba y urgía por justicia y respeto a los derechos humanos. También precisó que era necesario no sólo recomendar a los fieles abstenerse de subir al cerro, sino, incluso y a la brevedad, comenzar a demoler todas las edificaciones hechas en el cerro sin la debida autorización eclesiástica, tal como la capilla erigida por encargo la Señora, para finalmente proceder a la clausura del sitio.

—Lo pensaron, pero nadie hizo nada —dijo Romanov—. Nunca hallaron la forma, ni el mecanismo, ni la razón legal, ni los recursos, ni el dinero para cerrar el santuario. La gente sigue visitando el lugar, sigue rezando.

Meses después de la andanada de acusaciones y amenazas (entre los meses de mayo y noviembre de 1984) y cuando muchos pensaron que el tema de las apariciones iba a desaparecer por la apatía y el desinterés de la gente, el Obispo habló ante los medios de comunicación y dijo que si el asunto de las apariciones de la Virgen en Peñablanca era cosa del demonio "se irá solo", pero que si se trataba de una cosa proveniente de Dios "perdurará en el tiempo".

El titubeo o la postura tibia "para quedar bien con Dios y con el Diablo", dijeron testigos, "se volvió en contra" de los deseos de

---

autorización por parte de la Intendencia. Sin embargo y como el Ministerio del interior tuvo dudas sobre la procedencia del fenómeno, no intervino abiertamente para frenar las peregrinaciones por temor a causar un enfrentamiento innecesario con la jerarquía de la Iglesia Católica. Sin embargo, a principios de septiembre de 1986 la CNI se vio obligada a actuar cuando conoció que la · Señora advirtió un atentado contra la vida del general. El ataque se produjo el día 7 de ese mes en la cuesta de Las Achupallas, camino que comunica Santiago con el Cajón del Maipo. Pinochet resultó ileso, como presagió la Señora. Romanov contó en una entrevista de *El Mercurio*, publicada el 10 de febrero de 2008, que hizo llegar la advertencia a Juan Carlos Zurita, un funcionario del régimen, y que éste la llevó a la sede del gobierno para ampliar detalles. "Pero después me llevaron a la casa donde están los "ratis" (policía civil) y me detuvieron porque creyeron que yo tenía algo que ver con la banda (que atentó contra Pinochet). Explicó además que sólo una vez se reunió con el Comandante en Jefe y que en esa única ocasión le dijo: "Usted va a ser baleado". Añadió que todos los que estaban presentes en el encuentro "se rieron de mí".

Valenzuela. Mencionaron que sus palabras fueron una especie de desafío para un pueblo terco. Quiso que la gente tuviera miedo, "pero se volvieron valientes y siguieron visitando el cerro"[84].

Uno explicó: "Quiso que el lugar quedara vacío y entonces tener motivos para cerrarlo y demolerlo, pero el cerro todavía sigue recibiendo peregrinos. Quiso decir que los asuntos de Peñablanca fueron planificados por el servicio secreto del régimen (de Pinochet), pero la gente no creyó en las palabras del Obispo. Eso tiene un enorme significado para todos nosotros".

Peregrinos de ciudades vecinas a Peñablanca manifestaron que la prohibición fue el error bendito más grande que pudo haber cometido monseñor Valenzuela. "Sus palabras despertaron la curiosidad de miles que comenzaron a llegar en buses desde todos los rincones del país", dijo uno. Otro comentó: "Y también de Argentina, Perú, Bolivia, Paraguay, Uruguay y Brasil. El Obispo dejó en manos de los fieles el futuro de Peñablanca. ¿Y sabe una cosa? La llegada de nueva gente hizo que recuperáramos la confianza. En ese tiempo estábamos cansados, distantes y teníamos duda, mucha duda. Pero cuando vimos los buses y a toda esa gente haciéndonos preguntas, indagando acerca de los fenómenos, averiguando si fue cierto el fenómeno del sol, si en verdad había recopilados más de 300 mensajes hasta esa fecha, si la Señora había hablado de secretos y del final de los tiempos, sentimos que la fe nos había regresado al alma. Eso se lo debemos a la negativa del pastor".

---

[84] Uno de ellos, Iván Carrasco Gómez, publicó varios libros y folletos sobre las apariciones donde recogió detalles de hechos puntuales que ocurrieron entre el 12 de junio de 1983 y el 12 de junio de 1988. En el volumen número tres de la obra *Monte Carmelo chileno*, narró que en septiembre de 1983 monseñor Valenzuela declaró: "Si (Peñablanca) es de Dios, perdurará; si no, morirá en el olvido". La aparición finalizó el 27 de septiembre de 2008, 25 años más tarde, el día que murió Romanov.

Capítulo diecisiete

LA CONFESIÓN

*"Anda a decir a los sacerdotes que vengan aquí
en procesión y que se construya una capilla".*
Fragmento del mensaje registrado en
Lourdes, Francia, el 2 de marzo de 1858.

Los meses que siguieron al segundo dictamen solicitado por el
Obispo Francisco de Borja Valenzuela transcurrieron veloces, dejando tras de sí una estela de dificultades, inquietudes, dudas, confusiones, contradicciones, miedos, sobresaltos, esperanzas, criticas,
desesperanzas, mentiras, clamores, incredulidades y bendiciones
"hasta el momento en que tuve que confiar un secreto", me contó
Romanov a mediados de 1993, esta vez con la voz temblorosa y el
llanto suspendido en la garganta. Nos encontrábamos en casa de
Inés Loyola, un pequeño departamento en la comuna de Pudahuel,
en las afueras de Santiago. El lugar le sirvió a Romanov de refugio
infinidad de veces cuando se enfermaba o cuando le entraba el miedo a causa de las innumerables amenazas de muerte que siempre
pesaron en su contra.

Por un instante pensé que me hablaría del tercer secreto de
Fátima, de los acontecimientos que antecederán el final de los
tiempos, los últimos tiempos señalados en los Evangelios, el fin del
mundo, la época del Anticristo, el cumplimiento de la profecía sobre
la muerte de Su Santidad, la apertura de las cloacas de impurezas,
la visión de todos los pecados del género humano, la venganza divina, las estrellas errantes, los terribles azotes, la liberación de la
vieja serpiente, los hacedores de milagros, el espíritu de los malos
ángeles, la horrorosa crisis que padecerá la Iglesia, la guerra y las
matanzas mutuas, la bóveda de los cielos, los cuerpos vivos sin
alma, la granizada de animales, el cáliz rebalsado, la gran ramera,
la impiedad, el comunismo, del precursor del Anticristo, las plagas,
los Hijos de la Fe, los establos de Asmodeo, la religiosa hebrea, los
Apóstoles de los Últimos Tiempos, los desconocidos del mundo, los
Hijos de la Luz, la Segunda Venida de Nuestro Señor Jesucristo en
Gloria y Majestad...

—La Señora pidió, a finales de 1987 en Peñablanca, que dijera
que Miguel Ángel Poblete no era hombre —agregó.

Se quedó viéndome. Las manos le temblaban y también el mentón. Bajó la mirada al piso y lloró en silencio algunos minutos.

—Les dije que Miguel Ángel Poblete nació mujer, hermafrodita, y que debido a un error en el Registro Civil e Identificación, cuando me fueron a inscribir, me pusieron Miguel Ángel Poblete, nombre de hombre, pero realidad era mujer[85].

Volvió a guardar silencio.

—Les hablé que mi verdadera identidad es femenina, que todo fue un error cometido al momento de nacer.

Nuevamente detuvo el relato.

—Les conté que mi madre guardó el secreto en el más estricto silencio y que se lo llevó a la tumba. Dije que el misterio acerca de mi identidad lo supo siempre Nuestra Señora y que fue Ella quien me autorizó a contarlo. Después no dije nada, tal y como Ella me dijo que lo hiciera.

Otra vez guardó silencio y volvió a bajar la mirada al piso.

—¿Qué contestó la Fundación? —pregunté.

—Rodó el rumor —respondió—, primero chiquito, después se hizo grande, como del tamaño de la montaña. Hubo quienes aseguraron que me fui a la Argentina y me operaron el sexo, me quitaron el pene y me pusieran vagina. También inventaron milagros que Nuestra Señora nunca hizo.

Se quedó viéndome largo rato, en silencio.

—Pregúntame —dijo.

—¿Lo que quiera?

—Sí.

—¿Cuál es tu nombre?

—Karole Romanov.

—Te conocen como Miguel Ángel Poblete.

—Pero me llamo Karole Romanov.

---

[85] La sexualidad de Karole Romanov o Miguel Ángel Poblete es uno de los grandes enigmas de Peñablanca. ¿Quién es? ¿Qué es? ¿Por qué así? No encontré respuestas fuera, lejos de ella y su entorno. Cuando pregunté a otros qué sucedió, me dijeron cosas tales como que era afeminado, travesti, que se operó el sexo en Argentina, que no pasó la prueba, que mintió... "El muchacho cayó en una falta muy grave de homosexualidad", me dijo Álvaro Barros. "Él decía que era mujer, pero hay testimonios que eso no era cierto". Sobre esas pruebas mencionadas por Barros no encontré nada, sólo palabras, acusaciones, insultos, gritos, discusiones, peleas, mofas, ironías, burlas y sarcasmo. Tampoco hallé regla que impida al Cielo emplear a un hombre—mujer para entregar un mensaje. Dios usa al que quiera, donde quiera y cuando quiera para decir lo que tiene que decir. Si no, ¿cómo explicar entonces que "el Señor abrió la boca a la borrica? y ésta dijo a Balaán: ¿Qué te he hecho para que me apalees por tercera vez? (...) ¿No soy yo tu borrica, en la que montas desde hace tiempo? ¿Me solía portar así contigo?" (Números 22, 29—30).

—Existen muchas dudas respecto a tu identidad[86].

—Sí.

—¿Estás disgustada con las personas que te critican y se burlan de tu identidad?

—No.

—¿Te afectan las opiniones negativas que circulan en relación a quién eres?

—Sí.

—¿Quién eres?

—Ya te dije quién soy.

—Si no eres Miguel Ángel Poblete, ¿por qué te llamaban por ese nombre en 1983?

—Porque así fui registrada cuando nací, es mi nombre legal.

—¿Dónde hicieron el certificado de nacimiento?

—En el Registro Civil e Identificación de Curicó.

—¿Dónde está la persona que te inscribió?

—No la he visto.

—¿Dónde está tu madre biológica?

Silencio.

—¿Por qué no revelaste el misterio en junio de 1983?

—El error comenzó el día en que fui inscrita como Miguel Ángel Poblete, sexo masculino.

—¿Naciste hombre?

—No.

---

[86] La sexualidad de Romanov se convirtió en escándalo y desató una escalada de odios que todavía hoy, dos años después de su muerte, siguen vivos. "A mi me trató de engañar también diciendo que era mujer y me mostró un certificado dado por un médico argentino", me contó Barros, quien preside la Fundación Monte Carmelo, una organización creada para divulgar el mensaje que la Señora le entregó a Miguel Ángel Poblete. "Llamé a ese médico y me dijo que él lo había hecho de una forma falsa para evitar ciertos peligros que tenía este muchacho", agregó. Pero no aportó detalles. Le pregunté a qué se debían los ataques e insistió en que "el muchacho cayó en una falta muy grave de homosexualidad". Pero no todos los que creen en Peñablanca piensan como Barros. El 12 de junio de 2004 Iván Carrasco, un autonombrado difusor de los mensajes de la Señora, dijo a un periodista de *La Estrella* de Valparaíso que había roto sus vínculos con la Fundación que preside Barros porque esa entidad "ha repudiado al instrumento y se les ha dicho en reiteradas oportunidades que quien repudia al vidente, repudia a la personalidad que lo envió. Están repudiando la visita celestial. Se sabe positivamente que nuestra Señora no está en el cerro, y por muchas misas que se digan esto no va a variar. Y esto, porque su elegido, su escogido, en este caso Karole Romanov, ha sido repudiada". Al igual que Barros, Carrasco ha publicado varios folletos y libros donde relata experiencias personales recopiladas en el cerro entre julio—agosto de 1983 y el 12 de junio de 1988, cuando se registró la última visita a Peñablanca.

—¿Eras hombre el 12 de junio de 1983?

—Hubo un error. Soy hermafrodita[87].

—¿Qué clase de error?

—Nadie revisa a los niños cuando los inscriben en el registro civil. La persona que dio mi nombre se equivocó.

—¿Alguien conoce el secreto de tu verdadera identidad?

—Sí.

—¿Quién?

—Personas.

—¿Personas, cuántas personas?

—Algunas.

—¿Muchas?

—Sí.

—¿Quiénes?

—Personas que me conocieron en 1983. Algunas ya están muertas.

—¿Sólo ellos conocieron el secreto?

—No.

—¿Alguien más conoce la verdad?

—Sí.

—¿Puedes decirme quién o quiénes?

—Los que me han visto.

—¿Quién te ha visto?

—Las personas que me cuidaron cuando era pequeña.

—¿Adónde?

—En los orfanatos.

—¿Ellos supieron que no eras hombre?

—Sí.

—¿Te incomoda hablar sobre este tema?

—Sí.

---

[87] Hermafrodita es la persona que tiene los dos sexos, hombre y mujer, vagina y pene. Y posee la capacidad de producir gametos de ambos sexos, células sexuales que, cuando hay fecundación, crean otro individuo. Algunos hermafroditas producen gametos ya fecundados, pero son casos muy raros. También, algunos se reproducen por partogénesis, nombre que los científicos le dan a la autoreproducción. El caso de Romanov sería uno de estos, pero por falta de recursos económicos no se hizo ningún estudio científico para demostrarlo. En 1995 hablamos sobre el tema y me dijo que, de acuerdo con enseñanzas transmitidas por la Señora, los primeros hombres que habitaron el Paraíso eran hermafroditas hasta que Dios creó a las mujeres. Según el diccionario digital Wikipedia, no hay ningún caso constatado médicamente de auténtico hermafroditismo, es decir, con la capacidad de producir óvulos y espermatozoides al mismo tiempo. He continuado investigando este interesante tema con miras a un segundo libro.

—Son datos importantes.
—Son datos que hieren.
—¿Te vieron desnuda alguna vez?
—Sí.
—¿Adónde?
—En los baños.
—¿Había otras mujeres?
—Los orfanatos donde estuve no son mixtos, sólo había hombres.
Miguel Ángel Poblete fue internado con hombres.
—¿Cómo reaccionaron los demás cuando observaron tu desnudez?
—Se burlaron.
—¿Sólo eso, burlas?
—A veces.
—¿A veces?
—Intentaron hacer cosas. Yo les gritaba que me dejaran tranquila, pero no hacían caso. Una noche desperté porque sentí ruidos y un olor raro. Cuando abrí los ojos vi a uno de ellos tratando de tocar mi boca con su sexo. Yo tiré golpes y grité. En la distancia oía risas, burlas e insultos. Ellos me golpearon y me acusaron al 'papi' (encargado de la disciplina y de la administración del orfanato). Me castigaron y lo pasé muy mal aquella vez.
—¿Te violaron?
Silencio.
—¿Denunciaste la agresión?
—Sí.
—¿Te ayudaron?
—En esos lugares no ayudan a nadie. Los 'papis' promueven esas cosas.
—¿Por qué no te trasladaron a otro centro?
—No lo sé.
—¿Cuántos años tenías?
—Era una niña.
—¿Diez años?
—No.
—¿Menos?
—Sí.
—¿Ocho?
—No.
—¿Siete?
—¿Y qué importa ahora?
—Son situaciones tristes.
—Claro.

—Es importante esclarecer tu identidad sexual.

—¿Qué harías tú si estuvieras en mi lugar, si te hubiesen registrado como una tal María Mercedes o Josefina Antonia? ¿Y si a eso le agregas que eres huérfano? ¿Y una cara de mujer, pero de mujer fea y poco atractiva? ¿Y si fueras mujer con cara de hombre?

—Dices que en 1983, después de la primera visita de la Señora, informaste a ciertas personas acerca de tu verdadera identidad. ¿A quién informaste sobre la sexualidad de Miguel Ángel Poblete?

—A personas que mencionó Nuestra Señora.

—¿Cuántas personas?

—No sé cuántas, no iba yo a andar contándole a todo el mundo.

—¿Te creyeron?

—Pregúntaselo a ellos.

—¿Cómo es posible que nadie se haya dado cuenta que eras mujer?

—Cuando se tienen siete años no hay muchas diferencias, sobre todo cuando la ropa te queda grande.

La confesión de Romanov se volvió escándalo el mismo día en que fue hecha. "¿Cómo se atrevió a revelar semejante estupidez?", preguntó una mujer que aseguró frecuentar el cerro de Peñablanca desde el comienzo de la aparición, cuando la curiosidad congregaba entre 300,000 y 500,000 peregrinos los días de fiesta, y entre 5,000 y 10,000 los domingos. "¿Por qué dijo que la Señora le autorizó decir semejante disparate? ¿Sabe una cosa? Debería intervenir el Obispo para que la CNI o la policía se la lleve. En la cárcel averiguarían en un santiamén por qué miente y se destaparía la verdad de una vez por todas, aunque ésta se halle escondida en lo más recóndito de su mente", agregó.

Comentarios de esta naturaleza, agresivos y amenazantes, son frecuentes en los barrios de Peñablanca, en las ciudades vecinas, en Valparaíso, en Santiago y en todos los rincones de Chile.

—Ignorancia – dijo Cantuarias cuando hablamos del tema—. A la gente le tienen sin cuidado los años de Romanov. La miran como si fuera un enemigo a vencer. ¿Me entiende? Si pudieran quitarle la vida lo harían de inmediato, pero nadie se atreve a quitársela, nadie es capaz de lanzar la primera piedra. Es muy extraño todo esto. Lo he pensado muchas veces y no tengo respuestas. Quiero tenerlas, claro que sí, pero no aparecen—añadió.

La Fundación Monte Carmelo[88]—que maneja los asuntos de

---

[88] El 15 de junio de 2003, con motivo del 20 aniversario de la aparición, *El Mercurio* de Valparaíso publicó, en un reportaje, declaraciones de Álvaro Ba-

Peñablanca—, medios de prensa[89], la oficina del Obispo Valenzuela[90] y el Ministerio del Interior (incluyendo a los militares) también se sumaron a los ataques.

—Fue una cacería inhumana —dijo un testigo—. Fue como una guerra por el control de la verdad. Pero, ¿cuál verdad? ¿Cuál fue la verdad del Obispo Valenzuela? ¿Cuál fue la verdad del gobierno de Pinochet? ¿Cuál fue la verdad de los miliares? ¿Y esas verdades se parecen a la verdad de la Señora, se asemejan al contenido de sus mensajes?

Otra fuente opinó: "Se trató una batalla desigual entre un pueblo ciego, sordo, y una huérfana". Un tercero comentó que lo más terrible no fueron los gritos, ni las acusaciones, ni las mentiras, ni las amenazas, ni los insultos, "sino el miedo". Y añadió: "Nunca, en toda mi vida, sentí tanto miedo como aquella vez, ni siquiera durante los días del golpe de Estado cuando la Fuerza Aérea bombardeó y destruyó el Palacio de la Moneda y se murió el Presidente".

---

rros sobre el vidente. "¿Qué le parece la transformación de Miguel Ángel?", preguntó el diario. "Una mala cosa. Realmente, Judas lo hizo peor", respondió. El periodista volvió a preguntar: "¿Usted lo ha visto después de los sucesos de Monte Carmelo?". Barros dijo: "No. Sólo sé que está en Santiago y que el pobre anda en malos pasos. Por eso hay que rezar mucho por él y hay que perdonarlo. Porque Dios lo perdona. Si hemos sabido cosas de sacerdotes que desgraciadamente han hecho algunas cosas incorrectas, éste no es sacerdote sino un pobre muchacho muy humilde, elegido, y que por desgracia ha fallado". Barros no dijo en qué falló ni aportó pruebas para justificar sus críticas.

[89] Un reportaje del diario *La Cuarta* fechado el 18 de junio de 2009 ilustra el trato que algunos medios le dieron a Romanov: "El 12 de junio de 1983 junto a dos amigos subió a fumarse un pito al cerro *El membrillar*. Volado o no, juró que vio a la Virgen María. El cuento se propagó y prendió como pasto seco. Miles de personas de todo el mundo llegaron hasta el lugar, que se convirtió en el 'Santuario de Montecarmelo'. En 1988 se le perdió la pista, hasta que *La Cuarta* lo cachó en 1994, convertido en una rucia buena para el copete, porque la luz divina le habría cambiado el sexo. Vivía en Maipú y carreteaba en la disco 'Santiago New'. Confesó que era fanática de la pílsener y el schop. En 2002 reapareció. Les hablaba en 'lenguas' a unas señoras que le avivaban la cueca, las mismas que aún le siguen creyendo. El año pasado, en su última declaración a la prensa, dijo que 'ahora soy pelolais, misionera y sigo viendo a la Virgen'".

[90] La segunda comisión nombrada por el Obispo Valenzuela, entre sus conclusiones entregadas en 1984, dijo que el afán de espectacularidad y de teatralidad que esta persona (Poblete) evidencia, dista mucho de ese pudor y búsqueda del recogimiento y anonimato que cabe esperar en quien se encuentre viviendo una experiencia mística o una presencia sobrenatural. No detalló, sin embargo, si existe un perfil para poder identificar a un vidente o un enviado del Cielo.

Varios otros contaron que por aquellos meses los viejos gritaban coléricos maldiciendo al Cielo, y que las mujeres se golpeaban el pecho y lloraban desconsoladas por haber desperdiciado el tiempo tras los pasos del que llamaron "el gran mentiroso".

—Los más jóvenes huyeron en estampida como caballos desbocados, cada quien por su lado, lo más lejos posible del cerro —dijo Luigi, un viejo al que apodaban el *'italiano'*—. Si nos topábamos con ellos, con los que renegaban y maldecían, nos volteaban la mirada. Y si les preguntábamos por qué lo hacían, amenazaban con golpearnos hasta quitarnos la vida. '¡Te voy a matar! ¡Te voy a matar!', decían".

—Llovió toda clase de amenazas y de burlas —dijo Cantuarias—, pero la niña se mantuvo firme. La hubiese visto por aquellos meses, orgullosa, con la mirada serena y el caminar pausado. Después de marzo siguió yendo al cerro, cada tarde, cada noche, cada mañana, hasta el día en que Nuestra Señora se despidió de Peñablanca. Una vez le pregunté cómo hizo para aguantar tanto insulto, tanta rabia, tanto odio, tanta burla y me respondió que la tarde del 12 de junio de 1988 la Señora hizo una promesa. ¿La conoce? ¿Sabe de qué se trata? Espere, que por aquí la tengo anotada. Déjeme ver, sí, aquí está, en el bolsillo de mi camisa.

Quitó las arrugas del viejo trozo de papel y leyó, despacio, como deteniéndose en cada palabra:

—'Por cada problema que tengáis en la vida, recurrid a Mí, a mi manto protector, a mi Inmaculado Corazón'. Eso fue lo que hizo la niña, confiar en Nuestra Señora, ciegamente, sin importar las consecuencias.

Cuando tuve la oportunidad, meses más tarde, le pregunté a Romanov qué clase de confianza depositó en la Señora por aquellos días, qué otras promesas había hecho Ella con anterioridad, cuáles eran, si los peregrinos las conocían, si Ella cumplía los ofrecimientos que hacía y que me diera un ejemplo, una evidencia, un signo, una prueba.

—Ella sólo dice que le tengamos confianza. Cuando uno la tiene, deja de hacer preguntas —respondió y se marchó en silencio.

Capítulo dieciocho

EL COLADERO

"No tengan miedo; no quiero haceros ningún daño".
Fragmento del mensaje registrado en
Fátima, Portugal, el 13 de mayo de 1917.

Después de la confesión, la certidumbre de los peregrinos estuvo a punto de desaparecer. De los 2 millones que visitaron el cerro durante el primer ciclo[91], esto es entre el 12 de junio de 1983 y el 12 de junio de 1988, menos de 200 permanecieron fieles a la aparición y al mensaje, expuestos también, al igual que Romanov, a los insultos, las amenazas y las burlas de quienes, además de usar de manera inapropiada el argumento de la sexualidad, crearon nuevas mentiras y situaciones que jamás se dieron.

"¿Para qué?", cuestionó una anciana que todos los días visitaba el cerro procedente del Puerto de Valparaíso. Ella misma respondió: "Pues, para lanzar blasfemias en contra de la Santísima Virgen y poner en duda el plan de salvación de su Hijo".

El pequeño grupo lo integran gente simple, de sonrisas agradables, historias novedosas y experiencias formidables. La mayoría son mujeres de carácter fuerte y generosidad a flor de piel, bulliciosas y lloronas, compasivas y agradecidas de los momentos gratos, señoras todas que arrastran con dignidad un sinnúmero de necesidades, padecimientos, tristezas, pobreza y dolencias. Los hombres las imitan con orgullo. Se dice de ellos que están siempre dispuestos a combatir, con Rosario en mano, cualquier desesperanza, dolor, angustia y también los ataques frecuentes que provienen de la oficina del Obispo, de la Conferencia de Obispos Católicos de Chile, de parroquias próximas, de vecinos incrédulos, de funcionarios del gobierno y, sobre todo, de periodistas que cada cierto tiempo utilizan

---

[91] El dato es aproximado. Según medios locales de prensa, en días de fiesta del calendario católico tales como Jueves Santo, Viernes Santo, Sábado Santo, Domingo de Resurrección, Inmaculada Concepción (8 de diciembre), Navidad, Día de los Santos Arcángeles (29 de septiembre), San Pedro y San Pablo (29 de junio), Asunción de la Virgen (15 de agosto), Nuestra Señora del Carmen (16 de julio), Nuestra Señora de La Salette (19 de septiembre) y La Raza y Nuestra Señora del Pilar (12 de octubre), en el cerro de las apariciones se reunían entre 100,000 y 250,000 personas. El día de la danza del sol del 29 de septiembre de 1983, se registraron entre 250,000 y 400,000 personas. En los cinco años de visitas, el número de testigos fácilmente sobrepasó los 2 millones.

la sexualidad de Romanov para elevar el tráfico de los medios para los cuales trabajan[92].

"A esos doscientos Nuestra Señora les puso el título de Apóstoles de los Últimos Tiempos", contó Georgina Morales, una creyente del barrio de Buzeta, en Santiago, cuya vivienda sirvió de Santuario entre 1990 y 1997. "El resto dio media vuelta y se fue, disgustado, sin siquiera poner atención al mensaje y a las promesas que ellos mismos le hicieron a la Señora".

Dijo además que existía un elevado número de personas que intentaban destruir la aparición y que, entre ellos, había sacerdotes, soldados, periodistas, teólogos, funcionarios gubernamentales, profesores universitarios, jueces, estudiantes, amas de casa, jubilados, médicos, arquitectos, ingenieros, gente de a pié, escritores, comerciantes, extranjeros...

—Son demasiados. Algunos ocupan los principales cargos en el gobierno y la iglesia, y todos tienen un fin en común: silenciar a la niña —denunció Morales.

—¿Para qué? —pregunté.

—No lo sé —dijo ella.

—¿Qué opina Romanov? —volví a preguntar.

—Pregúnteselo a ella —respondió.

Luigi, el 'italiano', a su vez dijo que "ocurrieron muchas cosas allá arriba (en el cerro de Peñablanca) desde cuando la niña contó el secreto. Pero vea, el Santuario sigue donde mismo está[93], la gente

---

[92] El artículo de *El Mercurio* fechado el 15 de junio de 2003 (19 años después de la primera visita), que ya he citado varias veces, incluye dos señalamientos no probados y que fueron atribuidos a dos personajes ligados a Peñablanca, el arquitecto Álvaro Barros y el profesor Gonzalo Ulloa, quien presidió la segunda comisión investigadora nombrada por el Obispo Valenzuela. A la presunta de qué le parece la transformación de Poblete (de hombre a mujer), Barros respondió: "Una mala cosa. Realmente, Judas lo hizo peor". Ulloa, por su parte, reveló, casi 20 años después de la indagación que encabezó, que "al observar al seudo vidente, escucharlo, ver sus actitudes, se podía constatar de que ahí había un desfase no muy grave de desarrollo intelectual". ¿Por qué y para qué este tipo de comentarios—acusaciones? ¿Miedo? ¿Para desvirtuar el mensaje? ¿Para ocultar pecados que cometen sacerdotes, obispos y cardenales, como advierte la primera parte del mensaje oculto de La Salette? Con Barros hablé sobre este tema. Le dije que en Estados Unidos, por ejemplo, hay más de 4 mil sacerdotes, diáconos y sacristanes acusados de violar y abusar niños y que eso sí era, de acuerdo con evidencias presentadas en cortes judiciales— respaldadas por informes psiquiátricos y psicológicos—, faltas o delitos graves, y le pregunté si él o la Fundación Monte Carmelo tenían pruebas similares para desacreditar a Romanov o Poblete de su papel como vidente. Respondió que no había este tipo de evidencias, ni tampoco procesos judiciales iniciados en su contra.

[93] En 1996, el entonces Prefecto de la Congregación para Doctrina de la Fe o

132 La revelación del Tercer Secreto de Fátima

no para de ir y la Señora sigue sanando a los enfermos, a los desahuciados, a los despreciados, a los que tienen vergüenza de entrar
a la iglesia, a los que sufren todo tipo de abusos, a los que tienen
sida, a los ciegos, a los niños chilenos violados por poderosos que
se masturban con el dolor y el sufrimiento de los más pequeños, a
las madres que perdieron a sus hijos durante los excesos de la DINA
(policía secreta de los militares) y la CNI (policía secreta de Pinochet
después que disolvió la DINA para ocultar las violaciones a los derechos humanos[94]), a los desesperados, a las personas sin una pizca
de ilusión, a los locos, los mutilados, los viejitos, los leprosos, los
niños abortados. ¿Tiene usted explicación para eso? ¿Puede decirme
de dónde proviene tanta gracia? ¿Puede rebatir tanta generosidad
de una Mujer que, a pesar del desprecio, sigue viniendo todos los
días a darle consuelo a un pueblo ciego? Llevo meses buscando una
respuesta y no la encuentro. Me despierto en la mitad de la noche y
busco dentro de mi cabeza, pero no encuentro nada, nada".

En otra ocasión, Cantuarias comentó que durante el primer
ciclo (Peñablanca) el servicio secreto buscó nexos entre Romanov,
el partido comunista y la Iglesia Católica, pero que al parecer "no
encontraron nada. ¿Y sabe por qué no encontraron nada? Porque
ninguna de todas las mentiras que idearon frenó los fenómenos",
dijo. Y explicó: "No es fácil ver cómo una niña azota el suelo con sus

---

ex Santo Oficio, cardenal Joseph Ratzinger (hoy en día Papa Benedicto XVI),
permitió que una vez al mes se celebre misa en la capilla que la Señora pidió
construir en la cima del cerro de Peñablanca. Las gestiones para el permiso
fueron hechas por el cardenal Jorge Medina Estévez, quien el 16 de abril de
1993 reemplazó en el cargo a monseñor Francisco de Borja Valenzuela como
Obispo—Arzobispo de Valparaíso. El 21 de junio de 1996, el entonces Papa
Juan Pablo II nombró a Medina como Prefecto del Pontificio Consejo de la
Familia, y el 23 de febrero de 1998 el Sumo Pontífice lo nombró cardenal de la
Iglesia Católica. El 19 de abril de 2005, Medina anunció al mundo la elección
del cardenal Joseph Ratzinger como Papa Benedicto XVI.

[94] Tras el golpe militar del 11 de septiembre de 1973, el general Augusto Pinochet autorizó la creación de la Dirección Nacional de Inteligencia (DINA),
bajo el mando del general Manuel Contreras. La organización tenía facultades
para detener y arrestar sin orden de juez competente, torturar, matar, confi-
nar reos en cárceles secretas y desaparecer opositores al régimen. En 1977 y a
causa de graves acusaciones por violación a los derechos humanos, Pinochet
se vio obligado a cerrar las operaciones de la DINA y en su reemplazo creó la
Central Nacional de Informaciones (CNI), bajo el mando del general Odlanier
Mena. Contreras y Mena fueron juzgados y sentenciados por crímenes cometidos durante sus mandatos. En junio de 2009 la esposa de Mena me dijo que
el general había sufrido un infarto y que se encontraba hospitalizado. No pude
preguntarle si él tuvo participación en el fenómeno de Peñablanca. Su esposa
me dijo que ellos se enteraron del suceso "por lo que salió en la prensa".

piernas y aparecen los estigmas. ¿Sabe usted cómo es eso? Cuando cae el golpe es seco, como rocas que estallan en el pavimento. Entonces la tierra tiembla y eso los pone fuera de sitio. ¿Me entiende? Los que buscan pruebas pierden la compostura".

Una mujer preguntó: "¿Conoce cuál fue el mayor de los errores cometidos en Peñablanca? Que a las autoridades, militares y religiosas, se les olvidó que Romanov era una niña cuando la humillaron. ¿Sabe cuántos años tenía el 12 de junio de 1983? ¿Sabe cómo se le llama a la autoridad que no respeta el derecho y la integridad de un niño? No tiene nombre, señor, porque es un pecado al que Dios le dio vergüenza ponerle uno. ¿Entiende? El único ser que le brindó consuelo a Romanov, en aquellos años, fue la Señora. Ella respetó su secreto, su identidad, su honra".

Tras una breve pausa, agregó: "¿La ha escuchado usted a Ella? Vea nada más cómo le llama, con qué cariño dice su nombre, el que fuere. Lo hace con voz suave, como cuando una madre entra al cuarto de la hija que está a punto de quedarse dormida. Y después de verla le dice, como jugando con las palabras, 'Ángel eres, ángel serás'. Ya quisiera yo que mis oídos oyeran mi nombre con esa voz. Si yo tuviera esa dicha, sabe, olvidaría todos mis dolores, todos mis cansancios, todas mis dudas. Es como escuchar el llamado de la libertad, pero no aquella que pregonan los políticos".

De todas las críticas en aquellos días la más severa provino de la oficina del Obispo. El pastor juzgó y condenó a Romanov al margen del debido proceso y con ello evidenció su enorme falta de tino, enojo, miedo y la urgencia por silenciar el mensaje que estaba enviando la Señora.

"Si antes de la confesión había diferencias, después de revelado el secreto las discrepancias aumentaron", dijo Cantuarias. El 'italiano', por su parte, agregó que fue tanto el encono que los habitantes de la ciudad de las visitas transformaron el lugar en el pueblo de las burlas. "Y algunos piensan que los portentos registrados en los 1,825 días de fenómenos sobrenaturales fueron olvidados en cuestión de 24 horas, quizás menos, y que las alabanzas se convirtieron en reniegos". Otros comentaron que el ímpetu de miles de testigos que acudieron al cerro para encontrar el camino de los justos fue reemplazado por la duda, el repudio, el insulto y la agresión verbal y física a Romanov, al mensaje, a la Señora y al sitio de las apariciones.

"Fue entonces que la Señora repitió el Mensaje de La Salette", dijo Cantuarias. "Al comienzo no teníamos idea de lo que estaba hablando[95], hasta que vino la niña y nos explicó de qué se trataba.

---

[95] Los mensajes se registraron cuando la vidente, en aquel tiempo Miguel

Lo leímos una vez, dos, cinco, diez, cincuenta veces. Hubo muchas lecturas, pero nada se quedó en mi cabeza. Es un texto largo, con palabras que no entiendo del todo y menciona cosas que ya sucedieron y otras que ocurrirán en el futuro. Debería pedírselo a la niña para que lo lea. En caso que lo haga, dígale que yo también quiero verlo otra vez".

Lo hice un mes después de aquel encuentro. "El Vaticano lo recibió en tiempo", comentó Romanov. "Pero lo escondió. Por eso Nuestra Señora regresó, primero a Lourdes, después a Fátima, Garabandal, San Damiano y ahora a Peñablanca. Ella quiere que se difunda, para que todos escuchen".

El Mensaje, fechado el 19 de septiembre de 1846 dice lo siguiente[96]:

"Acérquense, hijos míos (indica a Melania, de 14 años, y a su primo Maximino, de 11), no tengan temor; estoy aquí para anunciarles

---

Ángel Poblete, se encontraba en éxtasis. Según me explicó Álvaro Barros, se daban cuenta del fenómeno porque ocurrían cambios físicos en el cuerpo del muchacho, "su voluntad era como arrebatada" y le "cambiaba la voz". Era como la voz de "otra persona" y se sentía en el ambiente la presencia de un ser "que los demás no podíamos ver", pero sí escuchar a través de Poblete. "Entonces grabábamos lo que decía con grabadoras de mano". Detalló que después transcribían las cintas, los fechaban y los clasificaban. El mismo procedimiento se continuó en Santiago a partir de las semanas siguientes al 12 de junio de 1988. Irene Soto fue nombrada por la fundación Apóstoles de los Últimos Tiempos como directora del Departamento de Difusión. Ella grabó y guardó gran parte de lo que dijo Romanov en éxtasis entre el 13 de junio de 1988 y el 26 de septiembre de 2008. La diferencia entre el primer y el segundo ciclo, es que en el último los mensajes fueron firmados, fechados y sellados por Romanov, certificando que fue exactamente eso lo que le dijo la Señora que anunciara, dijera o transmitiera a otros y a todo quien quiera enterarse.

[96] El 4 de mayo de 2000 el Papa Juan Pablo II pronunció un discurso con motivo del XXIX Capítulo General de los Misioneros de Nuestra Señora de La Salette, en Roma, donde avaló el mensaje que la Señora le entregó a Melania Calvat el 19 de septiembre de 1846 para que lo enviara a la Santa Sede y esta, una vez leído, lo divulgara por el mundo. "La Salette es un mensaje de esperanza, puesto que nuestra esperanza se apoya en la intercesión de la Madre de los hombres", dijo el Pontífice, citando un fragmento de una carta enviada a monseñor Louis Dufaux, obispo de Grenoble, el 6 de mayo de 1996, de acuerdo con lo publicado por *L'Osservatore Romano*, edición en lengua española, el 7 de junio de 1996, p. 10). El 15 de agosto de 1983, la Señora le dijo a Romanov, de acuerdo con un registro de Álvaro Barros, que "los mensajes que he dado siempre se han ocultado. Seguiré dando los mismos mensajes que he dado en La Salette y Fátima y muchas (apariciones) más. Los han dejado como si nada hubiera dicho. Mi corazón se entristece y ruega por aquellos que esconden mi mensaje". Por esa razón Ella lo repitió en Peñablanca.

una gran nueva. Si mi pueblo no quiere someterse, me veré obligada a dejar caer la mano de mi Hijo. Ella es tan ruda y tan pesada, que ya no puedo contenerla más."

"Cuánto tiempo hace que sufro por ustedes. Para que mi Hijo no los abandone, es indispensable que le ruegue incesantemente. Ustedes no se preocupan en absoluto por ello. Por mucho que rogaran, por mucho que hicieran, nunca llegarían a recompensar la pena que me he tomado por ustedes."

"Les he dado seis días para trabajar, reservándome el séptimo y no se quiere acordármelo. Esto es lo que tanto hace pesar el brazo de mi Hijo."

"Los que conducen las carretas no deben hablar sin mezclar en ello el Nombre de mi Hijo. Estas son las dos cosas que hacen tan pesado el brazo de mi Hijo. Si la cosecha se arruina, la culpa es sólo de ustedes. Yo se los hice ver el año pasado con las papas, pero no han hecho caso alguno. Al contrario, cuando las encuentran podridas, juran y mezclan el Nombre de mi Hijo. Continuarán pudriéndose; en Navidad ya no habrá más."

"Si tienen trigo, no deberá ser sembrado. Todo lo que siembren será devorado por los animales; y lo que germine se transformará en polvo cuando vayan a cosecharlo. Sobrevendrá una gran miseria. Antes que ésta se produzca, los niños menores de siete años serán presa de un estremecimiento y morirán en brazos de las personas a cuyo cargo estén. Los otros harán penitencia por el hambre. Las nueces se echarán a perder y se pudrirán las uvas."

Dicho esto, la Señora entregó el siguiente secreto:

"Melania, lo que voy a decirte ahora no será siempre un secreto. Podrás publicarlo en 1858. Los sacerdotes, ministros de mi Hijo, los sacerdotes, por su mala vida, por sus irreverencias y por su impiedad en celebrar los Santos Misterios, por su amor al dinero, a los honores y a los placeres, se han convertido en cloacas de impurezas. Sí, claman venganza y la venganza está suspendida sobre sus cabezas. Maldición a las personas consagradas a Dios, que con sus infidelidades y su mala vida crucifican de nuevo a mi Hijo."

"Los pecados de las personas consagradas a Dios claman al cielo y piden venganza, y ésta se halla suspendida sobre sus cabezas, porque nadie implora ya misericordia y perdón para el pueblo, porque ya no hay almas generosas, no hay ya personas dignas de ofrecer la Víctima Inmaculada al Eterno a favor del mundo. Dios va a herir de un modo como no hay ejemplo. Desventurados los habitantes de la Tierra. Dios va a agotar su cólera y nadie podrá sustraerse a tantos males reunidos."

"Los jefes, los conductores del pueblo de Dios han desdeñado la oración y la penitencia, y el demonio les ha ofuscado la inteligencia. Se han transformado en estrellas errantes que el viejo diablo arrastrará con su cola para hacerlos perecer. Dios permitirá a la vieja serpiente sembrar la división entre los reinantes, en todas las sociedades y en todas las familias."

"Se padecerá males físicos y morales. Dios abandonará a los hombres a sí mismos y enviará castigos que se sucederán durante más de treinta y cinco (35) años. La sociedad está en vísperas de los más terribles azotes y de los más grandes acontecimientos. Se debe aguardar a ser gobernados por una barra de hierro y beber el cáliz de la cólera de Dios."

"Que el Vicario de mi Hijo, el Soberano Pontífice Pío IX no salga más de Roma, desde el año 1859, pero que sea firme y generoso, que luche con las armas de la fe y del amor. Yo estaré con él. Que desconfíe de Napoleón; doble es su corazón. Y cuando intente hacerse, al mismo tiempo, Papa y Emperador, Dios no tardará en abandonarlo. Es un águila que, queriendo elevarse constantemente, terminará por caer sobre la espada de la cual quería servirse para hacerse elevar por los pueblos."

"Italia será castigada por su ambición de sacudir el yugo del Señor de los Señores; también será entregada a la guerra. La sangre correrá por todas partes, las iglesias serán cerradas o profanadas; los sacerdotes, los religiosos, serán expulsados. Se les hará morir y de una manera cruel. Muchos abandonarán la fe y grande será el número de los sacerdotes y religiosos que se separarán de la verdadera religión. Entre ellos también habrá obispos."

"Que el Papa esté en guardia contra los hacedores de milagros, porque ha llegado el tiempo en que los prodigios más estupendos tendrán lugar sobre la Tierra y en los aires. En el año 1864 Lucifer y gran número de demonios serán destacados desde el infierno; poco a poco abolirán la fe, hasta en las personas consagradas a Dios. Las cegarán de tal modo, que salvo el caso de una gracia particular, esas personas tomarán el espíritu de los malos ángeles. Muchas casas religiosas perderán totalmente la fe y perderán muchas almas."

"Los malos libros abundarán sobre la Tierra y los espíritus de las tinieblas difundirán por todas partes un relajamiento universal para todo lo que se relacione con el servicio de Dios; adquirirán un enorme poder sobre la naturaleza; habrá iglesias al servicio de esos espíritus malos y hasta sacerdotes, porque ellos no serán guiados por el buen espíritu del Evangelio, que es el espíritu de humildad, caridad y celo por la Gloria de Dios. Se hará resucitar a muertos y justos (es decir que esos muertos tomarán la imagen de las almas justas que habían vivido sobre la Tierra para seducir mejor a los hombres; esos presuntos muertos resucitados, que no serán más que otras tantas imágenes del demonio, predicarán otro Evangelio, contrario del verdadero Cristo Jesús, negando la existencia del cielo. Serán también las almas de los condenados. Todas esas almas aparecerán como unidas a sus cuerpos)."

"Habrá extraordinarios prodigios en todos los lugares, porque la verdadera fe se ha apagado y la falsa luz ilumina al mundo. ¡Ay de los príncipes de la Iglesia! que sólo se hayan ocupado de acumular riquezas sobre riquezas, de salvaguardar su autoridad y de dominar con orgullo."

"El Vicario de mi Hijo tendrá mucho que sufrir, porque durante un tiempo la Iglesia será víctima de grandes persecuciones; será ese el tiempo de las tinieblas. La Iglesia pasará por una horrorosa crisis."

"Olvidada la santa fe en Dios, cada individuo querrá guiarse por sí mismo y ser superior a sus semejantes. Los poderes civiles eclesiásticos serán abolidos y pisoteados (y lo) serán todo orden y toda justicia. No se verá más que homicidios, odio, envidia, mentira y discordia, sin amor por la patria ni por la familia."

"El Santo Padre sufrirá mucho. Yo estaré con él hasta el fin para recibir su sacrificio. Los malvados atentarán muchas veces contra su vida sin poder hacerle daño; pero ni él ni su sucesor verán el triunfo de la Iglesia de Dios."

"Los gobernantes civiles tendrán todos un mismo designio, que será el abolir y hacer desaparecer todo principio religioso para dar lugar al materialismo, al ateísmo, al espiritismo y a toda clase de vicios."

"En el año 1865 se verá la abominación en los lugares santos. En los conventos, las flores de la Iglesia estarán corrompidas y el demonio se erigirá en rey de los corazones. Que los que se hallan a la cabeza de las comunidades religiosas presten atención a las personas que deben recibir, porque el demonio empleará toda su malicia para introducir a las órdenes religiosas a personas entregadas al pecado y a los desórdenes, y a la pasión por los placeres carnales serán difundidos por toda la Tierra."

"Francia, Italia, España e Inglaterra estarán en guerra[97]; la sangre correrá por las calles. El francés luchará contra el francés; el italiano contra el italiano. A continuación habrá una guerra general[98] que será espantosa. Por un tiempo, Dios se olvidará de Francia y

---

[97] Se refiere a la Primera Guerra Mundial, ocurrida entre los años 1914 y 1918. Se registraron más de 10 millones de muertos.

[98] Se refiere a la Segunda Guerra Mundial, conflicto bélico que se registró entre septiembre de 1939 y septiembre de 1945. Participaron más de 60 países y murieron más de 60 millones de personas.

de Italia, porque el Evangelio de Jesucristo no es ya conocido. Los malvados desplegarán toda su malicia. Hasta en las casas habrá muertes y matanzas mutuas."

"Al primer golpe de su espada mortífera, las montañas y la Tierra toda se estremecerán de espanto, porque los desórdenes y los crímenes de los hombres traspasan la bóveda de los cielos. París será incendiado y Marsella engullida; muchas grandes ciudades serán sacudidas y sepultadas por terremotos. Se creerá que todo está perdido. No se verá más que homicidios, no se oirá más que rumor de armas y de blasfemias. Los justos sufrirán mucho; sus oraciones, su penitencia y sus lágrimas subirán hasta el cielo, y todo el pueblo de Dios pedirá perdón y misericordia, y buscará mi ayuda y mi intercesión. Entonces, por un acto de justicia y de misericordia infinita para con los justos, Jesucristo ordenará a sus ángeles que den muerte a todos sus enemigos. De pronto, los perseguidores de la Iglesia de Jesucristo y todos los pecadores perecerán y la Tierra quedará como un desierto. Entonces se hará la paz, la reconciliación de Dios con los hombres; Jesucristo será servido, adorado y glorificado. En todas partes florecerá la caridad. Los nuevos reyes serán el brazo derecho de la Santa Iglesia que, a su vez, será fuerte, humilde, piadosa, pobre, solícita e imitadora de las virtudes de Jesucristo. El Evangelio será predicado en todas partes y los progresos de la fe serán grandes, porque habrá unidad entre los obreros de Jesucristo y porque los hombres vivirán en el temor de Dios."

"Esta paz entre los hombres no será larga; veinticinco años de abundantes cosechas les harán olvidar que los pecados son la causa de todas las penas que caen sobre la Tierra."

"Un precursor del anticristo, con sus tropas de muchas naciones, combatirá contra el verdadero Cristo, el único Salvador del Mundo; derramará mucha sangre y querrá destruir el culto de Dios para hacerse contemplar como un Dios."

"La Tierra será azotada por toda clase de plagas (a parte de la peste y el hambre que serán generales). Habrá guerras hasta la definitiva, que entonces será hecha por los diez reyes del anticristo, todos los cuales tendrán un mismo propósito y serán los únicos que gobernarán el mundo. Antes que esto ocurra, habrá una especie de falsa paz en el mundo. No se pensará más que en diversiones; los malos se entregarán a toda clase de pecados, pero los hijos de la Santa Iglesia, los hijos de la fe, mis verdaderos imitadores, creerán en el amor de Dios y en las virtudes que me son más queridas. ¡Dichosas las almas humildes conducidas por el Espíritu Santo! Yo combatiré con ellos hasta que lleguen a la plenitud de la edad."

"La naturaleza clama venganza contra los hombres y se estremece de espanto a la espera de lo que debe ocurrir en la Tierra manchada de crímenes. Temblad Tierra; y vosotros que hacéis profesión de servir a Jesucristo y que íntimamente os adoráis a vosotros mismos, temblad, pues el Señor va a entregaros en manos de su enemigo, porque los lugares santos serán corrompidos y muchos conventos ya no son Casa de Dios, sino establos de Asmodeo[99] y los suyos."

"Será en esa época que nacerá el anticristo, de una religiosa hebrea, de una falsa virgen que tendrá trato con la vieja serpiente, señora de la impureza. Su padre será Obispo. Al nacer vomitará blasfemias y tendrá dientes; en una palabra, será el diablo encarnado. Lanzará gritos horripilantes, hará prodigios, sólo se nutrirá de impurezas. Tendrá hermanos que, aunque no sean como él, demonios encarnados, serán hijos del mal. A los doce años se harán admirar por las valientes victorias que obtendrán; muy pronto cada uno de ellos estará a la cabeza de los ejércitos, asistidos por legiones del infierno."

"Las estaciones serán alteradas, la Tierra no producirá más que malos frutos; los astros perderán el ritmo de sus movimientos y la luna sólo reflejará una claridad rojiza. El agua y el fuego darán al globo terráqueo movimientos convulsivos y horribles temblores que harán desaparecer montañas, ciudades, etc."

"Roma perderá la fe y se convertirá en sede del anticristo. Los demonios del aire y el anticristo harán grandes prodigios sobre la Tierra y en los aires, y los hombres serán más perversos cada día. Dios cuidará de sus fieles servidores y de los hombres de buena voluntad; el Evangelio será predicado por todas partes. Todos los pueblos y todas las naciones tendrán conocimiento de la verdad."

"Yo dirijo un llamado urgente a la Tierra. Yo llamo a los verdaderos discípulos del Dios vivo y reinante en los cielos, llamo a los verdaderos imitadores de Cristo hecho hombre, el único y verdadero Salvador de los Hombres. Llamo a mis hijos, a mis verdaderos devotos, a los que se han dado para mí para que Yo los lleve a mi Divino Hijo, a los que llevo, por así decir, en mis brazos, a los que han vivido en mi espíritu. En fin, llamo a los Apóstoles de los Últimos Tiempos, a los fieles discípulos de Jesucristo, a los que han vivido con desprecio del mundo y de sí mismos, en la pobreza y en la humildad,

[99] Asmodeo significa en idioma Persa: Tentador. En hebreo: Destructor. Es el nombre de un demonio citado en el Libro de Tobías. Para la Iglesia Católica la historia de Tobías representa el modelo de la familia cristiana y muestra los distintos caminos de la divina Providencia que pone a prueba la fe. Hasta antes del Concilio Vaticano II se recomendaba a las parejas de jóvenes cristianos que anunciaban matrimonio que leyeran el libro y meditaran en secreto sus enseñanzas. Los establos de Asmodeo es el lugar donde habita el demonio y sus legiones.

en el desdén y en el silencio, en la oración y en la mortificación, en la castidad y en la unión con Dios, en el sufrimiento y desconocidos del mundo. Es tiempo ya que ellos salgan y vengan a iluminar la Tierra. Id y mostraos como mis amados hijos; yo estoy con vosotros y en vosotros, siempre que la fe sea la luz que os ilumine en los días de infortunio. Que vuestro celo os haga como hambrientos de la Gloria y el honor de Jesucristo. Combatid Hijos de la Luz, porque he aquí el Tiempo de los Tiempos, el Fin de los Fines."

"La Iglesia será eclipsada, el mundo estará consternado. Pero ahí estarán Enoch y Elías, plenos del Espíritu Santo. Ellos predicarán con la fuerza de Dios y los hombres de buena voluntad creerán en Dios y muchas almas serán consoladas. Ellos harán grandes progresos por la virtud del Espíritu Santo y condenarán los errores diabólicos del anticristo."

"¡Desdichados los habitantes de la Tierra! Habrá guerras sangrientas y miserias, pestes y enfermedades contagiosas; habrá espantosa granizada de animales, truenos que sacudirán las ciudades, terremotos que sepultarán países. Se escucharán voces en los aires; los hombres golpearán sus cabezas contra las murallas; invocarán la muerte y ésta, por su parte, será su tormento. La sangre correrá por todas partes. ¿Quién podrá vencer si Dios no abrevia el tiempo de la prueba? Dios terminará por acceder ante la sangre, las lágrimas y las súplicas de los justos. Enoch y Elías serán condenados a muerte, Roma pagana desaparecerá; el fuego celeste caerá y consumirá tres ciudades; todo el universo será presa del terror y muchos se dejarán seducir porque no han adorado al verdadero Cristo que vive en ellos. Es el momento. El sol se oscurece; sólo la fe subsistirá."

"Ha llegado la hora, el abismo se abre. He aquí el rey de los reyes de las tinieblas. He ahí la bestia con sus vasallos diciéndose el salvador del mundo. Se remontará soberbio por los aires para llegar al Cielo. Será ahogado por el aliento de San Miguel Arcángel. Se precipitará y la Tierra, que habrá estado tres días en evoluciones, abrirá su seno en llamas; será sumido para siempre, con los suyos, en los abismos eternos del infierno. Entonces el agua y el fuego purificarán a la Tierra y consumirán todas las obras del orgullo de los hombres, y todo será renovado. Dios estará servido y glorificado".

La Señora no dejó de llorar mientras entregó el secreto, contó Romanov. "Antes de despedirse les hizo una promesa: que si ellos, la humanidad, se convertían, las piedras y rocas se trocarán en trigo y las patatas se hallarán diseminadas por las tierras". Después Ella les preguntó si estaban haciendo las oraciones de todos los días, a lo que los niños respondieron: "¡Oh, no, Señora! No muy bien". Entonces Ella exclamó: "¡Ay, hijos míos! Es necesario rezar bien, por la noche y por la mañana. Cuando no podáis hacerlo mejor, decid un Pater y un Ave María. Y cuando tengáis tiempo y podáis rezar mejor, los recitaréis más a menudo. Pocas son las mujeres de cierta edad que van a Misa; los otros trabajan durante todo el estío el domingo. Y en el invierno, cuando no saben qué hacer, sólo van a Misa para mofarse de la religión. Durante la Cuaresma van tras la carne como perros. ¿No habéis visto el trigo dañado?".

Melania y Maximino dijeron que no, que no se habían dado cuenta del estado de las siembras en el campo. Entonces la Señora se dirigió al pequeño: "Pero tú, hijo mío, alguna vez debes haberlo visto en el Coin (área cercana a Corps, poblado al que pertenece La Salette) con tu padre. El hombre de la pieza dijo a tu padre: 'Venga usted a ver cómo se echa a perder mi trigo'. Vosotros fuisteis a ver. Tu padre tomó dos o tres espigas en la mano, restregóselas y se convirtieron en polvo. Después, cuando os volvisteis, hallándoos a media hora solamente de Corps, tu padre te dio un pedazo de pan diciéndote: 'Toma, hijo, come este año, porque si el trigo se pierde de esa manera, no sé quién comerá el año venidero'".

Maximino corroboró el relato y fue entonces que la Señora les reiteró: "Bueno, hijos míos, lo haréis conocer de todo mi pueblo".

Capítulo diecinueve

DESOLACIÓN

*"Todos los días recen el Rosario en honor
a la Virgen a fin de alcanzar el fin de la guerra".*
Fragmento del mensaje registrado en
Fátima, Portugal, el 13 de julio de 1917.

Cantuarias se refirió al fenómeno de Peñablanca como un escenario bélico. "A finales de 1988 las posturas se radicalizaron", recordó. "Se volvieron irreconciliables. Fue como si la guerra hubiese estallado. No había soldados, ni aviones, ni barcos, ni helicópteros, ni cañones, pero si muertos, miles, peregrinos que dejaron de creer y otros miles en camino al mismo cementerio"[100]. Luego explicó: "La derecha señaló a los comunistas, los curas responsabilizaron a los militares, los militares lo negaron, la oficina del Obispo Valenzuela acusó a la CNI y la CIA y al diablo, el Ministerio del Interior era incapaz de aclarar lo que estaba sucediendo y la Fundación Monte Carmelo, que maneja los asuntos de Peñablanca, insistió en el pecado de Romanov[101]. Todos hablaron, todos dijeron algo, cualquier

---

[100] Miguel Ángel Poblete o Karole Romanov fue objeto de un sinnúmero de acusaciones y señalamientos que nadie, hasta ahora, ha probado que son ciertas. El blog *Ojoconlanoticia* citó que Peñablanca "se transformó en santuario de la histeria", que "familias enteras llegaban al lugar para comunicarse con la Virgen" y que Poblete "se volvió transexual". La página *www.netexplora.com/Damablanca* aseguró que Poblete sufrió "desprecio y persecución" y "la burla de un país entero", y agregó que "por su descarriada conducta" se convirtió en mujer. El blog *www.periodistadigital.com* citó declaraciones del sacerdote Jaime Fernández (quien presidió la primera comisión investigadora del Obispo Valenzuela) al diario *Las Últimas Noticias*, donde aseguró "que todo fue una mentira", que "desde un principio fue un montaje", que "no había nada sobrenatural" y que Poblete "sufría de megalomanía y era un pobre niño utilizado". Gonzalo Ulloa, quien presidió la segunda comisión investigadora oficial, aseveró a *Canal 13* de Televisión que Miguel Ángel "tenía varios rasgos que los podríamos llamar histeroide. El histrionismo con el que actuaba, es parte de la tendencia a la histeria".Y agregó: "Miguel Ángel tuvo el drama de muchos compatriotas nuestros, niños abandonados por sus madres biológicas y en el caso de Miguel Ángel, abandonado por su madre biológica va de hogar de menores en hogar de menores, con una serie de trastornos de la personalidad, de tipo psicológico". Ninguno se refirió al mensaje o detalló si lo dicho por la Señora era cierto y si había sido advertido en años anteriores en visitas, por ejemplo, a La Salette, Lourdes o Fátima.

[101] "El muchacho cayó en una falta muy grave de homosexualidad", me dijo Barros por teléfono. "El decía que era mujer, pero hay testimonios que eso no

cosa, cualquier insulto, cualquier humillación, excepto la niña. Ella se mantuvo a distancia".

Otra testigo, Inés Loyola, contó que en febrero de 1989 Romanov se fue a vivir a su casa ubicada al sur de Santiago, un departamento pequeño que hasta principios de 2008 sirvió de albergue, asilo y santuario para peregrinos que acudían en busca de socorro, consuelo y consejo.

"Nuestra Señora es la luz que me alumbra en la oscuridad", explicó. "Cuando la duda me abate, la busco. Cuando la encuentro, entonces viene la calma y después de la calma aparece el sosiego del alma. La Señora es mi esperanza".

Loyola conoció a Romanov en los primeros días de julio de 1983, cuando se enteró de las apariciones por una breve nota aparecida en un periódico. "Publicaron una foto de Romanov en éxtasis y un párrafo decía que Peñablanca generó muchas dudas y casi ninguna respuesta, y que el Obispo estaba molesto. Entonces me quedé pensando. ¿Y si es verdad?, pregunté. Entonces alisté un bolso, tomé un poco de dinero, abordé un bus y viajé al cerro. Antes de llegar me entró la duda. ¿Y si es mentira?, volví a pensar. Si no hay nada, me regreso, dije. Pero no hubo necesidad de volver. Llevo como 20 años junto a la niña, un tiempo inolvidable.

—¿Qué sucedió después de la última visita de la Señora a Peñablanca, el 12 de junio de 1988? —pregunté.

—Averígüelo con Romanov —respondió Loyola.

—¿No lo sabe usted? —insistí.

—Yo sé lo que hice con mi vida, ella sabrá lo que hizo con la suya. ¿Por qué no habla con ella? —aconsejó.

Cuando volví a encontrarme con Romanov, en Santiago, reanudamos nuestra última conversación.

—Ya habrá tiempo para explicar qué ocurrió en los días posteriores al 12 de junio de 1988 —dijo.

—Existen pocos registros —comenté.

—Hubo pocos testigos —mencionó ella.

—¿Ocurrió algo más el 12 de junio de 1983, después de las 5:00 p.m.?

—No. Pero luego hablamos de eso. Ya habrá tiempo.

—¿Podemos seguir con nuestra conversación anterior?

—Para eso nos reunimos.

—En nuestra última plática dijiste que a partir del 12 de junio de 1983 se registró un cambio que notó muy poca gente. ¿Cuál fue ese cambio?

era cierto", agregó. No dijo cuáles.

—Un cambio de criterios y de intereses.

—¿Por qué de intereses?

—Por lo que dice Nuestra Señora.

—¿Y por qué de criterios?

—Por lo que quieren entender de las cosas que dice y pide Nuestra Señora.

—¿Eso impide esclarecer tu identidad?

—Sí.

—¿Alguien te está ayudando a esclarecer tu identidad? ¿Tienes abogado? ¿Una autoridad que respalde tu historia? ¿Un funcionario que revise tu partida de nacimiento en el Registro Civil e Identificación de Curicó y con esa información solicite a un juez enmendar o corregir el acta de nacimiento de Miguel Ángel Poblete?

—No.

—¿Nadie se preocupó por ti después del ciclo de visitas de la Señora a Peñablanca?

No respondió. La conversación se detuvo. Romanov se quedó viéndome y lució un ligero aire de tristeza. El diálogo continuó.

—Me mataron –protestó.

—¿Te mataron? ¿Quiénes te mataron?

—Los que me humillaron y me siguen humillando.

—¿Guardas rencor?

—No. Pero yo no cuento. Lo importante es el mensaje de Nuestra Señora. Eso debe ser un motivo de preocupación para todo el mundo.

—Dijiste que entre finales de 1987 y comienzos de 1988 algunas personas se enteraron de tu verdadera identidad sexual. ¿Quiénes son esas personas? ¿Cómo se enteraron? ¿Quién les dijo?

El silencio regresó. Me quedé viendo los detalles de la sala. La pobreza rondaba por todos lados.

—¿Eran personas cercanas a Peñablanca? –insistí.

—Sí.

—¿Cuál fue la reacción de esas personas cuando conocieron el secreto de tu sexualidad?

—Guardaron silencio y se marcharon. Después aparecieron un montón de historias falsas que pusieron en boca de Nuestra Señora. Ahora Ella no está en Peñablanca. Cuando se fue me echaron la culpa y dijeron que el castigo fue por haber revelado mi identidad. Todo eso es mentira. Nuestra Señora se fue porque no la quisieron en Peñablanca.

—¿Esas personas pertenecen a grupos influyentes dentro de la Iglesia? ¿Son gente cercana al gobierno?

—Sí. Bueno, no. Pero eso no es importante. De todas maneras muchos dejaron de creer en el mensaje.

—¿A qué grupos pertenecen? —volví a insistir.

—Eso no importa.

—¿La oficina del Obispo de Valparaíso es uno de ellos?

Nuevamente silencio.

—¿La Conferencia de Obispos Católicos de Chile?

Silencio.

—¿Tienes miedo?

—No.

—¿Tienes pruebas de que no eres hombre?

—Cuando estuve detenida, en 1984.

—¿Quién te detuvo?

—El servicio secreto de Pinochet.

—¿Por qué te detuvieron?

—No lo sé.

—¿Dónde estuviste detenida?

—En una cárcel de la CNI[102]. Ellos dijeron que la aparición era un asunto de comunistas. Durante los interrogatorios me amenazaron, dijeron que me iban a torturar.

—¿Lo hicieron?

—Siempre lo hacen.

—¿Te golpearon?

—Siempre lo hacen. También me pusieron pentotal. Les dije todo lo que querían saber, les expliqué que Nuestra Señora estaba en Peñablanca y que traía un mensaje para todo el mundo. Ellos no creyeron e insistieron en que todo se trataba de un espectáculo para desacreditar al gobierno. Cuando vieron que las respuestas que di eran las mismas una y otra vez, me obligaron entonces a escribirlas.

—¿Qué escribiste?

—Sólo aquello que Nuestra Señora me autorizó decir, lo necesario.

—¿Qué es lo necesario?

—Pregúntaselo a Ella.

—¿Te visitó la Señora durante los interrogatorios?

—Sí.

—¿Qué te dijo?

—Que soportara.

—Además de interrogarte, ¿qué más te hizo la CNI?

—Me pusieron corriente.

—¿Adónde?

—En mi vagina.

---

[102] El 10 de febrero de 2008, Romanov le dijo a *El Mercurio* que estuvo detenida en el Cuartel Vergara, que en ese lugar la torturaron y que un médico estaba presente para guiar a los agentes en el proceso de búsqueda de información.

—¿Se dieron cuenta que no eras hombre?

—Ellos buscaban su verdad.

—¿Qué sucedió después?

—Me soltaron.

Un testigo que vive a los pies del cerro contó que después de la confesión "a la niña la quisieron arrestar unos hombres armados vestidos de civil. ¿Y sabe qué dijeron de ella cuando vinieron al cerro? Que era una impostora, que había mentido, que era un agente encubierto de los rusos, un tramador de mentiras, un endemoniado, un embustero. Todo eso dijeron de la niña. ¿Y sabe usted qué fue lo peor? Que no tenían evidencias".

Y prosiguió: "La prensa hizo lo mismo. Los periódicos escribieron mentiras y escondieron los lapiceros. ¿Se da cuenta? Cuando los poderosos hacen eso con una niña es porque están escondiendo cosas feas, asuntos demasiado graves que nadie se atreve a divulgar, cuestiones vergonzosas. A Romanov la enjuiciaron como al peor de los criminales. ¿Y sabe otra cosa? Que Dios la bendiga, porque en todos estos años no ha levantado ni una sola vez la voz para insultar. ¿Sabe qué hace cuando le dan la oportunidad de hablar, cuando un medio la entrevista? Repite los mensajes de Nuestra Señora. Bendita sea su humildad y bendito el amor que tiene por la Madre de Cristo".

Karole Romanov. Fotografía tomada por Jacinto Painemil entre los años 1993 y 1995, cuando la entrevisté en Santiago y Villa Alemana sobre las apariciones de Nuestra Señora. La primera visita ocurrió el domingo 12 de junio de 1983. Romanov o Miguel Ángel Poblete murió en Villa Alemana la mañana del sábado 27 de septiembre de 2008.

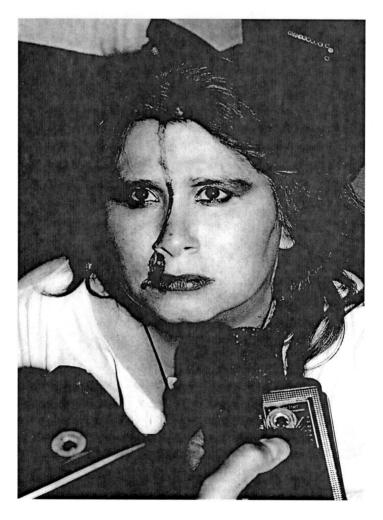

Fotografía tomada por Jacinto Painemil entre los años 1990 y 1991 en Santiago, Chile, durante un éxtasis en el que Romanov padeció estigmas. Un hilo de sangre que sale de su cabeza le corre por la frente, la nariz y el labio superior derecho. Varios testigos presentes durante la aparición grabaron un mensaje entregado por Nuestra Señora. No pude averiguar la fecha exacta del fenómeno para conocer el encargo o la profecía.

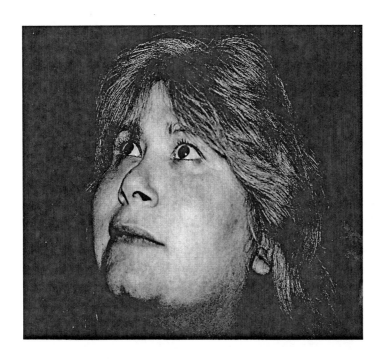

Romanov durante un éxtasis en casa de Georgina Morales, ubicada en el barrio Buzeta, comuna de Cerrillos, Santiago. Fotografía de Jacinto Painemil. La imagen tampoco fue fechada. La foto fue lograda entre los años 1993 y 1995.

Los estigmas de la Pasión de Nuestro Señor Jesucristo. Éxtasis registrado por Jacinto Painemil en 1994 en casa de Georgina Morales. Karole Romanov yace tendida en el piso. De su cabeza mana una gran cantidad de sangre que le cubre parte del rostro. El fenómeno de los estigmas duraba, algunas veces, entre 15 y 30 minutos.

Un cuadro del Señor de la Misericordia lloró lágrimas de sangre el 8 de enero de 2003, a las 20:30 horas, en Villa Alemana, región de Valparaíso, en la casa donde vivió Karole Romanov. El fenómeno se repitió al menos dos veces.

Lágrimas se sangre en el rostro del Señor de la Misericordia registradas en 10 de noviembre de 2002 en Santiago, Chile, por Jacinto Painemil. El fenómeno fue visto por decenas de personas durante varios días.

Un cuadro con la imagen de Nuestra Señora de Guadalupe llora lágrimas de sangre. Jacinto Painemil no recordó la fecha exacta en que tomó la imagen, pero aseguró que fue en Santiago.

La Hermana Angélica Miner sostiene en sus manos una Custodia en cuyo interior aparece una Hostia que sangró cuatro veces entre los días 8 y 29 de agosto de 2004. El suceso fue reportado por el diario La Estrella de Valparaíso en septiembre de ese año. La Oficina de Obispado de la Arquidiócesis de Valparaíso no investigó el fenómeno. Y si lo hizo, no se pronunció públicamente. Fotografía de Jacinto Painemil.

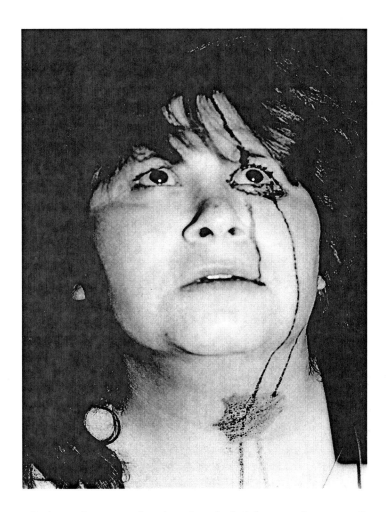

Estigmas durante un éxtasis registrado el 18 de marzo de 1995, en Santiago, Chile. Fenómenos similares fueron fotografiados y filmados durante el primer ciclo de la aparición en Peñablanca, entre los años 1983 y 1988. Fotografía de Jacinco Painemil.

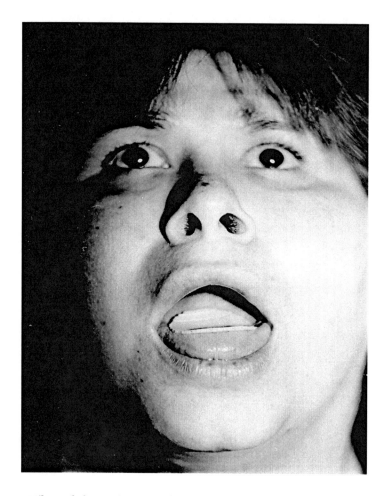

Milagro de la Hostia registrado en esta imagen por Jacinto Painemil el 6 de febrero de 1995, en Santiago, Chile. El 18 de julio de 1962 ocurrió un milagro similar en Garabandal, España, el que fue visto por decenas de testigos, entre ellos curiosos y turistas que viajaron desde Francia, según datos biográficos del suceso no reconocido por El Vaticano.

Capítulo veinte

TIEMPOS DIFÍCILES
"Quiero que todos se salven, los buenos y los malos".
Fragmento del mensaje registrado en
San Damiano, Italia, septiembre de 1961.

Por alguna razón después de la última visita de la Señora a Peñablanca el tiempo se volvió breve. "Los días, semanas, meses y años se escapan sin que una se dé cuenta", comentó Julia Cueto, una de las directoras de la fundación Apóstoles de los Últimos Tiempos. "Pero los insultos, las mentiras y la reiteración de falsos mensajes creó un panorama extraño, contradictorio". Explicó que el abatimiento que se sumió sobre quienes se mantuvieron junto a la Señora en los días posteriores al 12 de junio de 1988 "hizo tambalear nuestra fe, al punto que la duda causó estragos en el interior de nuestras cabezas. También recibimos toda clase de amenazas".

Pregunté quién los amenazó. "Aquellos que dejaron de creer cuando la niña confesó su sexualidad", respondió. E indicó que tal vez lo hicieron por vergüenza, quizás envidia. "¿Cómo puedo yo saberlo? Algunas veces he intentado preguntarle qué siente, pero no me atrevo. Ella no dice una sola palabra. Cuando le entra el miedo, llora; después del llanto se yergue, recobra fuerzas y repite, sin cesar, que nunca, por ningún motivo, perdamos la confianza en Nuestra Madre. Ni en la peor de las soledades".

Cueto conoció a Romanov en agosto de 1983, cuando le veían como Miguel Ángel Poblete. "Me enteré de la aparición en la radio", narró. "Escuché un programa que explicó detalles del fenómeno sobrenatural extraordinario y difundió algunos mensajes. Mi aceptación fue inmediata[103]. Recuerdo que el primer día que subí al cerro había miles de personas. Parecía una fiesta, pero una fiesta de fe".

Los datos de Cueto coinciden con notas de prensa publicadas entre septiembre y noviembre de ese año. "No se podía ignorar lo que ocurría", mencionó la directora. "Tampoco podían ocultar el milagro del sol[104]. ¿Se puede esconder semejante maravilla? ¿Cómo un país se olvidó de un hecho que cambió el curso de nuestra historia?", preguntó.

---

[103] Álvaro Barros me hizo un comentario similar a mediados de junio de 2009. Dijo que "cuando tuve los datos de Peñablanca (por los medios locales de prensa) me pareció que era evidente que eso era cierto".

[104] La primera danza del sol fue registrada el 29 de septiembre de 1983.

El milagro del sol es, quizás, el mayor portento de Peñablanca. "No hay palabras para explicarlo", señaló. "Ese día lloramos, nos avergonzamos, nos arrepentimos, supimos de nuestras debilidades, tuvimos miedo, nos armamos de un valor que no conocíamos, reímos, nos emocionamos, expresamos gratitud y se curaron muchos de nuestros padecimientos. Preguntamos cómo fue posible, qué hizo que el sol se saliera de su órbita y se precipitara sobre nuestras cabezas y la única respuesta que hallamos fue ¡Milagro, milagro de Dios!", añadió la testigo.

Pero no todos quienes vieron el portento ahora piensan como Cueto. Loyola, por ejemplo, guarda una prudente distancia con aquellos que dejaron de creer en la aparición después del 12 de junio de 1988. Mencionó que los odios fueron tan severos "que a quienes estábamos junto a la niña también nos amenazaron y dijeron que lanzarían nuestros cuerpos a los perros. ¿Se imagina? Fueron días de mucho espanto y dolor para todas nosotras".

—¿Quién las amenazó de muerte? —pregunté.

—Cualquiera que nos veía cerca del cerro —respondió—. Al primer contacto lanzaban el insulto y venía la sentencia.

—¿A qué iban al cerro? —volví a preguntar.

—Ese fue el primer Santuario de Nuestra Señora. Íbamos por respeto a Ella —dijo.

—¿Romanov fue al cerro después del 12 de junio de 1988? —pregunté por tercera vez.

—Sólo cuando Nuestra Señora se lo pide. Pero nunca más hubo aparición ahí. Peñablanca está castigada. Nuestra Señora la castigó por soberbia.

Cuatro años y 18 días después de la última visita a Peñablanca, el 30 de junio de 1992, la Señora visitó por enésima vez Santiago para dejar un nuevo mensaje, una advertencia, un recordatorio, un lamento, un llanto, un aviso[105]. Testigos de aquel día registraron el portento. "Ahora escucha bien, Chile, estás en grandes confusiones. No se me cree de los tiempos difíciles".

Estas palabras se quedaron dando vueltas en mi cabeza durante

---

[105] Tras el ciclo de Peñablanca, que finalizó el 12 de junio de 1988, las visitas de la Señora continuaron de la misma forma como las registró el padre Miguel Contardo, el doctor Alan Rojas, el arquitecto Álvaro Barros y cientos de miles de otros testigos. Romanov caía en éxtasis y los demás podían grabar o filmar el fenómeno, que algunas veces duraba un par de segundos y otras 30 minutos o más tiempo. Osvaldo González, un testigo que vivió en la comuna de Ñuñoa, Santiago, dejó un registro fílmico (VHS y otros formatos en video) que data desde 1990. El material es de una riqueza formidable para el estudio del fenómeno y las comparaciones con los datos recavados en los ochenta.

varias semanas. Busqué respuestas y hallé inquietud, la inquietud trajo duda, la duda intranquilizó mi alma y con el alma inquieta los pensamientos se tulleron. "¿Quién conoce respuestas?", pregunté una noche a un grupo de misioneros. Nadie respondió. "La Señora dijo que Chile no escucha bien", pensé luego. "Es un país habitado por sordos. Pero si no escucha bien, ¿por qué escucha mal? ¿Qué cosas le gusta escuchar? ¿Qué lo confunde? ¿Cuán confundido está? ¿Cuáles son sus confusiones? ¿Qué es una confusión? ¿Cuánto puede llegar a medir una confusión? ¿Por qué Chile rechazó a la Señora? ¿Dónde están los padres de Romanov? ¿Por qué confesó que era mujer cuando todos vieron que era hombre? ¿Le creían antes de la confesión? ¿Cuántos le creen ahora?"

"Pues bien, la Tierra despertará y muchos morirán", agregó la Señora aquel frío día de otoño.

Capítulo veintiuno

NADIE CONOCE EL NÚMERO

*"Vosotros pedís al Padre que perdone vuestras deudas,
todas vuestras faltas, todos vuestros pecados. Pero de
cierto os digo: ¿quién de vosotros perdona las deudas
del prójimo?"*
Fragmento del mensaje registrado en
Santiago, Chile, el 29 de junio de 1993.

No hay registro exacto de los mensajes que entregó la Señora
entre el 12 de junio de 1983 y el 12 de junio de 1988[106]. Tampoco de
las encomiendas entre el 12 de junio de 1988 y el 27 de septiembre
de 2008, cuando la vidente murió en una casa de Villa Alemana. Y
no encontré pruebas que me permitieran certificar cuántas visitas
hizo a Chile en esos veinticinco años y tres meses, una gracia que,
por cierto, ha sido casi olvidada. En una de las últimas conversaciones que sostuve con Romanov, a principios de julio de 2008, me
advirtió que las visitas y los mensajes eran "miles", y que seguía
"contando".

Testigos del primer y segundo ciclo de apariciones aseguraron
que en todos estos años la Señora visitó Chile todos los días, con
excepción de las veces en que Romanov estuvo de viaje en Neuquén
(Argentina), Santa Cruz (Bolivia), Fátima (Portugal), Lourdes y La
Salette (Francia), Roma (Italia), Nueva York (Estados Unidos), Medjugorje (Bosnia Herzegovina, ex Yugoslavia) y Madrid y Garabandal,
España[107]. A esto se agrega que en ambos ciclos hay registros de dos

---

[106] El sábado 12 de junio de 2004 *La Estrella* de Valparaíso publicó una entrevista con Iván Carrasco, autor de folletos y libros sobre el fenómeno. El escritor aseguró que se contaron 500 apariciones de la Señora durante el primer
ciclo (12 de junio de 1983 al 12 de junio de 1988) y que en ellas se registraron
milagros tales como la llegada del Cuerpo Místico de Jesús en forma de Hostia. "Se pudo ver un disco grande que se acercaba y se achicaba y tomaba las
dimensiones de una moneda grande, y todo ello fue captado por las máquinas
fotográficas. Llegaron hostias blancas, con la Cruz de Malta, con la figura de
Cristo con los brazos extendidos", detalló. Aseguró además que en una oportunidad en un copón guardado en el sagrario de la capilla construida en el
cerro aparecieron cerca de 700 Hostias, y que del milagro fue testigo el sacerdote jesuita Miguel Contardo.

[107] En julio de 1985 Miguel Ángel Poblete acompañado del sacerdote Miguel

o más visitas en un solo día y en cada una de ellas la Señora, es casi seguro, dejó un mensaje, un dato, una enseñanza, una advertencia, un consejo, una señal.

—Hemos contado dos, tres y hasta cinco visitas en una sola jornada —aseguró Cueto—. Y siempre dijo algo. Si no, entonces no hubiese venido.

Teniendo en cuenta este detalle, la cantidad total de mensajes, encargos, profecías o vaticinios en los 25 años y tres meses de fenómenos sobrenaturales extraordinarios sobrepasa cualquier cálculo, por más generoso que éste sea.

Álvaro Barros, por citar un ejemplo, detalló en uno de sus libros que el día jueves 8 de septiembre de 1983 la Señora visitó dos veces a los peregrinos reunidos en el cerro de Peñablanca. El primer éxtasis fue registrado justo al medio día y se grabó[108] el siguiente mensaje: "Cada vez que reces el Rosario acuérdate de la Pasión de Vuestro Señor. Rezad el Rosario, hijo mío, Yo soy Vuestra Señora del Socorro". La segunda visita de aquel día fue registrada en Quilpué (el 'Valle de las Tórtolas'), 10 kilómetros al suroeste de Peñablanca, en casa de María Teresa Comelin[109]. "El país va muy mal", dijo la

---

Contardo viajaron a Nueva York, Estados Unidos, "para desenmascarar la falsa aparición de Bay Side", publicó Álvaro Barros en su libro *'Mensajes de Peñablanca'*. A mediados de 1986 el vidente viajó a Europa donde visitó La Salette y Lourdes (Francia), Fátima (Portugal), Garabandal y El Pilar (España) y El Vaticano, viaje que, según Romanov, "lo pidió Nuestra Señora". En 1993 regresó a Europa en compañía de Georgina Morales y Angélica Miner, esta vez para traer a Chile, me confió, "reliquias" que ayudarán a los creyentes en el "tiempo de la hambruna". En cuanto a los viajes a Neuquén, Argentina, y Santa Cruz, Bolivia, obedecieron a un mandato de la Señora para construir en esos lugares un santuario de oración en su honor y un refugio para el "tiempo de las necesidades". Del viaje a Medjugorje, Romanov dijo que en ese lugar de la antigua Yugoslavia la Señora se estaba apareciendo desde 1981 y que, al igual que en Chile, estaba repitiendo los mismos mensajes y secretos que entregó en La Salette (1984), Lourdes (1858) y Fátima (1917), pero que tampoco nadie hacía caso de ellos.

[108] Iván Carrasco dijo a *La Estrella* de Valparaíso en junio de 2003, que había asistido unas 1,500 veces al cerro de las apariciones en Peñablanca y que había registrado 500 visitas. Álvaro Barros me dijo que cuando Poblete estaba en éxtasis, registraban con grabadoras portátiles lo que decía el vidente y luego lo transcribían. Aquellas transcripciones las identificaban como mensajes, registraban la fecha en que fueron grabadas, la hora y el lugar. De los éxtasis, es el grado o estado que alcanza el cuerpo de un vidente cuando ocurre una comunicación sobrenatural extraordinaria, como el caso de una aparición de la Santísima Virgen María. El éxtasis no es causa por voluntad propia, es una *gratia gratis data*.

[109] María Teresa Comelin le dio posada a Migue Ángel Poblete después de julio de 1983. En su casa se registraron visitas y mensajes de la Señora.

Señora en aquella oportunidad. "Vendrá la cólera de Dios. Rezad, hijos míos. Los quiero bastante (y) no quiero la perdición de nadie. Rezadle al Padre, al Hijo y al Espíritu Santo. Mi alma se entristece por el pecado del mundo. Cristo quiere soltarle la mano y Yo se la retengo. He dicho que de ustedes depende el mundo. El día tercero de la semana dije que iba a venir. Esperad el día. Gloria a Dios en las alturas. Rezad porque no...", concluyó el registro.

El doctor Alan Rojas y el padre Miguel Contardo registraron una doble visita 12 de junio de 1984, día en que, además, de produjeron estigmas en el cuerpo de Romanov. Aparecieron "heridas punzantes como causadas por invisibles espinas y mana sangre de ellas", detallaron ambos autores.

Durante el primer éxtasis, la Señora refirió: "Las (heridas) más grandes son del pastor a causa de su soberbia. Aún más, porque no quiere enfrentar la realidad... Por el orgullo y el placer se ha convertido en cloaca de impureza". Y agregó: "Sí, la venganza está sujeta sobre sus cabezas. Maldición porque ya no hay persona digna de ofrecer la Víctima Inmaculada al Eterno. Por causa de muchas cosas, por causa de él, están pasando muchas cosas. Nuevamente la Quinta Región será azotada por otro (temporal), ahora de lluvias, vientos, relámpagos y truenos. Habrá grandes (cantidades de) muertos, derrumbes, porque muchos se han salvado y no dan gracias a Dios[110]. No se acuerdan que hay un Padre. Desventurados los habitantes de Viña del Mar y Valparaíso. Dios está agotando su cólera y nadie podrá sustraerse a tantos males reunidos. Más si quieren que Dios perdone, tendrán que rezar mucho y hacer sacrificios y venir al Monte Carmelo (el cerro de las apariciones) a rezar al Padre Eterno con los brazos abiertos. Más todos deben decir: Gloria al Padre, al Hijo y al Espíritu Santo. Por muchos mensajes muchos se escandalizan. No ven su propia ropa. (Ven sus) joyas, (se ven) limpios por fuera, (pero están) podridos por dentro".

Contardo añadió que al final de la aparición la Señora pidió que un sacerdote leyera en voz alta un fragmento del Antiguo Testamento (Libro 1 Reyes, capítulo 3, versículo 2). El texto dice: "Mientras tanto el pueblo ofrecía sacrificios en los lugares altos; porque no estaba todavía edificado el Templo del Señor".

Horas más tarde, cerca de las 6 p.m., la Señora volvió a visitar Peñablanca. En esta segunda visita Rojas y Contardo registraron un

---

[110] Poco antes de aquella visita, la zona central de Chile fue golpeada por un temporal que la Señora anunció previamente. El fenómeno climatológico causó graves daños en la zona costera, donde se registraron muertos y damnificados. Después de la tragedia no hubo un gesto de gratitud por parte de la Iglesia por el aviso y la protección de la Señora para contener la furia de la naturaleza, dijo Romanov.

segundo mensaje, una advertencia para Chile y el mundo de que "si no obedecen, si no hacen sacrificios y penitencia, Dios va a agotar su cólera en toda la humanidad. El tiempo llega, el tiempo se hace corto", dijo.

Y prosiguió: "Sangre se verá por toda la faz de la Tierra; más, habrá un gran humo negro. Muchas personas morirán, otras quedarán vivas porque el hombre no quiere entender. Ha llegado al colmo su soberbia, más no quieren obedecer a los mensajes. Prepárense para la Tercera Guerra Mundial que está pronto a estallar. En Roma habrá grandes cambios. El Santo Padre será perseguido, luego muerto. Muchos sacerdotes van por el camino de la perdición. De cien se salva uno. En los conventos hay mucha revolución. Satanás está en medio de ella".

Cuatro meses más tarde, el martes 16 de octubre, se registraron otros dos éxtasis, uno a las 9 a.m. y otro a las 7 p.m., ambos en Peñablanca.

—Nuestra Señora no se marchó de Chile el 12 de junio de 1988 —afirmó Romanov en 1993—. Ella aclaró que Peñablanca fue castigada por la desobediencia y porque no respetaron los mensajes, pero nunca dijo que se iba de Chile. Se quedará hasta el día en que concluya su misión y hasta ese día seguirá viniendo a salvar almas que van camino a la perdición.

Luego de una pausa, agregó:

—Nadie conoce el número de mensajes. Ella es la única que tiene esa respuesta.

En otra ocasión explicó que un éxtasis puede durar un instante y que un instante puede ser un segundo, un minuto o una hora. "Para ti un instante puede ser una fracción de segundo, pero para Nuestra Señora un instante puede ser una fracción de eternidad. ¿Entiendes? Para Dios no existe el tiempo, el tiempo es sólo de aquí, de la Tierra. Y en un instante puede haber uno o más mensajes. Por eso es mejor no contar, sino cumplir. Ella dijo que vino a Chile a repetir sus enseñanzas, para que se cumplan".

—¿Y cuándo será la fecha en que se cumplan todos los mensajes de la Señora? –le pregunté.

—Pregúntale a Ella –respondió.

—¿Dónde están todos los mensajes?

—Ella los tiene.

—¿Por qué no existe un registro detallado? ¿Falta de planificación?

—No. Ella no dice que se escriban sus palabras; Ella pide que sus mensajes sean respetados y que se cumplan. Nuestra Señora demanda que escuchemos, pero con el corazón, y que obedezcamos y que pongamos todo el esfuerzo. Si todos ponemos todo nuestro esfuerzo, Ella prometió hacer el resto.

Capítulo veintidós

LA VERDADERA HISTORIA
"Para el Día del Juicio tendréis, como padres,
(que) rendir cuenta por vuestros hijos, uno por uno,
y luego por tus pecados".
Fragmento del mensaje registrado en
Santiago, Chile, el 16 de agosto de 1993.

Los mensajes de la aparición en Chile provienen de una sola fuente, la Señora, pero fueron transcritos por varios testigos[111]. Un primer grupo lo integran textos reproducidos por quienes estuvieron presentes durante el primer ciclo y recensiones diversas, la mayoría no revisadas por Romanov. Un segundo grupo corresponde a versiones del segundo ciclo[112], con registros individuales no revisados por Romanov y otros que sí fueron autenticados y que cuentan con su aprobación y garantía de que corresponden exactamente al mensaje entregado por la Señora.

"Hay textos de mensajes que Nuestra Señora nunca entregó", dijo Julia Cueto. "Después del 12 de junio de 1988 aparecieron relatos falsos, frases que la Madre nunca dijo, jamás salieron de su boca. Para evitar eso, la Señora pidió que una sola persona, con la supervisión de la niña, tuviera a cargo la grabación y transcripción de sus mensajes. Y cuando se difunde uno, lleva la firma, el sello de los Apóstoles de los Últimos Tiempos y la bendición de Nuestra Señora".

La delicada tarea de recopilación está a cargo de Irene Soto. "La unidad que dirige es pequeña y muy difícil", relató Cueto. "Cada palabra escrita en un documento quedará para la historia, pero escribir cada letra de esas palabras significa batallar todo el tiempo con el diablo".

Las batallas mencionadas por Cueto no incomodan a Soto. "Preocupa más la falta de recursos para tener un registro apropiado", dijo una tarde de 1996. "No tenemos mucho, pero de lo que disponemos por ahora es suficiente".

---

[111] Los más reconocidos son Alan Rojas, Álvaro Barros, Iván Carrasco y el padre Miguel Contardo. El sacerdote Edward O'Connors, teólogo e investigador de la University of Notre Dame, Indiana, escribe un libro que incluye los principales mensajes que la Señora entregó a Poblete durante el ciclo de Peñablanca, según me contó Barros.

[112] El Segundo ciclo arrancó el 12 de junio de 1988, después de Peñablanca.

Tras la muerte de Romanov el 27 de septiembre de 2008, Soto sigue dirigiendo el Departamento de Difusión de Mensajes de la Señora durante el segundo ciclo. En varias ocasiones ha lamentado que, debido a la falta de recursos (dinero principalmente) no contaron con un mejor equipo de grabación de audio, cámaras, computadoras y programas adecuados para registrar el mensaje, pero asegura que los archivos en su poder son testimonio fiel del mensaje de la Virgen María, la misma que entre el 12 de junio de 1983 y el 12 de junio de 1988 se apareció en Peñablanca, en el cerro *El membrillar*.

Una tarde de 1995 con Romanov hablamos del tema y de la escasa divulgación de los mensajes, sobre todo los que corresponden al segundo ciclo.

—¿La Señora conoce la carencia de materiales y de recursos para dar a conocer su mensaje? —pregunté.

—Sí. Nuestra Señora reiteró que la aparición en Chile es el acontecimiento más grande ocurrido en el mundo después del nacimiento de Su Hijo. Añadió que con el conocimiento entregado a partir del 12 de junio de 1983 bastaría para reescribir la historia de la humanidad y que no habrían bibliotecas suficientes para almacenar los libros que explicarán la verdadera historia de la salvación del hombre.

Semanas más tarde volvimos a conversar, en Santiago, un par de años antes del castigo al Santuario de Buzeta[113].

—¿Conoces el futuro? —la interrogué de improviso. La curiosidad rondó mi cabeza durante meses y no encontraba el momento adecuado para preguntárselo.

—Conozco lo que Nuestra Señora me mostró.

—¿Te ha confiado cosas que no has dicho?

—Sí.

—¿Qué cosas?

—Conocimientos.

—¿Cuáles conocimientos?

—Pregúntale a Ella.

Era la segunda vez que hablaba de la existencia de cierta clase de información reservada o privilegiada[114], secretos que la Señora

---

[113] Tras la última visita a Peñablanca, Romanov se trasladó a Santiago. Después de un tiempo en la residencia de Inés Loyola, la Señora encontró posada en casa de Georgina Morales, ubicada en el barrio de Buzeta. En ese lugar, entre 1990 y 1997, funcionó el Santuario de Nuestra Señora de los Pobres Pecadores. Tras la muerte de Morales el santuario regresó de manera temporal a casa de Loyola y posteriormente se estableció en Villa Alemana. Hoy en día está a cargo de la hermana Angélica Miner.

[114] Al igual que en La Salette, Lourdes y Fátima, en Chile la Señora concedió a los videntes conocimientos extraordinarios, unos en forma de secretos y otros

no quería que fuesen revelados todavía, conocimientos que estarían relacionados, probablemente con el futuro de la humanidad, datos que, al ser divulgados, tal vez sirvan para descifrar misterios ocultos en libros sagrados tales como la Biblia o bien posibles claves para conocer qué ocurrió en el principio, que ocurre en el presente y qué se registrará mañana a partir del futuro inmediato.

—¿Por qué te pide guardar secretos? —pregunté un día.

Su respuesta fue un largo silencio.

—¿Cuándo te entregó el primer secreto? —insistí—. ¿Cuántos secretos hay? ¿En qué consisten? ¿Cuánto tiempo permanecerán ocultos? ¿Tienen que ver con el mensaje del 12 de junio de 1986? ¿Mencionan el futuro del Papa? ¿Hablan de la guerra? ¿Cuántos morirán en el siguiente conflicto? ¿Se pueden evitar los castigos? Y si se pudieran detener, ¿qué ocurrirá con el secreto? ¿Para qué guardar misterios?

—Si permanezco en silencio el diablo no se entera —respondió—. Así me enseñó Nuestra Señora. Si mi boca no se abre, nada debo temer.

Otra vez insistí. Pregunté cuándo debían ser mostrados los secretos y a quién podía entregarlos. Romanov frunció el ceño, se quedó viéndome y dijo:

—Pregúntale a Dios.

Esta respuesta siempre me incomodó. ¿Cómo podía yo preguntarle algo a Dios si ni siquiera tengo la certeza que mi fe es lo suficiente como para dirigirle la palabra? Y si lo hago, ¿dónde? ¿Cómo? ¿Cuándo? Y si no vivo en estado de gracia, ¿puedo preguntarle? ¿Me responderá?

Una tarde del verano de 1995 estaba sentado al final de una de las últimas bancas del Santuario de Buzeta cuando Romanov llegó a mi lado y preguntó: "¿Qué te pasa?" Le respondí que trataba de resolver el dilema de hablarle a Dios y cómo.

—En cualquier parte —precisó—. Nuestra Señora me enseñó que el silencio es el mejor lugar para orar y hacerle preguntas.

—¿Te responde? —le insistí.

—Siempre. Aunque algunas veces hay que tener paciencia.

---

que debieron entregar en fechas señaladas por Ella. Estos conocimientos han permitido descifrar algunos de los grandes misterios guardados en el Antiguo y el Nuevo Testamento. Otros, como los entregados a Romanov y que ella compartió con algunos testigos, abren la puerta para el conocimiento de una parte del Plan de Salvación del Género Humano.

Capítulo veintitrés

TEOLOGÍA DE REVELACIÓN
"No puedo prometerle que la haré feliz en este
mundo, pero sí en el otro".
Fragmento del mensaje registrado en
Lourdes, Francia, febrero de 1858.

En el otoño de 1992, nueve años después de la primera visita, la Señora dispuso una modificación de la que pocos testigos se dieron cuenta en el comienzo, pero que resultó trascendental.

—Pidió reunir, aparte, a un grupo de sus apóstoles —explicó Romanov—. Primero llamé a diez y les dije que recibirían conocimientos. Creyeron que se trataba de una broma, pero cuando nos reunimos para explicarles de qué se trataba, se dieron cuenta que era en serio. También les dije que Nuestra Señora había dado la orden de abrir los libros del conocimiento[115], aquellos que van desde la Creación del Hombre hasta la Encarnación del Verbo.

Y agregó:

—Después se sumaron otros. A los conocimientos permitidos se les llama 'teología de revelación'. Son una parte de la sabiduría que Dios guardó para el tiempo que ahora estamos viviendo.

También explicó que las enseñanzas impartidas al grupo fueron similares a las que vio Moisés en el monte Oreb, cuando Dios le entregó las Tablas de la Ley, y que esos conocimientos le permitieron, años más tarde, escribir la Torah[116], donde el patriarca expuso cómo Dios escogió para sí el pueblo de Israel y lo formó —y purificó— para la venida de Jesucristo.

En otra conversación, celebrada también en Santiago, Romanov hizo hincapié en que las revelaciones autorizadas por la Señora explican lo ocurrido al principio de la creación del Cielo y de la Tierra.

"Como una fotografía del comienzo de nuestra historia", dijo. "Detalla la primera rebelión, la primera desobediencia, cuando la

---

[115] Los libros del conocimiento o libros del saber encierran una parte del espíritu de valor y de prudencia, el espíritu de conocimiento y respeto del Señor (Is11, 2). La sabiduría y el conocimiento conducen al hombre hacia la salvación (Is33,6). La gracia y la paz abundan por el conocimiento de Dios y de Jesús Nuestro Señor (2Pe1, 2).

[116] Palabra hebrea que significa Ley. Los libros de la Torah son: Génesis, Éxodo, Levítico, Números y Deuteronomio. Fueron escritos por Moisés.

Luz Bella del Señor no quiso seguir escuchando los preceptos, se dio la media vuelta y arrastró consigo a cientos de miles de ángeles y arcángeles que optaron hacerle la guerra a Dios".

"¿Sabes cuantos eran?", me preguntó. "¿Conoces el número de ángeles que desobedecieron en el Principio? Nuestra Señora me confió que Dios creó 40 arcángeles y que sólo siete permanecieron fieles. Los otros 33 siguieron los pasos del embustero. Así comenzó la vida", aseguró.

Una de las primeras favorecidas con el llamado fue Loyola. "Se nos comunicó, en privado, que debíamos ir a un curso que sería impartido en el Santuario Mayor de Buzeta", apuntó. "En tres días. Dijeron que nos presentáramos en tres días con un cuaderno y un lápiz. Cuando llegamos, temprano en la mañana, estaba Romanov esperándonos. Antes de comenzar rezamos e invocamos la presencia del Espíritu Santo. ¿Sabe? Es una de las cosas que siempre nos recuerda Nuestra Señora. Después habló Romanov. O mejor dicho, entró de lleno con las clases. Duraron todo el año, también el siguiente y el comienzo del tercero".

Loyola añadió que las primeras explicaciones eran difíciles de asimilar. "Había cosas que conocíamos desde niñas, como el Jardín del Edén, la vieja serpiente, la desobediencia, el enojo de Dios, la expulsión del Paraíso y cómo la Tierra comenzó a poblarse. Pero nuestro conocimiento era simple y no teníamos necesidad de frenarnos en cada paso para comenzar a cuestionarlo. ¿Alguna vez pensó usted si la serpiente que engañó a Eva en realidad podía hablar? Y si hablaba, ¿cómo lo hacía? Nos sentíamos extraños, pero dentro del grupo se despertó la necesidad de saber, el ansia de conocer la verdadera historia, el principio de la vida".

Recordó luego que en cada uno de los misterios tratados en las clases, Romanov se tomó "todo el tiempo del mundo" para detallar qué pasó, por qué ocurrió de esa manera, qué consecuencias hubo en el Principio y cómo debemos entender las escrituras. Pero siempre nos advirtió que el conocimiento para comprender los misterios no viene de la inteligencia humana, sino se trata de un don que Dios lo da a quien le plazca".

El primer misterio que abrió el entendimiento de Loyola fue el de Adán y de Eva. "Romanov enseñó que no eran seres solitarios, sino que eran pueblos. Y que Caín y Abel también fueron pueblos, uno agricultor y el otro ganadero. Que los caínes eran rencorosos al punto que celaron a los abeles, planearon su muerte y fueron contra ellos para arrebatarles la existencia. Pero no murieron, porque en aquel tiempo el hombre todavía era eterno. Si Abel hubiere muerto —dijo— no habría podido llamar a Dios para que acudiera en su auxilio e hiciera justicia".

Le pregunté si los conocimientos revelados se referían única y expresamente a ese misterio en particular, y respondió que no, que abarcaron diversos temas, pasajes contenidos tanto del Antiguo Testamento como del Nuevo Testamento, y que en muchos casos las explicaciones se hallaban en más de un relato.

—Las revelaciones van desde la Creación del mundo hasta la Encarnación del Verbo, la Segunda Persona de la Santísima Trinidad —recalcó.

Luego describió que las revelaciones son como pequeños soportes que despejan grandes misterios. "Usted no sabe lo que es una revelación, ¿verdad? Es cuando Dios dispone, gratis, mostrar la dirección correcta del camino correcto. Así de simple. Son palabras que abren el camino del entendimiento, que sacan a relucir el Plan de Salvación del Género Humano".

Guardé silencio.

—Vea otro conocimiento —indicó después de encender un cigarrillo—. Pero no le diga a Romanov que yo se lo dije, porque se enoja. No le gusta que una ande compartiendo. ¿Sabe de dónde vienen los monos? ¿Cree que venimos del chimpancé o del gorila? ¿Piensa que Dios creó una especie tan parecida al ser humano para confundir su obra?

—No lo sé —respondí.

—Son aberraciones —dijo Loyola—. Genética entre hombres y animales, abusos, pecados imperdonables. El hombre antiguo creó nuevas especies para hacerle la guerra a Dios. Pero no pudo. Estuvo cerca, muy cerca, hasta que Dios lo castigó en favor de salvaguardar su plan de salvación del género humano.

Capítulo veinticuatro

EL ÚLTIMO AVISO

"Vosotros mismos sois el milagro y la señal".
Fragmento del mensaje registrado en
Santiago, Chile, el 13 de agosto de 1993.

El tercer secreto de Fátima la Santísima Virgen María lo entregó el 13 de octubre de 1917 a la niña Lucía Dos Santos en el distrito de Santarém, centro de Portugal[117]. Le indicó que lo escribiera y se lo llevara al Obispo, para que éste luego lo hiciera llegar a El Vaticano y lo leyera el Papa, y que el Sumo Pontífice, una vez leído, lo diera a conocer al mundo entero. Pero no lo hizo.

—¿Lo conoces? —preguntó Romanov.

—No —respondí.

—Todos creen que se refiere a la destrucción del mundo, los días anunciados en el Apocalipsis de San Juan —agregó.

—Eso es lo que se dice —apunté.

—Nuestra Señora lo repitió en Peñablanca —respondió enseguida.

Según Lucía Dos Santos, cuando la Señora le entregó el tercer secreto "una pequeña nube grisácea flotó sobre la encina, el sol se oscureció, una brisa fresca sopló sobre la tierra a pesar de ser el auge del verano".

El padre de Jacinta y Francisco, Marto, tío de Lucía, aseguró que también oyó un susurro parecido al de las moscas en un cántaro vacío.

Los niños contaron que vieron el reflejo de la luz —que ya habían contemplado desde el año anterior y que antecedió a las visitas del 13 de mayo y 13 de junio de ese año— y enseguida a la Señora sobre la encina, con los pies descalzos.

---

[117] La Señora se apareció en seis ocasiones, del 13 de mayo al 13 de octubre de 1917. Le dijo a Lucía y a dos de sus primos, Jacinta y Francisco, que era la Señora del Rosario, les hizo la promesa de llevárselos al Cielo y más de 80,000 testigos vieron la danza del sol, fenómeno sobrenatural extraordinario que se repitió en Peñablanca por primera vez el 29 de septiembre de 1983. El 13 de mayo de 1981 el Papa Juan Pablo II fue herido de bala en la Plaza de San Pedro. Semanas más tarde, el Pontífice dijo que había salvado de morir por la intersección de la Santísima Virgen del Rosario. En octubre de ese año, el papa polaco viajó al Santuario de Fátima para agradecerle a Nuestra Señora el que le haya protegido la vida.

—Vuestra Merced, ¿qué desea de mí? —preguntó Lucía.

—Quiero que volváis el 13 del mes que viene y que continuéis rezando el Rosario, todos los días, en honra de Nuestra Señora del Rosario, para obtener la paz en el mundo y el fin de la guerra, porque sólo Ella les podrá socorrer —respondió.

—Quería pedirle que nos dijera quién es y que hiciera un milagro con el que todos crean que Vuestra Merced se nos aparece —agregó Lucía.

—Continúen viniendo aquí todos los meses. En octubre diré quién soy y lo que quiero, y haré un milagro que todos han de ver, para que crean —indicó la Señora.

Lucía le entregó entonces a la Señora todos los pedidos de conversiones que le había dado el pueblo, sanaciones y otras gracias. Ella los tomó y le instruyó que dijera a la gente que había pedido que pusieran siempre primero la práctica del Rosario, consejo que indicaba el modo por el cual muchos, si no todos, alcanzarían las gracias durante el año.

—Sacrificaos por los pecadores y decid muchas veces, sobre todo cuando hagáis algún sacrificio, '¡Oh Jesús!, es por Vuestro amor, por la conversión de los pecadores y en reparación por los pecados cometidos contra el Inmaculado Corazón de María' —agregó la Señora.

Dos Santos detalló en sus memorias que, al decir estas últimas palabras, la Señora abrió de nuevo las manos, como en las dos visitas anteriores. "El reflejo (de luz que de ellas irradiaba) pareció penetrar la tierra y vimos como un gran mar de fuego, y sumergidos en ese fuego a los demonios y a las almas como si fuesen brasas transparentes y negras o bronceadas, con forma humana, que flotaban en el incendio llevados por las llamas que de ellas mismas salían juntamente con nubes de humo, cayendo hacia todos los lados, sin peso ni equilibrio, entre gritos y gemidos de dolor y desesperación que horrorizaban y hacían estremecer de pavor. Los demonios se distinguían por formas horribles y asquerosas de animales espantosos y desconocidos, pero transparentes como negros carbones en braza".

Romanov explicó que esta visión correspondió al primer secreto. En cuanto al segundo, Lucía relató en uno de sus diarios que, "asustados, pues, y como pidiendo socorro, levantamos los ojos hacia Nuestra Señora, quien dijo con bondad y tristeza: 'Visteis el infierno, adonde van las almas de los pobres pecadores. Para salvarlas, Dios quiere establecer en el mundo la Devoción a mi Inmaculado Corazón. Si hacen lo que Yo os diga, se salvarán muchas almas y tendrán paz'".

"La (Primera) Guerra (Mundial) va a acabar", prometió, "pero si no dejan de ofender a Dios, en el reinado de Pío XI comenzará otra peor. Cuando veáis una noche iluminada por una luz desconocida, sabed que es la gran señal que Dios os da de que va a castigar al mundo por sus crímenes, por medio de la guerra, del hambre y de persecuciones a la Iglesia y al Santo Padre. Para impedirlo, vendré a pedir la Consagración de Rusia a mi Inmaculado Corazón y la Comunión Reparadora en los Primeros Sábados. Si atienden mis pedidos, Rusia se convertirá y tendrán paz; si no, esparcirá sus errores por el mundo, promoviendo guerras y persecuciones a la Iglesia; los buenos serán martirizados, el Santo Padre tendrá mucho que sufrir, varias naciones serán aniquiladas; por fin, mi Inmaculado Corazón triunfará. El Santo Padre me consagrará Rusia, que se convertirá, y será concedido al mundo algún tiempo de paz".

Y continuó: "En Portugal se conservará siempre el dogma de la Fe. Pero esto no se lo digáis a nadie. A Francisco podéis decírselo".

Tras una pausa, la Señora pidió: "Cuando recéis el Rosario, decid después de cada misterio 'iOh! Jesús mío, perdónanos, líbranos del fuego del infierno, lleva a todas las almas al Cielo, principalmente a las que más lo necesiten'".

Dicho esto, la señora comenzó a elevarse en dirección al Este, desapareciendo en la inmensa lejanía del firmamento.

Según el relato de Dos Santos, antes de marcharse la Señora le entregó un tercer secreto que guardó hasta el 9 de enero de 1944, fecha en que lo entregó en forma de carta al Obispo Titular de Gurza, monseñor Manuel María Ferreira da Silva, advirtiéndole que el mensaje no debía hacerse público antes del año 1960. Monseñor Ferreira, a su vez, entregó la carta a monseñor Joao Pereira Venancio, Obispo Auxiliar de Leiría, y éste luego lo remitió a la Nunciatura Apostólica de Lisboa. El Nuncio, cardenal Fernando Canto, lo llevó entre octubre de 1957 y febrero de 1959 a Roma, donde fue leído por primera vez por el Papa Juan XXIII y por el cardenal Alfredo Ottaviani, en aquella época Prefecto de la Sagrada Congregación para la Doctrina de la Fe, ex Santo Oficio[118].

---

[118] El primer Papa en reconocer públicamente la existencia del tercer secreto de Fátima fue Juan Pablo II. En una carta dirigida a Sor Lucía Dos Santos, fechada el 19 de abril de 2000, el Sumo Pontífice le dijo: "Reverenda Sor María Lucía, Convento de Coimbra. En el júbilo de las fiestas pascuales, le presentó el augurio de Cristo Resucitado a sus discípulos: 'iLa paz esté contigo!' Tendré el gusto de poder encontrarme con Usted en el tan esperado día de la beatificación de Francisco y Jacinta que, si Dios quiere, beatificaré el próximo 13 de mayo. Sin embargo, teniendo en cuenta que ese día no habrá tiempo para un coloquio, sino sólo para un breve saludo, he encargado ex profeso a Su Excelencia Monseñor Tarcisio Bertone, Secretario de la Congregación para la Doctrina de la Fe, que vaya a hablar con Usted. Se trata de la Congregación que

Tras la lectura, el Tercer Secreto de Fátima fue enviado a los Archivos Secretos de la Santa Sede, contrario a lo que había pedido la Señora en 1917.

—Los cardenales y el Papa desobedecieron, como en Peñablanca —me dijo Romanov—. Por eso Nuestra Señora volvió a aparecerse, para decirlo otra vez, para salvar almas, para aplastarle la cabeza a la serpiente.

En otra ocasión aludió que el tercer secreto de Fátima es como una llave que abre el conocimiento, y que la decisión de guardarlo en los Archivos Secretos de El Vaticano fue un acto de tibieza que facilitó la pérdida de muchas almas que ya iban por el camino equivocado.

El tercer secreto dice así:

"Habéis visto el infierno, donde van a terminar las almas de los pobres pecadores. Para salvaros, El Salvador quiere instituir en el mundo la devoción de Mi Corazón Inmaculado. Si se hace lo que Yo os diré, muchas almas se salvarán y se tendrá un tiempo de paz."

"La guerra va hacia el fin. Pero si no cesan de ofender al Señor, bajo el reinado de Pío XI comenzará otra peor. Cuando veáis una noche iluminada por una luz desconocida, sabed que es la Gran Señal que Dios os da que está próximo el castigo de los crímenes del mundo: por la guerra, el hambre y las persecuciones contra la Iglesia y contra el Santo Padre. Para impedir eso, vendré a pedir la Consagración de Rusia a mi Corazón Inmaculado y la Comunión Reparadora de los primeros sábados. Si se escuchan mis peticiones, Rusia se convertirá y se tendrá la paz; si no, ella propagará sus errores por el mundo provocando guerras y persecuciones contra la Iglesia."

"Muchos buenos serán martirizados. El Santo Padre tendrá mucho que sufrir. Algunas naciones serán aniquiladas. En Portugal se conservará el dogma de la Fe. Rusia avanzará sobre los países

---

colabora más estrechamente con el Papa para la defensa de la fe católica y que ha conservado desde 1957, como Usted sabe, su carta manuscrita que contiene la tercera parte del secreto revelado el 13 de julio de 1917 en la Cueva de Iria, Fátima. Monseñor Bertone, acompañado del Obispo de Leiria, su Excelencia Monseñor Serafim de Sousa Ferreira e Silva, va en mi nombre para hacerle algunas preguntas sobre la interpretación de la "tercera parte del secreto". Reverenda Sor Lucía, puede hablar abierta y sinceramente a Monseñor Bertone, que me referirá sus respuestas directamente a mí. Ruego ardientemente a la Madre del Resucitado por Usted, por la Comunidad de Coimbra y por toda la Iglesia. María, Madre de la humanidad peregrina, nos mantenga siempre estrechamente unidos a Jesús, su amado Hijo y Hermano nuestro, Señor de la vida y de la gloria. Con una especial Bendición Apostólica. Juan Pablo II". Se desconoce qué habló Sor Lucía con Bertone y si ella le confió al enviado del Santo Padre las interpretaciones del secreto.

que apostataron de la fe católica y los arrasará."

"La Iglesia romana tiene que padecer horrores. Habrá muchos cardenales, obispos, sacerdotes enemigos del Santo Padre; harán lo contrario a sus órdenes. La Iglesia de los Apostatas tomará mucha fuerza. Los ministros de mi Hijo no creerán en lo que le dirán al pueblo. Ellos no creerán en lo que le dirán al pueblo. Ellos no creen si son verdaderamente ciertos los Evangelios."

"Y tú, Roma, no has escuchado la trompeta de los ángeles el Altísimo y serás destruida por tus crímenes y pecados. Satanás avanza ahora por la misma Iglesia. El Vaticano es la presa más codiciada del maligno. Los sacerdotes son culpables de todo esto. Yo estoy presente con mi mediación, como Reina del Mundo y Madre de la Iglesia Verdadera en este mundo lleno de corrupción y maldad que traspasa mi Corazón Inmaculado."

"Grandes tempestades e inundaciones y temblores azotarán la tierra. Habrá modas que ofenderán mucho al Señor. No se respetará la Casa de Dios; más aún, no se asistirá con devoción a la Santa Misa y se irá a la Iglesia mal vestido. El cáliz está colmado. Pero Dios todavía tiene paciencia para salvar a muchas almas y no hacer sufrir a muchos inocentes. Si el mundo no cambia, mandaré un aviso: pediré la Consagración a todas las Naciones del mundo."

"El Santo Padre cometerá muchos errores por causa de los obispos y de cardenales (Romanov advierte que esto no se refiere a un Papa determinado, sino a cualquiera que haya tenido ese cargo a partir de 1917).*"*

"El Cielo hace un llamado urgente a los Apóstoles de los Últimos Tiempos. Lo pedí a Melania, en La Salette (aparición registrada el 19 de septiembre de 1846, en Francia, cerca de la frontera con Suiza).

"Las doctrinas falsas abundarán. El cambio en la Iglesia será el motivo de perdición. Ella (la Iglesia) no deberá tener modas. Que siga la tradición y el Evangelio de Nuestro Señor. Europa estará invadida por el horror y el espanto. América estará confundida, pero vuestro Señor vendrá en su ayuda, no dejará sola a su Iglesia. El mundo se vuelve en corrupción y escándalos. Muchas naciones serán asoladas por el hambre y las pestes."

"Rusia y China serán los causantes de horribles daños a la naturaleza. Horrorosos terremotos asolarán la tierra dejando desolación, pestes y hambre. Los climas cambiarán por causa de los hombres. Muchos morirán."

"Un arma poderosa se encontrará en Europa, la cual hará destrozos en grandes ciudades. Estados Unidos y Rusia sólo esta-

rán llamando la atención en aquel tiempo. Los grandes imperios querrán gobernar la Tierra y una lucha sin piedad vendrá sobre la humanidad. Las pestes sobrevendrán antes del término del Siglo XX. El cambio atmosférico se verá en muchas naciones, y regiones serán invadidas por la sequía y otras por las aguas."

"China comenzará una batalla decisiva. El Señor quiere que Estados Unidos se consagre junto a Francia. Inglaterra y Rusia en especial. Si mis hijos no se someten a los designios del Padre, me veré forzada a soltar el brazo de mi Hijo."

"La Iglesia verdadera estará en llanto, pues su Rey ya no está con ella. Huirá a la nueva tierra por 486 días, y en ese momento el Trono de San Pedro lo ocupará un espíritu inicuo que sólo tendrá odio, engaño y someterá a la Tierra a que lo adore como el mejor de los Pontífices que haya habido en la humanidad."

"Aquí vendrán Elías y Enoc a decir los graves errores de la humanidad. Pero sólo encontrarán la muerte en la plaza de los Santos. Dios, Nuestro Señor, hará hablar a estos santos hombres y la humanidad se dará cuenta que Dios no se ha olvidado de ellos, más bien hombres dejarán el camino."

"Que los gobernantes del país del norte cuiden a sus habitantes. La mano de Dios es fuerte y justa a la vez. Que el Santo Padre tenga mucho cuidado con la fe Católica y las nuevas doctrinas, que los sacerdotes infieles acechan sin pensar en la justicia de nuestro Señor."

"Hago un llamado, que recéis el Rosario por los pobres pecadores para la pronta consagración de Rusia y su conversión. Pero finalmente mi Corazón Inmaculado triunfará. El Santo Padre me consagrará a Rusia que se convertirá y será dado al mundo un período de paz."

"Esto no se lo digáis a nadie. Cuando recéis el rosario, al final de cada decena, decid: ¡Oh Jesús mío! Perdona nuestras culpas, presérvanos del fuego del infierno, atrae a todas las almas al cielo especialmente a las más necesitadas".

Capítulo veinticinco

EL MILAGRO DE FÁTIMA

"Estoy llamando desde 1846 a mis hijos, a los verdaderos misioneros, a los verdaderos Hijos de la Luz".
Fragmento del mensaje registrado en Santiago, Chile, el 13 de septiembre de 1993.

La mañana del 13 de octubre de 1917 unas 80,000 personas se congregaron en la Cova da Iría, Fátima, para asistir a la sexta visita de la Señora a Portugal. El día era frío y lluvioso, los senderos para llegar al lugar eran rústicos, huellas, veredas angostas por donde transitaban pastores y campesinos acostumbrados a la soledad y el silencio del campo.

Un relato publicado en la página digital de *Aciprensa.com*, narra que durante la noche del 12 al 13 de octubre había llovido, empapando el suelo y a los miles de peregrinos que viajaron a Fátima de todas partes. "A pie, por carro y carrozas venían, entrando a la zona de Cova por el camino de Fátima—Leiria, que hoy en día todavía pasa frente a la gran plaza de la Basílica. De ahí bajaban hacia el lugar de las apariciones".

A eso de las 11:00 a.m. arreció el aguacero y poco antes del mediodía la brisa complicó el panorama. Algunos presagiaron que la tormenta empeoraría, otros lamentaron haberse expuesto a contraer enfermedades. Uno de esos testigos fue el periodista Avelino Almeida, del periódico *O Século*, quien escribió la siguiente crónica.

"MILES SON TESTIGOS DE EXTRAÑO FENÓMENO. COVA DA IRIA, Fátima, 15 de octubre de 1917—Desde lo alto de la carretera, donde se aglomeraron los carruajes y se mantuvieron muchos cientos de personas sin valor para meterse tierra adentro, se vio a toda la inmensa multitud volverse al sol, que se presenta en el cenit libre de nubes."

"El astro parece una placa de plata opaca y es posible fijarse en su disco sin el menor esfuerzo. No quema, no ciega. Se diría que se estaba realizando un eclipse. Más he aquí que se levanta un alarido colosal, y a los espectadores que se encuentran más cerca se oye gritar: ¡Milagro, milagro! ¡Prodigio, prodigio!"

"A los ojos deslumbrados de aquel pueblo, cuya actitud nos

transporta a los tiempos bíblicos e que, pálido de asombro, con la cabeza descubierta mira cara a cara al cielo, el sol se agita y tiene movimientos bruscos nunca vistos, fuera de todas las leyes cósmicas; el sol baila según la típica expresión de aquella sencilla gente."

"Encaramado en el estribo del auto ómnibus de Torres Novas, un anciano, cuya estatura y fisonomía a un tiempo dulce y enérgica, recordaban las de Paul Deroulade, reza, vuelto al sol, con la voz clamorosa el Credo."

"Pregunto quién es y me dicen que es el señor Juan María Amado de Melo Ramalho de Cunha Vasconcelos. Le veo después dirigirse a los que le rodean y que se mantenían con la cabeza cubierta, suplicándoles con todo encarecimiento que se descubran ante tan extraordinaria manifestación de la existencia de Dios."

"Escenas idénticas se repiten donde nosotros nos encontramos, y una señora clama, bañada en llanto y sofocada: ¡Qué lástima! ¡Aún hay hombres que no se descubren ante tan estupendo milagro!"

"Y seguidamente se preguntan unos a otros si vieron y lo que vieron."

"El número mayor confiesa que vio agitarse y bailar el sol: otros declaran haber visto el rostro risueño de la propia Virgen, juran que el sol giró sobre sí mismo como una rueda de fuegos artificiales, que bajó hasta casi quemar la Tierra con sus rayos."

"Hay quien dice que lo vio cambiar sucesivamente de colores".

El sitio www.fatima.org explica que al terminar la conversación de la niña Lucía con la Señora, "en el momento en que la Santísima Virgen se elevaba y Lucía gritaba "¡Miren el sol!", las nubes se entreabrieron, dejando ver el sol como un inmenso disco de plata. Brillaba con una intensidad jamás vista, pero no cegaba. Esto duró apenas un instante. La inmensa bola de fuego comenzó a "bailar".

Agrega que "cual gigantesca rueda de fuego, el sol giraba rápidamente[119]. Paró por cierto tiempo, pero enseguida volvió a girar

---

[119] El 13 de octubre de 1917, pasado el mediodía, en Fátima ocurrió un milagro similar al registrado en Peñablanca el 29 de septiembre de 1983. Un relato del doctor José María de Almeida Garret, profesor de la Facultad de Ciencias de Coimbra, Portugal, (publicado por www.fatima.org) precisó que aquel día "el disco del sol no permaneció inmóvil, se mantuvo en un movimiento vertiginoso, [pero] no como el titilar de una estrella con todo su brillo, pues el disco giraba alrededor de sí mismo en un furioso remolino". Agregó que "durante el fenómeno solar (...) ocurrieron también cambios de color en la atmósfera. Al mirar al sol, noté que todo se estaba oscureciendo. Primero miré los objetos más cercanos y después extendí mi vista hacia el horizonte. Vi que todo había

vertiginosamente sobre sí mismo. Después sus bordes se volvieron escarlata y se deslizó en el cielo como un remolino, esparciendo llamas rojas. Esa luz se reflejaba en el suelo, en los árboles, en los arbustos, en los propios rostros de las personas y en las ropas, tomando tonalidades brillantes y diferentes colores. Animado tres veces por un movimiento loco, el globo de fuego pareció temblar, sacudirse y precipitarse en zigzag sobre la multitud aterrorizada".

Añade que el fenómeno sobrenatural extraordinario "duró todo esto unos diez minutos. Finalmente, el sol volvió en zigzag hasta el punto desde donde se había precipitado, quedando de nuevo tranquilo y brillante, con el mismo fulgor de todos los días".

Concluye que después de este milagro el ciclo de las apariciones terminó, y que muchas personas notaron que sus ropas, empapadas por la lluvia, se habían secado súbitamente. "El milagro del sol fue observado también por numerosos testigos situados fuera del lugar de las apariciones, hasta una distancia de 40 kilómetros", apunta.

El 13 de octubre nadie se enfermó, nadie regresó con las manos vacías, ninguno de los 80,000 testigos en la Cova volvió triste a casa aquel domingo.

—Es cierto —dijo Romanov—. Y lo mismo ocurrió en Peñablanca, con la diferencia que en Chile hubo más testigos, como 350,000 la primera vez, sin contar los que estaban a unos 20 o 30 kilómetros a la redonda.

Cueto, Loyola y Cantuarias coincidieron en que los milagros fueron "inexplicables" y que faltan palabras para describir "detalles".

—La última vez fue el 12 de junio de 1988 —contó Cantuarias—. Se movió de un lado para otro —narró, agitando su brazo derecho en alto—. Después vino el mensaje.

—¿Qué mensaje? —pregunté.

El testigo se negó a responder. Lanzó una sonrisa, encendió un cigarrillo y se marchó sin despedirse. Al día siguiente me contó que después del milagro la Señora dejó una encomienda triste.

"Donde se torne la mirada", previno la Señora de los pies descalzos, "habrá sufrimiento. ¡Cuántas cosas he dicho que habéis callado!

---

adquirido un color amatista. Los objetos a mi alrededor, el cielo y la atmósfera, eran del mismo color. Todo había cambiado, tanto lo cercano como lo lejano, adquiriendo el color amarillento del damasco viejo. Parecía como si la gente padeciera de ictericia y recuerdo haber tenido una sensación de diversión al ver lo fea y nada atractiva que se veía la gente. Mi propia mano era del mismo color". Y añadió: "Entonces, súbitamente, escuché un clamor, un grito de angustia de la gente. Fue como si el sol, en su girar enloquecido, se hubiera desprendido del firmamento y, rojo como la sangre, avanzara amenazadoramente sobre la Tierra como si fuera a aplastarnos con su peso enorme y ardiente. La sensación durante esos momentos fue terrible".

El Santo Padre deberá sufrir mucho por la consecuencia de muchos de vosotros. El mundo no quiere entender. Si no hacéis lo que os digo la paz no vendrá". Y agregó: "Chile, ¿qué estás haciendo? ¿No queréis comprender lo que ha dicho tu Madre? Mirad que ahora viene un gobernante nuevo para vosotros. Al comienzo todos estarán felices, pero luego ellos no comprenderán y harán la mano de hierro a este país. Pues, los que rían, esa risa se pondrá en llanto, y los que lloraban ese llanto se hará risa".

Luego añadió: "Quizás no comprendas nunca, pero esto te digo: Chile, tienes que decidir tu futuro, y tiene que suceder como va a suceder todo. Si no fuese así, ¿cuánta muerte habría? ¿Cuántas iniquidades y cuántas cosas habría? Quizás para no contarlas. Habría muchas iniquidades que no se sabrían, quizás porque todo se oculta. Pero ante los ojos de Dios nada se ocultará".

"En esta Tierra que todos decís que se oculta bajo tierra o en un fondo oscuro, ante los ojos de Dios son como vosotros sois. Dios ha querido establecer en esta Tierra la Devoción al Corazón Inmaculado de la Encarnación del Hijo de Dios. Y si no fuera por esto. ¡Ay de ti Tierra! cuántas cosas pasarían".

Tras lo cual advirtió: "Va a haber un momento en que muchos querrán tener un poder sobre esta Tierra y por el afán de destrucción y de ser líderes no pensarán en el pueblo, sino en ellos mismos. Por eso os vuelvo a deciros, que lo que tiene que suceder tiene que pasar. Es para evitar muertes y masacres de inocentes y culpables".

"Este Presidente", dijo refiriéndose a Pinochet, "está amenazado de muerte junto con toda su familia. Si salía un 'sí', esa muerte y esa masacre iba(n) a suceder. Pero si salía el 'no' también está en proyecto esa masacre, pero más baja la cólera del hombre, quizás con el afán de destruir y no mirar cristianamente, y no mirar que son hijos de Dios"[120].

"Vosotros mismos diréis en este momento, ¿qué nos prepara Dios? Pues Dios os prepara un camino de salvación y lo ilumina con la Estrella de la Mañana. Pero vosotros no queréis verla. Lo único que hacéis es destruirla y más ofendéis a Mi Dios. Más no queréis aceptar las cosas divinas; más no queréis llevaros y dejaros conducir

[120] El 7 de septiembre de 1986 Pinochet fue víctima de un ataque armado en la Cuesta Achupallas, camino al Cajón del Maipo, 40 kilómetros de Santiago. Murieron cinco guardaespaldas. El general y su nieto, Rodrigo, de 10 años, sobrevivieron ilesos. Días antes del fracasado magnicidio la Señora advirtió el atentado y prometió que protegería al militar y presidente de Chile con su manto. Después del ataque, Pinochet dijo que había sido protegido por Nuestra Señora del Socorro, testimonio que todavía en 1996 era narrado por testigos de la aparición de Peñablanca.

por este sendero".

Tras una breve pausa, continuó: "Os digo, hijos míos, que comprendáis y meditéis bien estas palabras. El mundo está sufriendo. Muchos quieren ser líderes, pero como vosotros no queréis ver más allá, tendréis un castigo. No porque haya preferido el cielo dejar a este hombre que en este momento es vuestro Presidente, sino porque se ha advertido y lo has dicho también aquí, en Peñablanca: militantes y militares tenéis la culpa. Solamente miráis el poder y no miráis al pobre, y no miráis al que sufre, y no miráis las cosas de Dios. Por eso he pedido estas consagraciones a Chile y a los (siguientes) países: Estados Unidos, Canadá, México, Panamá, Honduras, El Salvador, Nicaragua, Costa Rica, Puerto Rico, y todos aquellos que vosotros habéis consagrado tan dignamente, y el Cielo se alegra porque estáis aprendiendo los valores humanos y espirituales".

Antes de concluir, la Señora explicó: "Quiero dejaros este mensaje para que no olvidéis qué cosa fue. Quien estuvo aquí fue vuestra Madre, la Llena de Gracia. Y os doy gracias por haberme aceptado en esta Tierra y este santuario será Áncora de Salvación para muchos. Y quien pidiere con fe aquí, suplicando y arrepentido, tendrá mi auxilio, no por las cosas que haga, sino por la poquita o mucha fe. Quizás nunca vais a comprender esto, pero a ti, hijo mío, te lo digo y te lo suplico nuevamente: ¡Ayúdame a salvar! Pero con fe, amor y humildad".

Respecto al futuro de la Iglesia, dijo: "El Santo Padre tiene que pasar grandes pruebas y la Iglesia también tiene que ser sujeta a éstas. Pero la Iglesia se está cada vez más... ¡está corrompida! Muchos sacerdotes ya no creen en la Eucaristía, muchos sacerdotes sólo piensan en las modas, muchas personas creen que lo demás, de usar velo, de rezar el Rosario, de hincarse de rodillas ante Mi Hijo es cosa pasada. Pero os digo que la Iglesia no debe tener modas. Que siga siendo la misma y que cuide sus tradiciones, porque de ellas se basa: en el Evangelio y la tradición de la Iglesia".

Y clamó a todos los presentes: "Ayudad a la Iglesia que está agonizante. Ayudad también a todos, a todos aquellos que no pueden alzar su mirada por los pecados. Dales esperanzas en tu Iglesia y en la fe. Hazlo ver que, aunque muchos sacerdotes llevan muchas almas a la perdición, existe el amor que Dios os da. Y no miréis por aquellas personas que son infieles y juzguéis a la Iglesia. No, hijos míos, mirad la Iglesia que Mi Hijo ha dejado y de la que Yo soy Madre. Y abiertamente os digo: Quiero que todos vosotros tengáis gran esperanza. Y como Madre os pido fe, amor y esperanza, y mucha oración".

Tras el ruego de esperanza, repitió las mismas palabras que dijo en junio de 1983 y que escandalizaron al Obispo de Valparaíso: "Los obispos no pueden ver a otros obispos. Muchos cardenales odian al Santo Padre. El humo del infierno ha pasado ya sobre esta Iglesia, pero las puertas del infierno jamás prevalecerán contra ella. No, hijos míos, no dejéis que esta Iglesia Santa, con tradiciones de hace miles (de años), se vuelva una ramera. De vosotros podéis pensar y meditad mis mensajes. Todo aquello que se vende y que no lleva al bien, se prostituye. Y como os dije en La Salette: Muchos sacerdotes, por su mala vida, y por su amor a los al dinero y a los placeres, se han convertido en cloacas de impureza. Esto dolió mucho. Pero os digo que si hubiesen sabido cuando yo estuve en La Salette, meses... no hubiesen reconocido que Yo estuve ahí. Pero tú, hija mía, como lo viste antes, han negado y han querido tapar mis mensajes. Alza al Cielo la voz y di fuertemente sin vacilar estas palabras".

Finalmente, rogó: "Que terminen las obras, que haya paz y conversión. Tened fe. Muchos serán sanados antes de que termine el año. Otros, más adelante, y otros no. A los que no, Nuestro Señor quiere que sean víctimas para ayudar a expiar los pecados del mundo. Os amo y os agradezco, a todos vosotros—y a este país—por dejarme estar cinco años".

Capitulo veintiséis

SI TODAVÍA QUEDA TIEMPO

"No pidan curaciones si vuestra fe es vaga".
Fragmento del mensaje registrado en
Santiago, Chile, el 22 de octubre de 1987.

A finales de 1994 volví a reunirme con Romanov. Si bien el tema de las clases llamaba fuertemente mi atención, primero quise conocer detalles de lo que ocurrió meses antes del 12 de junio de 1988.

—¿Por qué el servicio secreto de Pinochet prohibió las peregrinaciones al cerro? ¿Por qué la Oficina del Obispo insistió en que los milagros acaecidos en el cerro fueron hechos por aviones secretos enviados, o bien por el gobierno de Washington de Ronald Reagan o el gobierno de Londres de Margareth Tatcher? ¿Qué ocurrió en los días inmediatamente posteriores a la confesión sobre tu verdadera identidad sexual?

—Mucha gente dijo cosas que no son ciertas. Se inventaron secretos y se crearon mensajes para ridiculizar las visitas de Nuestra Señora. Ambos bandos tuvieron la culpa.

—¿Cuáles bandos?

—El gobierno militar y la jerarquía de la Iglesia Católica. Ambos rechazaron el mensaje de Nuestra Señora.

—¿Y la feligresía, el pueblo?

—Dejaron de creer.

—¿Y el mensaje?

—Ahí está.

—¿Dónde?

—En todas partes donde Nuestra Señora ha estado.

—¿Peñablanca?

—Y también en Francia, Portugal, Bélgica, Bosnia, Japón, España, Italia, México...

—¿Hay más secretos guardados, como el de Fátima?

—Sí.

—¿Cuántos?

—Hay otros secretos.

—¿Cuánto sabe la jerarquía de la Iglesia Católica de Chile acerca de esos secretos?

—Nuestra Señora les envió varios. Y también a El Vaticano.

—¿Por qué no los divulgan?

—Pregúntaselo a ellos. Pero si no lo dicen es probable que Ella vuelva y los repita, si todavía queda tiempo.

—¿Se pueden descubrir los secretos revisando los mensajes?

—Sí.

—¿Me enseñas cómo?

—En los detalles.

—¿Detalles?

—Sí, detalles.

—¿Qué detalles?

Romanov no quiso responder más preguntas[121]. El silencio posterior me incomodaba. Me sentía torpe, con ganas de salir huyendo, de olvidarme de las entrevistas, miedo de herir innecesariamente a una persona, de descubrir quizás secretos inesperados. Romanov se sirvió un vaso con cerveza y se quedó mirando a cualquier punto de la habitación. Al final de un pasillo dos mujeres me observaban con recelo, como acusándome de saber qué asuntos que cruzaron por sus mentes. Me levanté de la mesa y me fui de aquel lugar ideando una nueva entrevista.

---

[121] Romanov no aceptaba presión de ninguna índole. Si yo preguntaba dos o más veces tras una negativa, respondía de la misma manera: "Pregúntale a Nuestra Señora". Y se marchaba o me echaba del lugar donde estaba. Poco antes de su muerte descubrí que esa actitud era un mecanismo de defensa. Siempre tuvo temor de violar un secreto, de verse atrapada con una pregunta y abrir la puerta a un conocimiento vedado por Nuestra Señora. Su actitud de enojo era más bien celo por cumplir al pie de la letra las indicaciones y las promesas que Ella, en su fuero interno, le hizo a la Santísima Virgen en los poco más de 25 años que la vio, entre el 12 de junio de 1983 y el 27 de septiembre de 2008. Romanov, al igual que cualquier otro cristiano, fue sujeto a todo tipo de pruebas y obediencias, muchas de ellas privadas.

184 La revelación del Tercer Secreto de Fátima

Capítulo veintisiete

REGRESO AL PRINCIPIO

*"Mirad al frente, siempre en alto y decid la
verdad, y luchad por esa verdad".*
Fragmento del mensaje registrado en
Peñablanca, Chile, el 13 de marzo de 1987.

El contenido de las revelaciones es amplio. La primera parte
se refiere a los días de la Creación y algunas explicaciones sobre el
misterio de la Santísima Trinidad. También relatan enigmas ocultos
acerca de la creación de los ángeles, la creación del hombre y la Encarnación del Verbo, la Segunda Persona de la Santísima Trinidad.
Las páginas siguientes profundizan en torno a los preceptos que Dios
le entregó a Adán, el Hombre del Paraíso, y también la desobediencia y el Pecado Original, la expulsión de la Tierra de las Delicias, la
custodia del Edén, el asesinato de Abel, los gigantes sobre la Tierra,
Babel y el Éxodo del pueblo escogido, por citar algunos.

Según Barros Valenzuela, Romanov evidencia ser una persona
inculta, raquítica e ignorante. "Pero no lo es, en absoluto", defendió
Loyola. "Cuando tiene una duda se lo pregunta inmediatamente a
Nuestra Señora. Una visita puede durar uno o dos segundos, ¿qué
importa? Un instante es suficiente para que la Santísima Virgen
aclare cualquier duda, cualquier inquietud. No se olvide que en el
Cielo no existe el tiempo", agregó la mujer de ojos azules.

Romanov regresó dos horas más tarde. Protestó por el tráfico,
criticó los bombardeos estadounidenses en la ex Yugoslavia y dijo
que las bombas estaban causando enormes daños en la población
civil.

—No es como dice la Casa Blanca. Anoche estuve ahí —añadió.

No entendí el comentario.

—¿Por qué me haces esa cara? —reclamó—. ¿No me crees que
estuve ahí? Nuestra Señora me llevó para que viera lo que están
haciendo en Bosnia con el pueblo. Lo están matando[122].

---

[122] Romanov no solo vio a la Señora, sino que también señaló haber vivido
instantes de bilocación, un fenómeno sobrenatural que puede darse en los es-
tigmatizados, de acuerdo con la literatura cristiana católica. San Martín de
Porres (1579–1639), sin haberse alejado de Lima, Perú, fue visto en África,
China y Japón animando a los misioneros que se encontraban en dificultad.
Otros que vivieron bilocaciones fueron San Antonio de Padua, San Ambrosio

Seguí sin entender.

—¿Leíste los libros que te di en casa de Loyola? —preguntó luego.

—Sí —respondí.

—¿Los entendiste? —volvió a preguntar.

—No del todo —dije.

—A mí me ocurrió lo mismo —indicó ahora, sonriendo.

Tomamos asiento en el comedor de la casa de Morales, ubicado en el Santuario Mayor de Buzeta, comuna de Cerrillos. Sobre la mesa había un florero vacío y junto a él un cuaderno con las hojas en blanco y un lapicero 'Bic'.

—¿Quién te dijo las cosas que están escritas en los libros que me diste en casa de Loyola?

—Me las mostró Nuestra Señora.

—¿Se trata de un código para descifrar misterios?

—Es conocimiento. No existe ningún código para entender la Biblia. Es sabiduría, el don que Dios entrega a quien Él quiere y cuando Él dispone.

—¿Hablan de la misma Creación que menciona el Libro del Génesis?

—Sí.

—En el primer día Dios hizo el día y la noche.

—No fue así como Ella me enseñó. Durante el Primer Día Dios no creó el día y la noche. Lo mostró de otra manera, pero sin alterar los versículos.

—En el Libro del Génesis Moisés escribió que en el Primer Día de la Creación Dios hizo el día y la noche. ¿Por qué la Señora dijo otra cosa?

—Ella no mostró otra cosa, mostró lo mismo que vio Moisés.

—Dices que Ella te confió secretos del Viejo Testamento. ¿Cuándo, dónde, cómo?

—En Peñablanca, durante el primer año de visitas.

—¿Alguien se enteró de esto?

—No. Nuestra Señora dijo que era un secreto.

—¿Cuándo dejó de ser un secreto?

—Durante la segunda revelación, en Curicó, en 1988.

—¿Qué ocurrió en Curicó?

—Nuestra Señora vino y me llevó hasta una parte del Cielo donde me mostró los primeros días de la Creación. Previno que hasta ese momento era un secreto, pero que ya podía decirlo, que era hora de entregarlo. También dijo que se lo dijera a unos pocos y que Ella se

---

de Milán, San Severo de Ravena y el Padre Pío, de Italia. En 1774, San Alfonso María de Ligorio fue visto junto al lecho de muerte del Papa Clemente XIV, cuando en realidad el santo se encontraba confinado en su celda, en un lugar que quedaba a cuatro días de camino del lecho del moribundo.

186 La revelación del Tercer Secreto de Fátima

iba a encargar de que se propagara por todo el mundo, como el agua del río. Así me enseñó Ella que era el conocimiento.

—¿Qué hacías en el momento que Ella apareció?

—Paseaba por el cerro Condell, en Curicó. De pronto apareció un Querubín[123], como el de Fátima.

—¿Cómo es un Querubín?

—Son de color blanco, mucho más blanco que la luz del sol. ¿Te acuerdas el libro que te presté, ese sobre la biografía de Sor Lucía de Fátima? En ese aparecen detalles sobre el Querubín donde viene Nuestra Señora. Pero en esa época no comprendieron los detalles y escribieron muy poco al respecto. Sólo existen algunas referencias en las transcripciones de los interrogatorios a los videntes, que fueron tres. Dos de ellos, Jacinta y Francisco, ya están muertos, pero Lucía vive en Portugal, en un convento carmelita.

—¿Nadie se fijó en esos detalles?

—En 1917 no había sido entregado el conocimiento. Los niños hablaron de eso muchas veces, pero quienes los escucharon no les creyeron. Me refiero a la primera vez, el 13 de mayo. Yo tengo una copia del libro que te di. Espera un poco, que voy a buscarlo...

Cuando regresó traía un libro entre sus manos. Lo hojeaba de derecha a izquierda, lentamente.

—Escucha lo que dice: "Vestía entera de blanco, un blanco que daba luz". Y escucha esto otro: "Venía de lo alto y desaparecía poco a poco en sentido inverso". Puede que ahora no te diga nada, pero son datos que advierten la presencia del Querubín.

—¿Ignorancia? –pregunté.

—No, no había conocimiento. En 1917 la ciencia sabía casi nada en comparación con lo que ahora sabe de energía.

---

[123] Cuando Dios creó el Cielo, creó también a los ángeles, de acuerdo con los relatos del Antiguo Testamento y explicaciones de la Suma Teológica de Santo Tomás. Hay nueve coros; el segundo está conformado por Querubines. Son los guardianes de Dios. Su nombre significa "plenitud de conocimiento" o "rebosante de sabiduría". Romanov explicó, el 8 de octubre de 1992, que los Querubines son los únicos ángeles que, debido a su enorme cantidad de energía, pueden materializarse y que su tamaño es más grande que el porte de una ciudad. Dijo además que estos ángeles rescatan al hombre en las tribulaciones y que fueron ellos quienes, como con una espada de fuego, congelaron el Jardín del Edén cuando Dios expulsó a Adán y a Eva del Paraíso. "Los Querubines traen a Nuestra Señora cuando se aparece", me dijo a mediados de 2006. "Son los mismos que guiaron al pueblo de Israel durante 40 años cuando salieron de Egipto. De día eran una columna de nube y de noche una columna de fuego". (Estas explicaciones están contenidas en las clases impartidas por Romanov, a pedido de la Señora, a un selecto grupo que se mantuvo fiel a la aparición después del 12 de junio de 1988).

—¿Qué tiene que ver la energía con todo esto?

—Los Querubines son energía, seres creados por Dios capaces de materializarse. En la Biblia aparecen ejemplos, como cuando recibieron la orden de cuidar el Paraíso. También se registró el carro de fuego que se llevó al profeta Elías. En muchas partes de la Biblia aparecen relatos de Querubines.

—¿Qué ocurrió en Fátima?

—Nuestra Señora vino en un Querubín, al igual que en Peñablanca. Los tres niños lo vieron el 13 de mayo.

—¿Y el resto de los testigos?

—En la primera aparición del 13 de mayo no hubo testigos. Después sí. El 13 de octubre hubo más de 80,000 en el sitio de las visitas.

—¿Todos vieron al Querubín?

—Pensaron que se trataba del sol.

—¿Qué tiene que ver el sol?

—Primero se escuchó un ruido, como el zumbido de abejas dentro de una tinaja de barro. Algunos libros que explican Fátima mencionan este detalle, testimonios de personas que aseguraron haber escuchado el zumbido. ¿Sabes por qué? Porque es el ruido que produce la energía del Querubín. En ese momento el ángel se encontraba sobre el encino donde apareció Nuestra Señora, en la misma posición que el Sol.

—¿Existen otros ejemplos?

—Existe una versión del interrogatorio que la policía le hizo al vizconde de Montelo. Él interrogó a los tres niños, varias veces, y después elaboró un informe, pero cuando lo escribió no se dio cuenta del Querubín. Montelo se interesó en las explicaciones que aportaron los videntes y no supo interpretar lo del ruido como de abejas. Si hubiera tenido el conocimiento habría relacionado las descripciones con la existencia del Querubín. Francisco fue el que más detalles aportó, porque él estuvo en un grado inferior de éxtasis durante la aparición. Pero Montelo creyó que el niño había inventado la historia para engañar al pueblo. Pero escucha lo que dijo Francisco cuando fue interrogado por Montelo: "Era una luz brillante. A veces tenía que hacerme sombra para mirarla. Mi hermana Jacinta la miraba fijamente. Esa rampa era de luz violeta y bajaba junto con Nuestra Señora, la cual se posaba en la encina. Cuando Nuestra Señora viene, la encina está dentro de un círculo colorado, transparente y a veces parece arco iris. Sí señor, ahora la vi mejor que el mes pasado. Nuestra Señora se desliza y luego parecía que daba la espalda al pueblo; luego desaparece la cabeza, como le dije; luego el cuerpo y los pies, todo muy lento". ¿Entiendes? Francisco habló de Nuestra Señora y del Querubín que la trajo a Fátima.

—¿El Querubín de Fátima es el mismo que viste en Curicó?

—Sí.

—¿Cómo era?

—¿El de Fátima?

—No, el de Curicó.

—Irradiaba potentes luces. Descendió y apareció Nuestra Señora.

—¿La Señora vive dentro de un Querubín?

—Ella vive en el Cielo, el Querubín sólo la trae.

—¿Te habló Nuestra Señora?

Cuando hice esta pregunta Romanov mostró una gran sonrisa. Su rostro cambió y desaparecieron los gestos bruscos.

—Me dijo: "Te voy a mostrar y a recordar cómo fue la Creación y la vida del ser humano, desde los primeros inicios hasta el Día del Señor".

—¿Por qué habló de recordar?

—Porque ya lo había hecho al comienzo, en Peñablanca. Ella me enseñó el conocimiento durante el primer año de sus visitas, pero era un secreto y me ayudó a guardarlo.

—¿Qué sucedió después?

—Un enorme estruendo sacudió los árboles, que los hacía mecerse casi de su raíz. Se me erizó el pelo y comenzó la succión. Quedé suspendida en el aire. Luego comenzó un movimiento como si fuese de tiempo y espacio, a velocidades descomunales. La claridad empezaba a pestañear y luego se sintió un estruendo que fue parando lentamente. Ya la ciudad no se veía. Habían cerros y ríos que bordeaban el cerro Condell, diferentes, con otra vegetación.

—¿Estabas volando?

—Estaba dentro del Querubín.

—¿Cómo puedes estar dentro de una energía si eres materia? ¿Por qué no te desintegraste? ¿Por qué no volaste en mil pedazos?

—Pregúntale a Nuestra Señora.

—¿No puedes decírmelo?

—Ella dijo que me iba a mostrar y a recordar cómo fue la Creación y así lo hizo. Cuando el Querubín se detuvo había cerros y ríos que bordeaban el cerro Condell, pero diferentes, con otra vegetación. Estaba viendo esto cuando escuché una voz: "Esta es la misma ciudad, poco antes del descubrimiento".

—¿Cuál descubrimiento?

—El descubrimiento de Chile, en el siglo XV. Por eso te digo que los cerros y los ríos eran diferentes.

—¿Viajaste en el tiempo?

—Estuve ahí.

—¿Qué sucedió después de oír aquella voz?

—Comenzó nuevamente el estruendo; estaba suspendida en el aire. En ese momento no entendía mucho lo que estaba ocurriendo. Otra vez comenzó el parpadeo, aún más rápido que la vez anterior, pero ahora el Querubín tuvo movimiento y una luz me cubrió. Se elevó a gran velocidad mientras desaparecía la Tierra. Cuando se detuvo había luces de destellos de miles de colores. Estaba junto a un ángel y la voz de Nuestra Señora decía: "Al principio Dios creó el Cielo y la Tierra. Dios se movía en el principio y nadie le creó".

De ahí comenzó una luz fuerte, como si tuviese vida, a moverse a gran velocidad, pero no existían ni estrellas ni oscuridad, sino un gran vacío. Pero sí se notaba la existencia de esa luz o de ese algo que tenía movimiento y libre acción. Pronto se sintió un estruendo y salieron chispas de colores, y la voz de Nuestra Señora dijo: "Hágase la luz. Y la luz se hizo de inmediato, creación de cuerpos luminosos e inteligentes. Esta es la creación de los ángeles y el estruendo que oíste es la voz de Dios. Ahora verás de esas luces la claridad". Y vi siete colores, siete jerarquías y otro estruendo, y comenzaban a haber luces en movimiento y una voz que decía: "Seguid creciendo según vuestro accionar y preparad vuestro equilibrio según vuestro pensar". Así, pues, salieron Querubines, Serafines, Dominaciones, Tronos, Arcángeles, Virtudes, Principados, Potestades, Amantes, Adoradores y todos los ángeles según su especie.

—¿Cuántos eran?

—No lo sé, pero eran muchos, millones.

—¿Cómo eran?

—No hay palabras para describirlos.

—¿Sucedió algo más?

—Sí, después de eso hubo otro estruendo y se escuchó una voz que decía: "Haré al hombre". Y hubo otro estruendo: "A imagen nuestra". Y otro más: "Con virtudes parecidas". Cuando vi y oí esto escuché una voz que decía: "Te voy a mostrar cómo fue la creación de los ángeles".

—¿Qué relación tiene esto con los primeros cinco versículos del Libro del Génesis?

—Es lo mismo. Los cinco primeros versículos del Libro del Génesis corresponden a lo que te estoy contando ahora, lo que me mostró Nuestra Señora.

—En el cuaderno número uno de las revelaciones hay unas explicaciones referentes al primer medio día del Primer Día de la Creación.

—Es lo mismo.

—No está explicado de la misma manera.

—Claro que sí. Lo que sucede es que las primeras páginas de los diarios no sólo tienen relación con los cinco primeros versículos del Libro del Génesis, sino con toda la Creación. Mira, déjame seguir explicándote lo de la aparición en Curicó. Después que la voz de Nuestra Señora me dijo que iba a mostrarme cómo fue la rebelión de los ángeles, oí otra voz que anticipó: "Y después que haré al hombre bajaré para estar con ellos". Vi que las luces se movían, como que si se alegrasen, pero entre todas ellas había una luz que cambiaba de colores y se agitaba mucho. Comprendí que era Luzbel. Era la luz más hermosa y más grande que todos los ángeles, descontando a los Querubines. Nuestra Señora me enseñó: "Os pondré un pensar para que se entienda con más claridad lo que estás viendo". Se me acercó entonces aquella luz y se le puso palabra, o más o menos telepatía y comenzó a mirarse y a adorarse a sí mismo, diciéndose: "¿Qué le debo a éste, si yo nací igual que él? ¿Por qué ha dicho a los demás que debemos obedecerle? Porqué si nos creó, si así lo ha hecho, entonces él también fue creado. Pues si él llegó a ser máximo de poder, yo seré igual que él".

—¿Quién era esa luz y esa voz?

—El diablo, Lucifer.

—¿Sólo él protestaba?

—No. Pero al principio Luzbel quiso para sí mismo todas las virtudes de todos los ángeles. Se armó de coraza y, cuando escuchó que había una Creación y había un hombre a imagen y semejanza de quien le iba a crear, díjose para sí mismo: "A nosotros nos hacen con papel de evolucionar según nuestra especie, pero a éstos que harán no pasarán por ese proceso. Y más aún, serán imagen y semejanza. Si este que nos creó se hace hombre, yo seré quien le sustituya. Entonces será inferior a mí".

—¿Qué sucedió después?

—Escuché la voz del estruendo que decía: "Aquella humanidad será chica ante los ojos de ellos mismos, pero más grande que vosotros porque me haré humano y naceré de una mujer". Entonces el Verbo se hizo Hombre y habitó entre nosotros. El diablo escuchó este precepto, pero como su ira era demasiada, no puso mucha atención. La telepatía, esa que te dije que cambiaba de colores, nuevamente habló: "No aguantaré que esa humanidad sea superior a nosotros, si nosotros somos más que ellos. ¿Por qué seremos inferiores? ¿Qué pretende éste no quedarse con nosotros? Tendré que hacer algo antes que todo esto suceda".

—¿Estaba solo el diablo?

—Al principio, sí, pero después le siguieron miles.

—¿Dijo el diablo cómo iba a evitar la Creación?

—Sólo dio estruendos y gritó: '¡Lucifer! ¡Abajo el Creador!' Fue ahí cuando muchos le siguieron. Mientras unos amaban la creación que todavía no se hacía, otros odiaban a la humanidad que no nacía.

—¿Cuándo sucedió todo esto?

—Durante el Primer Día de la Creación.

—¿El mismo día, el primero señalado en los cinco primeros versículos del Libro del Génesis?

—Sí

—¿Dónde mencionan los cinco primeros versículos del Libro del Génesis la luz que cambia de colores?

—Cuando dice que "vio Dios que la luz era buena, y dividió la luz de las tinieblas. A la luz llamó día, y a las tinieblas noche".

—La Biblia Latinoamericana habla de hechos totalmente distintos.

—Confusión, para que la humanidad no conozca la verdad.

—¿Cuál verdad?

—La verdad sobre la salvación del hombre, la que trajo Cristo cuando se hizo Hombre y habitó entre nosotros.

Capítulo veintiocho

DEMASIADAS PREGUNTAS

*"Mi Corazón Inmaculado está triste. Ni los buenos
ni los malos han hecho caso a mi mensaje".*
Fragmento del mensaje registrado en
Santiago, Chile, el 17 de enero de 1993.

La historia de los cuadernos que me entregó Romanov es breve.
Fue una semana antes de la conversación sobre la aparición de Curicó, en el pequeño departamento de Loyola ubicado en la comuna de Pudahuel, Santiago.

—Es punto de encuentro de peregrinos —comentó la directora Cueto—. Es chiquita. A veces cobija a 30. No se cómo, pero todos entran y esperan. Pese a lo estrecho, jamás hemos sufrido una necesidad extrema, ni tampoco un problema que no pueda ser solucionado. Muchas veces Nuestra Madre nos ha visitado en ese lugar. Ahí también hemos recibido enseñanzas de paciencia y conocido misterios. Cuando nos reunimos rezamos el Rosario, contamos anécdotas comunes, leemos un pasaje de otras apariciones, escuchamos, asistimos a clases, prestamos atención a una enseñanza, le pedimos a Nuestra Señora y a Dios por la salud del Papa o simplemente compartimos con nuestros hermanos en la fe.

En el pequeño oratorio, situado junto a la sala, la gente llega en silencio para no incomodar a los vecinos.

—Tratamos de evitar que llamen a la policía —dijo Cueto—. ¿Para qué incomodar? En el tiempo de los militares no era permitido celebrar reuniones sin previa autorización de la policía. La ley no ha cambiado y la prohibición sigue en pié. Por eso el silencio. Hay que evitar las incomodidades.

La primera vez que estuve en casa de Loyola me senté en la esquina más lejana de la sala—comedor, opuesta al oratorio. Cuatro mujeres sentadas en un sofá rezaban el Rosario en voz queda; en la otra esquina dos hombres viejos, de pié, conversaban sin verse al rostro. Un par de adolescentes se buscaba con la mirada y seis niños correteaban en el estrecho pasillo. A la entrada de la cocina una anciana leía un pequeño libro de portada blanca y títulos negros. Éramos una veintena que ansiaba la hora del milagro, el instante misterioso, el portento inexplicable.

—Uno nunca sabe la hora —decía Loyola con una amplia sonrisa y un cigarrillo entre los dedos de su mano derecha.

Pasaba de las 11:30 p.m. Afuera llovía y el viento del norte cimbraba los árboles. De pronto, una de las mujeres hizo señas para que guardáramos silencio. En medio de la sala Romanov permanecía con la mirada fija en alguna parte entre el techo y el ventanal que daba a la calle. De la cabeza le brotaba un hilo de sangre que caía sobre su hombro izquierdo. Con voz lenta, adolorida, explicó pasajes relacionados con la flagelación de Jesús la noche del arresto en el Monte de los Olivos por órdenes de Caifás, e interrogado entre gritos e insultos por una turba enloquecida que clamaba su muerte.

Cuando el primer rayo de sol asomó en la Cordillera de los Andes, uno a uno fuimos saliendo del oratorio, en silencio, con el rostro envuelto en bufandas de lana y las manos metidas en los bolsillos de abrigos húmedos que apestaban a nicotina. El frío era intenso y el tráfico comenzaba a congestionarse. Cuando tocó mi turno, Romanov me detuvo.

—Espera —dijo.

Esperé a que todos se marcharan. Al final del pasillo observaba Loyola. Cuando el último cerró la puerta tras de sí, Romanov entró en una de las habitaciones, preguntó si alguien había visto un bolso negro y al cabo de un instante regresó a la sala, con dos libros entre sus manos.

—Son para ti. Es conocimiento de Nuestra Señora.

Cuando los tomé, un extraño y gélido escalofrío recorrió mi cuerpo de pies a cabeza.

—Para que no hagas tantas preguntas —agregó.

Iba a decirle que continuáramos nuestra conversación sobre los sucesos ocurridos el 12 de junio de 1983 después de la primera visita de la Señora, pero me detuvo, primero con la mirada, luego con un gesto para que guardara silencio. Y dijo:

—¿Acaso no te gusta el regalo que te di?

Se quedó mirando los libros y esperó una respuesta.

—Quedamos en que... —alcancé a decir.

—No quedamos en nada —respondió.

—¿Qué ocurrió el primer día en el cerro de Peñablanca?

—Vino Nuestra Señora.

—¿Qué sucedió después de...?

—Después de la aparición no hubo nada. Ahora escucha. Si no lees no hay conocimiento. Otro día hablamos.

Capítulo veintinueve

EL PRIMER MEDIO DÍA

"No vengo a amenazaros, sino a deciros en qué grave estado estáis".
Fragmento del mensaje registrado en Peñablanca, Chile, el 13 de abril de 1987.

Afuera amenazaba la lluvia cuando reanudamos la conversación. La Cordillera de los Andes había desaparecido entre la bruma y el frío.

—¿Por qué se marchó de Peñablanca la Señora?

—Porque no hicieron las cosas que Ella pidió.

—¿Quiénes no hicieron bien las cosas?

—Los que estaban a cargo de Peñablanca.

—¿La Iglesia?

—Todos.

—¿La Fundación Monte Carmelo, el grupo dirigido por Barros y que asumió la responsabilidad de manejar los asuntos de Peñablanca y difundir los mensajes de la Señora?

—Todos.

—¿También los feligreses que iban periódicamente al cerro?

—No respetaron la voluntad de Nuestra Señora.

Hubo una larga pausa. En mitad de ella encendí un cigarrillo y esperé a que se dieran las condiciones para seguir conversando.

—¿Cuándo te dijo Ella que te iba a mostrar la Creación?

—El primer año.

—¿Sólo una vez lo hizo?

—La segunda vez fue en Curicó, en el cerro Condell.

—¿Te manifestó Ella lo que había sucedido en el principio de acuerdo al relato del Libro del Génesis?

—Sí. Y mencionó las luces.

—¿Luces, qué luces?

—Los ángeles, pequeñas luces energéticas con inteligencia. Cuando ellos fueron creados el Verbo, la Segunda Persona de la Santísima Trinidad, les dio preceptos.

—¿Dices que Nuestra Señora te dijo eso respecto a los ángeles?

—Contó que al principio, antes que Dios comenzara a crear, existía solamente la energía y que esa energía se movía en sí misma.

—¿Te dijo exactamente eso la Señora?

—Ella me mostró la Creación. La energía que me mostró pensaba, actuaba y amaba. Esa energía se llama Dios, Uno y Trino. Dios es todo. Y cuando comenzó a crear lo hizo conforme un plan, su plan. Esa energía, como señala el manuscrito que te di en casa de Loyola, posee tres esencias: potencia creadora, que llamamos Dios Padre; energía hablada, que denominamos Verbo; y energía amante, que llamamos Espíritu Santo. Por eso Dios es Uno y Trino. Nuestra Señora lo puso en mi cabeza en términos simples para que pueda entenderlo.

—Es una locura.

—Es verdad.

—Una verdad que deshace la historia. Si el Obispo de entera tendrá mayores motivos para mantener su oposición.

—Eso fue lo que me mostró Nuestra Señora.

—¿Tienes idea de lo que dirá El Vaticano cuando se entere de los manuscritos?

—El Vaticano debe pensar en lo que siente Nuestra Señora por el silencio que guarda respecto a sus mensajes desde la aparición de La Salette, en 1846.

—¿Qué más sucedió en el Principio, el que te mostró la Señora?

—Entre el amor y la energía comenzaron a salir pequeños golpes de luces, como chispas, y fue creada y dividida en sí mismo esa energía; es decir, se potenció el Ser, que es el Verbo, y también la energía, hasta potenciarse como el Ser. Entonces se formó Trina. Fue el amor quien creó luces energéticas con inteligencia y el Verbo les dio preceptos diciéndoles: "Evolucionad según vuestros coros, vuestras virtudes". Así fueron creados los ángeles.

—¿Aparece esto en la Biblia?

—Sí. Está en el versículo tres del Libro del Génesis (Gn1, 3).

Tomó una Biblia que había en una pequeña mesa de centro y leyó:

—Escucha. 'Dijo, pues, Dios: sea hecha la luz'. ¿Te das cuenta? Dios creó luz, las chispitas de las que te hablo, pequeñas luces energéticas inteligentes.

—¿Son las mismas luces que viste en el cerro Condell?

—Sí.

—¿Eran ángeles?

—Son ángeles. Dios los hizo al principio, antes de crear la Tierra. Primero fueron los Cielos.

—¿Qué ocurrió después que fue creada la luz?

—Tenían que cumplir los preceptos entregados por el Verbo, la Segunda Persona de la Santísima Trinidad. Los ángeles tenían que ir evolucionando, conociendo y dándose para el servicio que fueron creados. Todos los ángeles tenían el precepto de evolucionar según su condición.

—¿Por qué tenían? ¿Por qué en pasado?

—Porque no todos hicieron caso, hubo una rebelión. El más hermoso, la Luz Bella, desobedeció.

—¿Por qué?

—Porque pensó en sí misma, le pareció imposible que tuviera que evolucionar como una de las potestades inferiores y no superiores.

—¿La misma luz que en Curicó cambió de colores?

—Sí, la luz que cambió de colores. Su ira fue tanta que comenzó como a parpadear. Y después robó energías de todos los demás ángeles y se las atribuyó como suyas.

—¿Para qué?

—Para ser más que los demás.

—¿Llegó a ser tan poderoso como Dios?

—No, nunca, porque no pudo sacar energía, ni del adorador ni del amante. ¿Cómo iba a sacar la energía de ellos si estaba rebelándose en contra del Creador? Como no sacó energía de estos dos coros, Luzbel dejó en claro que su rebeldía se fundamentaba en la ira y la soberbia. Una cosa más que me enseñó Nuestra Señora es que del Adorador y del Amante todos los ángeles sacan de sus energías. Es por eso que adoran y aman al Señor.

—¿Evolucionó Luzbel?

—Luzbel no evolucionó, se rebeló, no cumplió con los preceptos, se negó a Dios y llevó consigo a muchos que aún estaban evolucionando. Los llevó a desobedecer. Los primeros cinco versículos del Génesis se refieren a ese día, la primera Era, un tiempo largo.

—¿Qué tan largo, de cuántos años estamos hablando?

—Como de un millón de años.

—¿Por qué Dios se demoró tanto tiempo en crear?

—Dios no tardó en crear, Él creó y punto. En el Cielo no existe el tiempo, es eterno.

—¿En qué parte de los primeros cinco versículos del Libro del Génesis aparece la rebelión?

—Cuando dice: 'Vio Dios que la luz era buena, y dividió la luz de las tinieblas'. Por eso dividió. ¿Entiendes?

Le respondí que no, que mi entendimiento era muy pobre. Romanov, entonces, dijo que "las cosas ocurrieron todavía con más fuerza".

—¿A qué te refieres?

—A la Creación. Nada en la historia se le parece. Fue como un

Apocalipsis, una hecatombe entre el bien y el mal. Por eso Dios dividió. Los primeros cinco versículos del Libro del Génesis encierran el principio de la verdad.

—¿La Señora te mostró todo eso?

—Sólo hablamos del principio.

—¿El principio de la Creación?

—No, del principio de la revelación del Cerro Condell.

Capítulo treinta

LA LIBERACIÓN DE PEDRO

"La Iglesia es ahora presa de la bestia
y El Vaticano será una presa fácil de atacar".
Fragmento del mensaje registrado en
Peñablanca, Chile, el 9 de mayo de 1985.

Poco después de la Resurrección de Cristo, el rey Herodes de Agripa I se puso a perseguir a algunos de la iglesia y durante los hostigamientos primero hizo degollar a Santiago, hermano de Juan, asesinato que complació a los judíos. Viendo esto, determinó que sus tropas arrestaran a Pedro, el primer Papa. Dispuso que al reo lo encerraran y, una vez terminada la celebración de los Azimos, que lo condujeran a la Plaza de los Juicios para que fueran los judíos quienes decidieran su suerte. Fue un movimiento militar parecido al que ejecutaron con Jesús la mañana siguiente de su arresto en el Monte de los Olivos.

Ese día los soldados le marcaron el alto. Corroboraron su identidad por medio de testigos que se hicieron pasar por cristianos, le ataron las manos a la espalda y se lo llevaron al calabozo. Mientras esperaba juicio, dice el relato, "la iglesia sin cesar hacía oración por él".

A Pedro lo custodiaban cuatro piquetes de cuatro soldados cada uno, 16 hombres en total, armados con espadas y lanzas. Le tenían las manos atadas con cadenas, al igual que los pies a la altura de los tobillos. Cuando el apóstol se quedó dormido, dos soldados se acostaron junto a él, uno a la izquierda y otro a la derecha, y ataron sus pies a las cadenas que le sujetaban los tobillos. Los otros 14 guardias se quedaron vigilando la puerta de la celda, los pasillos de la cárcel y la salida hacia el patio del reclusorio. Era imposible que Pedro escapara o que los cristianos intentaran liberarlo.

La noche se hizo más oscura cuando, de repente, un ángel se apareció en el calabozo. Era luz, y la luz llenó de resplandor toda la pieza donde estaba Pedro y los dos guardias, uno a la derecha y el otro a la izquierda. El ángel tocó al Sumo Pontífice en el costado derecho, a la altura de las costillas y le despertó. Cuando abrió los ojos, el ángel le dijo que se levantara, pronto.

Las cadenas se le cayeron de las muñecas en el momento en que giró el cuerpo para ponerse de pie y también de los tobillos, de la cintura y del cuello.

—Vístete y ponte las sandalias —ordenó el ángel—. Y también la capa y sígueme.

Pedro no habló. Se vistió, se calzó las sandalias, se arropó con su capa y siguió a la luz que le hablaba, pensando que todo aquello no era otra cosa que un sueño.

Pasaron el primer piquete de guardias que se había dormido y también el segundo, que se encontraba tendido en los costados del pasillo, hasta que llegaron a la puerta de hierro que sale a la calle, después de cruzar el enorme patio. Llegados hasta ese punto, Pedro quiso estirar su mano para tocar las cadenas que mantenían cerrada la puerta cuando y, sin saber cómo, ésta se abrió, sola. Salieron a la calle, avanzaron por un callejón y, súbitamente, el ángel desapareció.

Pedro lo buscó en la esquina, al cruzar la calle, un poco más adelante, cuando caminaba rumbo a la casa de María, pero la luz que le había hablado no estaba por ninguna parte. Entonces Pedro, vuelto en sí, dijo: "Ahora sí que conozco que el Señor verdaderamente ha enviado a su ángel y me ha librado de las manos de Herodes y de la expectación de todo el pueblo judío", concluye el relato.

Cuando le mencioné esta historia a Romanov, simplemente comentó:

—Los ángeles sirven al hombre y lo hacen por amor a Dios y a su Creación. A Pedro lo liberó un ángel, una luz energética con inteligencia enviada por Dios.

Capítulo treinta y uno

LA COMUNIÓN VISIBLE

*"Se duda del misterio de la Comunión y de
todo lo que mi Hijo dejó establecido".*
Fragmento del mensaje registrado en
Peñablanca, Chile, el 12 de julio de 1984.

Se trató del milagro más espectacular de todos los vistos en Peñablanca, pero casi nadie le prestó atención. Lo vieron miles, le tomaron fotografías, lo filmaron con cámaras de cine, de televisión y de video, pero quedó casi oculto, con perfil bajo. Algunos recortes de prensa se refirieron al portento de manera simple, sin detalles precisos y lo pusieron en duda. Sugirieron que Romanov lo inventó para llamar la atención y atraer más y nuevos visitantes al cerro de las apariciones. No aportaron evidencias para sostener las acusaciones.

—Fueron demasiado pocos quienes pusieron rodilla en tierra y elevaron una plegaria al Cielo como gesto de reparación —dijo Miner—. Fue un milagro de primer orden que se repitió varias veces con el mismo resultado: escasa y breve conmoción.

Contardo y Rojas, en el libro *El Monte Carmelo de Peñablanca, Una aparición de la Santísima Virgen en Chile*, relataron el fenómeno de la Comunión (Hostia) Visible en la boca de Romanov. Dijeron que muchos vieron el fenómeno sobrenatural, fueron "testigos de esto" y lo describieron de la siguiente manera: "El vidente, estando en éxtasis, se coloca en la posición de quien va a comulgar, la boca abierta, la lengua afuera. Ahí se produce la aparición de la Hostia. En el primer segundo no está y en el segundo después está. Antes no se veía nada, ahora aparece una hostia blanca como la nieve. Fotografías y videos hay a puñados" (montones).

Contardo agregó: "Confieso que en un comienzo al novato en esto se le pasa por la cabeza la idea de un malabarismo, pero después de verla en numerosas ocasiones, no cabe duda que el hecho es contundente. Es más, en una oportunidad hubo una Comunión triple. Los que esperaban la Sagrada Forma eran Miguel Ángel Poblete (que en 1988 reveló su verdadera sexualidad y dijo llamarse Karole Romanov) y dos niños que ha elegido la Virgen: Aldo y Óscar".

"La Comunión apareció en los tres niños[124]", agrega el relato, esta vez de Rojas, el médico. "En ese momento, los niños comienzan a caminar en una marcha extática por el cerro y ahora vemos un fenómeno médico sorprendente: los niños caminan con la boca abierta. Pasan los minutos, diez, veinte, treinta con la boca abierta. Piensen ustedes ahora un momento, yo les pido que recuerden cuando sentados en la silla del dentista éste tiene que aspirar la saliva y colocar algodones, porque si no se ahogan. No es necesario saber que las glándulas salivales parótidas, sublinguales y submaxilares normalmente producen más de un litro de saliva en el día para entender que no se puede estar veinte minutos o más con la boca abierta y no secretar saliva. Tampoco es necesario conocer detalles de la articulación témporo—maxilar para entender que no se puede estar con la boca abierta tanto rato sin tener molestias".

El diagnóstico de Rojas ilustra, desde el punto de vista médico, el entorno inmediato del milagro, el rostro de Romanov, más precisamente su boca, su lengua, donde apareció la Sagrada Forma en varias ocasiones entre el 12 de junio de 1983 y el 12 de junio de 1988. Lamentablemente no existen registros de cuántas veces ocurrió ni cuántos testigos hubo de los portentos, con excepción del relato de Rojas y Contardo quienes aseguraron que hubo "muchos". Algunos *blogs* mencionan que el milagro, por ejemplo, ocurrió los días 19, 27 y 31 de agosto de 1984, mes en que se iniciaron los trabajos de

---

[124] Durante la aparición de Garabandal, España, las niñas que vieron a la Señora le pidieron un favor: que hiciera un milagro para convencer a los que aún no creían en sus visitas. Días después de la petición, narra la historia publicada en la página digital *www.garabandal.us*, San Miguel le dijo a Conchita que, en cierta fecha indicada por la Señora, la comunión invisible que él les administraba se volvería visible sobre su lengua. Esto le pareció poco milagro a Conchita, que creía que la comunión que recibían del ángel ya la veían todos los presentes. Cuando llegó el día señalado por la Señora y que Conchita había anunciado dos semanas antes, había varios centenares de personas en la aldea de Garabandal, pero la espera fue larga y fatigosa, y muchos se fueron. A eso de la 1:30 a.m. del 19 de octubre de 1961, Conchita salió de su casa en éxtasis, dobló en la esquina y, con la muchedumbre agolpada en su derredor, se arrodilló en la calle adyacente. Estiró su lengua, y los que estaban más cerca —a pocas pulgadas— afirmaron que no había nada en ella. De repente, sin que pudiera verse cómo, apareció una hostia blanca y brillante en la lengua de la pequeña vidente. Un hombre de negocios de Barcelona, que había venido con una cámara cinematográfica prestada y se alumbraba con linternas de bolsillo, logró captar la hostia en la lengua de Conchita en varios cuadros. En Chile, en muchas ocasiones, el milagro se repitió ante miles de testigos. Uno de ellos, Jacinto Painemil, me facilitó varias fotografías que ilustran el fenómeno sobrenatural extraordinario de primer orden. No tengo palabras para describirlo. Las tomas hablan por si solas y refrescan el portento de Garabandal.

construcción de la capilla erigida en la cima del Cerro de Peñablanca a pedido de la Señora y donde el último sábado de cada mes se celebra misa con autorización del Papa Benedicto XVI. Si hubo o no mensaje antes o después de los milagros tampoco hay registro y los datos sobre lo ocurrido son escuetos, difíciles de hallar. Cuando mucho, algunos ilustran brevemente lo que sucedía en aquel entonces, como por ejemplo la ausencia de investigadores oficiales que tenían a su cargo escribir el segundo informe a pedido del Obispo de Valparaíso para que éste, luego, determinara si los sucesos eran veraces y merecían un estudio más a fondo.

Otro detalle señalado por Rojas y Contardo y que evidencia que el milagro de la Comunión ocurrió en más de una ocasión, refiere que "en algunas de las últimas apariciones –del primer ciclo, en Peñablanca—, en que el fenómeno de la comunión visible se produjo nuevamente en Miguel Ángel (Poblete), se agregó un matiz no visto antes: la Hostia, blanca como la nieve, comenzó a sangrar. Tal como ustedes lo escuchan; fotografías, filmaciones a montones, testigos, cientos. La Hostia blanca en la lengua sangraba, tal como ustedes lo escuchan".

El milagro de la Hostia visible no es exclusivo de Peñablanca. Entre 1961 y 1965 en Garabandal, España, se registró una aparición de la Señora a cuatro niñas de esa localidad. Hubo un sinnúmero de visitas, tantas quizás como las ocurridas en Peñablanca entre 1983 y 1988, pero no todas fueron registradas. El 18 de julio de 1962, Conchita, una de las niñas videntes, cayó de rodillas (como Romanov en Peñablanca, que azotó las piernas en el suelo como dos latigazos y la tierra se movió alrededor suyo y de los testigos) en la calle de piedras, abrió la boca y recibió una Hostia visible. A esa fecha, relatan feligreses que asistieron a los encuentros, se habían producido al menos 200 visitas y en todas, excepto la primera, hubo testigos además de los videntes.

En el sitio digital www.virgendegarabandal.org aparece un relato atribuido al doctor Jean Caux, médico cirujano plástico, esteticista, radicado en París, Francia, quien en 1961 visitó el pueblo de las apariciones por razones profesionales. Relata que fue testigo de los fenómenos sobrenaturales extraordinarios, los que definió como "la victoria de la verdadera belleza, en especial para mi alma".

Caux contó que el haber estudiado miles de rostros "en sus aspectos más complejos" le sirvieron para recibir el fuerte "impacto de Garabandal" y detalló que los éxtasis de las cuatro niñas "me impresionaron profundamente y cambiaron completamente mi concepto de la belleza". Fue para mí, dijo, "una verdadera re-educación en profundidad. La primacía de la vida interior. Las expresiones de la belleza del alma, como base de la belleza externa, que libera al cuerpo humano de sus frecuentes expresiones antiestéticas".

Según contó el médico, en junio de 1961 –fecha de inicio de la aparición– "fui a París a presentar *Estética*, una película sobre hipnosis y belleza", y que leyendo en el periódico un artículo sobre los éxtasis de las cuatro niñas, "mi esposa—también esteticista—y yo decidimos hacer una nueva película titulada *Éxtasis y belleza*", para presentarla posteriormente en el Congreso de estética de 1962 que se iba a celebrar en la capital francesa.

"Para no perder más tiempo, envié a uno de mis amigos, François Henri, a pedir autorización al Obispo de Santander", agregó el relato. "El 18 de octubre de 1961, día del primer mensaje, sobre las 8:30 p.m. de un día lluvioso, mi esposa y yo estábamos entre la multitud de gente agrupada alrededor de la puerta de una casa. De repente, entre la multitud de paraguas, apareció la cara bellísima de Loli en éxtasis. Tomé a mi esposa de la mano y la seguí. Aquella belleza de su rostro era la razón de ser de mi profesión de esteticista, de mí mismo; fue como ver resuelta la incógnita de la verdadera belleza en un instante. Nunca he visto seres humanos en tan perfecta armonía de movimientos como las niñas en éxtasis".

Siguiendo a Loli, agregó Caux, "mi esposa y yo, con algunas otras personas, subimos las escaleras y llegamos a su habitación. El diálogo extático entre la niña y alguien muy querido de ella, era tan íntimo y precioso que sólo podía ser con la Madre del Hijo de Dios, la Virgen María. Loli estaba en un estado de completa felicidad. La belleza y la pureza de su expresión nos transportaba a un mundo superior donde su Visión nos miraba con amor a cada uno de nosotros".

A continuación, el esteticista explicó que "por mi trabajo, he tenido ocasión de asistir a sesiones de hipnotismo, a éxtasis naturales y a éxtasis diabólicos y por ello puedo juzgar los éxtasis de las niñas de Garabandal como algo que sólo puede venir de Dios. Después de horas de éxtasis, las niñas estaban sin el menor síntoma de fatiga, de ansiedad o desorientación. En Garabandal, durante los éxtasis, había un gozo y una alegría en las niñas que se contagiaba a todos nosotros".

El detalle que sigue en el relato corrobora lo que en 1985 escribieron Contardo y Rojas: "Es muy importante el estado de la propia alma", aclaró Caux. "Lo he sentido muy intensamente el día de la Comunión visible de Conchita. Estuve presente en el Milagro de la Comunión, del cual he dado testimonio. A pesar de la invitación por escrito de Conchita, a pesar del permiso del Obispo de Santander para filmar, a pesar de tener el mejor equipo profesional de fotogra-

204 La revelación del Tercer Secreto de Fátima

fía, no pude conseguirlo. Este día, un 18 de julio de 1962, yo tenía el mejor equipo para producir un documental en color y sin embargo por un motivo superior me fue imposible".

En una conversación posterior, Caux lamentó que aquella noche no haya podido filmar y confesó que "el Milagro de la Comunión visible dejó impresiones indelebles en mi alma. La Hostia visible en la lengua de la niña era más hermosa que un lirio, más blanca que la nieve, más viva que un recién nacido en su cuna. Conchita, de rodillas, con la cara hacia el cielo; su rostro parecía sublimarse mirando al Creador; una Comunión real con la Divinidad y la humanidad de aquella Hostia Santa. Todo en medio de un grito de ¡Milagro! entre la gente que lo veía".

"En Garabandal, la estética del alma era más importante que la estética del cuerpo. Los hechos de este día cambiaron completamente mi vida", concluyó.

Jacinto Painemil, un policía retirado que vive en Santiago, Chile, conoció a Romanov desde los tiempos de Peñablanca y la acompañó hasta el día de su muerte, el 27 de septiembre de 2008. Cuenta que el Milagro de la Hostia también sucedió en varias ocasiones durante el segundo ciclo, que comenzó el 12 de junio de 1988, y que muchos han sido testigos de este fenómeno "y de muchos otros que no tienen explicación", apuntó.

—No tengo palabras para describirlo –dijo–. Mi mayor testimonio son las fotografías que tomé de los milagros. Como dicen, una foto vale más que mil palabras.

Capítulo treinta y dos

LA CUSTODIA
"Mirad, que no os pillen sin haber hecho
lo que Nuestro Señor os enseñó".
Fragmento del mensaje registrado en
Peñablanca, Chile, el 22 de octubre de 1987.

La clasificación de los milagros relacionados con la aparición de la Virgen María en Chile de acuerdo a un orden de importancia de mayor a menor, es tarea casi imposible. ¿Cuál primero, segundo, tercero y los que siguen en grado de importancia? El fenómeno sobrenatural extraordinario de las visitas de la Señora entre el 12 de junio de 1983 y el 27 de septiembre de 2008 es, de por sí, un milagro de primer orden al igual que los días en que el sol giró como en Fátima. Y también los estigmas, las sanaciones inexplicables, las miles de conversiones reconocidas por sacerdotes de la región, el aumento de las confesiones durante el primer ciclo y el portento de la Hostia visible que narré en el capítulo anterior. Pero hubo otro hecho que llamó mi atención porque quedó registrado en fotografías tomadas en un lapso de dos años y seis meses, entre el 25 de febrero de 2002 y el 29 de agosto de 2004: la aparición de una Hostia, dentro de una Custodia sellada, que se convirtió en carne humana.

—Todo comenzó el 25 de febrero de 2002 —contó Painemil—. Estábamos en el Santuario de Maipú, Santiago, cuando Nuestra Señora, en su aparición de ese día, le pidió a su hija vidente que sellara la Custodia. Eso hicimos. Le pusimos un pedazo de cinta autoadhesiva y le tomé una fotografía. Nuestra Señora dijo que 'muy pronto aparecerá la Comunión dentro de ella'.

Siete semanas más tarde, el 16 de abril de 2002, ocurrió la primera fase del milagro.

—Apareció la Comunión dentro de la Custodia —aseguró Painemil—. Estaba sellada sin que nadie humanamente la manipulara. Yo estuve ahí cuando la sellamos.

En los siguientes dos años la Custodia quedó al cuidado de la hermana Miner, hasta que el 8 de agosto de 2004 la Sagrada Hostia sangró.

—Fue un escalofrío terrible —contó Miner cuando hablamos del milagro el 23 de enero de 2009—. Era impactante ver la Hostia.

Sangró varias veces y cada vez el color era distinto. Primero estaba más oscura, después un poco más clara y la última de un color rojo vivo. Sangró casi toda la Forma y sólo una pequeña fracción quedó blanca.

Recordó que aquel día se enteraron del milagro porque Romanov les avisó. "Generalmente cuando se daba este tipo de sucesos Nuestra Señora le avisaba primero a ella y ella nos comunicaba a nosotras. Después nos dijo que primero vio un rayo de luz en dirección al oratorio donde estaba la Custodia y fue a mirar lo que estaba ocurriendo".

Dieciséis días más tarde, el 20 de agosto, la Comunión dentro de la Custodia volvió a sangrar, fenómeno que se repitió el día 22.

—La gran interrogante para nosotros fue por qué a ese punto tenía que sangrar la Eucaristía. La primera sensación era la de reparar, hacer algo para reparar —detalló Miner—. Y también, como decirte, nos sorprendía y nos alegraba poder conocer el dolor, la soledad de Cristo, porque comprendimos que nadie valoraba su presencia. De ahí empezamos a hacer vigilias por turnos, dos o tres días, haciendo oración de a dos personas de manera ininterrumpida. Cada grupito hacía dos horas de adoración. Acompañamos al Señor en su dolor.

La emoción interrumpe por ratos nuestra conversación telefónica.

—Te repito que el sentido primero era reparar, comprender cuánto amor y cuánto dolor existía al mismo tiempo.

Tras una segunda pausa, agregó:

—Ese mismo día, el 22 de agosto, viajamos desde Santiago a Villa Alemana para que todos los hermanos de la región vieran el milagro. Entonces vinieron periodistas y les mostramos la custodia y les explicamos todo lo que había sucedido. Ellos lo vieron, tomaron fotografías, hicieron preguntas y se fueron. Cinco días más tarde publicaron una nota sin imágenes y criticaron el milagro. Después, ni la Oficina del Obispo se preocupó de lo que había ocurrido.

La nota de prensa citada por Miner apareció el 28 de agosto en el diario *El Mercurio* de Valparaíso bajo el título "Vuelven las visiones a Villa Alemana". Y añadió que el otrora "vidente del Monte Carmelo (nombre dado al cerro de las apariciones en Peñablanca) ahora llamado Karole Romanova (nombre mal escrito) dice que emanó sangre desde hostia e imagen de la Virgen".

Detalló la nota que Villa Alemana "vuelve a hacer noticia por hechos vinculados a lo que se conoció en su tiempo como las apariciones de la Virgen, ocurridas en la década del 80, en el Monte Carmelo de Peñablanca, cuando el vidente Miguel Ángel Poblete, hoy conocido como Karole Romanov, movilizó a cientos de personas hasta el cerro villaalemanino, donde decía ver a la Virgen".

Explicó que Karole Romanov habría regresado a esta ciudad "apoyada en el grupo de seguidores denominado Apóstoles de los Últimos Tiempos", y que "ahora (el milagro), se trata de una hostia guardada y sellada en un Sagrario desde hace dos años y medio, de la cual dicen que emanó sangre los días 7 y 20 de agosto, y el llanto de sangre de una pequeña imagen de la Santísima Virgen de La Salette".

"Ambos hechos", añadió, "ocurrieron en Maipú (Santiago), pero desde el sábado pasado los integrantes del grupo trajeron el sagrario y la imagen de la Virgen hasta dos casas situadas en calle Veteranos del 79 (1510 y 1529), una en frente de la otra, en el sector La Palma, de Villa Alemana".

Y agregó: "En vista de estos hechos, el grupo Apóstoles está plenamente dispuesto a que la Iglesia Católica analice todas estas señales".

La nota no incluyó imágenes.

—Sólo eso dijeron —comentó Miner—. Nada más. Yo he pensado en ese día, en el Milagro de la Hostia en la Custodia. Te puedo decir que este tipo de cosas te hacen ver una vez más que Jesús está presente en la Eucaristía. Te hace sentir el Dios vivo que está ahí. A partir de entonces se me hizo más familiar, más vivo, más íntimo. Yo lo sabía por la fe, pero el verlo así te hace sentir un Dios Vivo.

Cuando le pregunté qué significado le daba al milagro, Miner recordó una fracción del mensaje de la Señora:

—Ella tanto nos insiste en el amor a la Eucaristía. Nos pidió dos horas de adoración mensual a la Eucaristía. Las mujeres tenemos unos velos que nos poníamos desde la cabeza hasta los pies. Nos tapaba totalmente, de color celeste. Nos dijo que así debíamos estar. La hostia del milagro la tuvimos casi un año así como estaba. Después la comulgamos. Era toda sangre. Había apenas un pedacito como blanco. La sensación, cuando comulgamos, no me acuerdo ahora. Parece que cuando la consumimos estaba seca. Permaneció la sangre seca, aunque toda la sensación, en todo momento, fue que se trataba de una Hostia seca. Nuestra Señora nos dijo después que era carne del Corazón de su Hijo.

El 29 de agosto, al siguiente día de la publicación de la nota en el diario *El Mercurio* de Valparaíso, la Hostia dentro de la Custodia sangró por cuarta vez.

—Le hice fotos a la Custodia —contó Painemil—. Cuando amplié las imágenes, me di cuenta que la Hostia se había transformado en un pedazo de carne, como dijo Nuestra Señora, 'carne del Corazón de mi Hijo'. Pero si me preguntas qué sentí, yo no tengo palabras para describir tanta emoción por ese regalo tan grande.

Capítulo treinta y tres

PECADO SIN NOMBRE
"La Iglesia pasará por una horrorosa crisis".
Fragmento del mensaje registrado en
Peñablanca, Chile, el 7 de octubre de 1983.

El viernes 7 de octubre de 1983, casi cuatro meses después de la primera visita, se registró uno de los mensajes más polémicos entregados por la Señora a Romanov. Se trató de un aviso, una advertencia que remeció a la Iglesia Católica de Chile y El Vaticano reinado por el Papa Juan Pablo II porque incluyó, en una sola sentencia, un señalamiento lapidario, terrible, que pocos asimilaron y comprendieron.

—Nuestra Señora dijo que los sacerdotes, 'ministros de mi Hijo, por su mala vida, por su impiedad al celebrar los Santos misterios, por su amor al dinero, a los honores y a los placeres, se han convertido en cloacas de impurezas' –contó Romanov–. Cuando comuniqué lo que Ella me había dicho, insistí que le había preguntado qué significaba la palabra 'cloaca'. Entonces Ella me explicó. Yo mencioné que era donde iba a parar la 'mierda'. Pero Nuestra Señora dijo cloaca, yo fui quien habló de mierda. ¿Captas? El Obispo y su gente aseguraron que Nuestra Señora dijo una mala palabra y que por lo tanto no era su lenguaje. ¿Entiendes? Se basaron en eso para negar la aparición.

—¿Te explicó la Señora el significado de la palabra cloaca?

—Sí, Ella me lo mostró.

—¿Te lo dijo?

—Me lo mostró. Ella habla al corazón. Algunas veces apenas mueve sus labios. Ella me mostró el significado de cloaca.

—¿Le explicaste eso al Obispo?

—El Obispo nunca me preguntó sobre eso.

—Pero tú dijiste lo que ella te explicó.

—No, yo les dije que Ella me había mostrado el significado de la palabra cloaca y después les dije que era donde iba a parar la mierda. Eso fue lo que ella me mostró, pero Ella no dijo la palabra mierda. Nuestra Señora no habla de esa manera.

—¿Qué resolvió entonces la oficina del Obispo?

—Lo que todos ya saben. Atribuyó la palabra mierda a Nuestra Señora y concluyó que la aparición era un asunto del diablo, porque

era imposible que la Santísima Virgen usara ese tipo de términos.
—¿Los usa?
—¿Cloaca?
—Si.
—Claro. La primera vez lo dijo en La Salette, en 1846. Luego lo repitió en Lourdes, Fátima y Garabandal. Y ahora en Chile.
—¿Conoce El Vaticano el mensaje?
—Melania y después Lucía dos Santos se lo enviaron al Papa.
—¿Qué dijo el Papa?
—Pegúntale a El Vaticano.
—¿Qué señaló la Señora de ese mensaje en particular?
—Que cuando lo entregó la primera vez, en La Salette, nadie hizo caso y que por eso volvía a repetirlo en Chile.

Ciento sesenta y tres años después de la aparición de La Salette y 26 años después de la primera vez que la Señora repitió aquel mensaje en Peñablanca, el Papa Benedicto XVI pidió perdón, durante una misa oficiada en la Catedral de San Patricio, Nueva York, por los abusos sexuales cometidos por sacerdotes en Estados Unidos, hechos terribles que han causado "demasiados sufrimientos" y que sin duda devastaron a la Iglesia Católica, no sólo la estadounidense, sino a nivel mundial.

El Vicario de Cristo y Obispo de Roma, entre otros títulos, dijo que tenía la esperanza de que "éste sea un tiempo de purificación" (...) y añadió que también tenía la misma esperanza de que éste sea un "tiempo de sanación". Pero, ¿puede sanar un niño violado? ¿Van al cielo los niños violados? ¿Ríen los niños violados? ¿Los pecados de los niños violados son iguales que los pecados de los sacerdotes que violan niños?

El escándalo de los sacerdotes violadores de niños —pederastas— en Estados Unidos reventó en 2002. Se sabía de casos aquí y allá, unos más graves que otros, pero como hechos aislados. Esta vez se descubrió que entre 4,000 y 5,000 sacerdotes y religiosos católicos abusaron sexualmente de unos 14,000 niños y adolescentes durante cuatro décadas y que muchos, después de tantos años de silencio, llanto, sufrimiento y vergüenza se atrevieron a denunciar y mostrar una parte de la cloaca que la Señora había advertido ya en 1846.

—La Iglesia hará todo lo posible para intentar sanar el daño causado —refirió el Papa.

A mediados de 2002, como periodista del departamento de noticias de Univision.com me entrevisté en Miami, Florida, con la psicóloga clínica Magaly Mauer para hablar sobre los daños que deja la violación sexual en niños. No sabía cómo comenzar la entrevista, por mi cabeza daban vueltas demasiadas inquietudes, dudas, miedos y enojos. "¿Qué es más importante, hablar de los pederastas o de los niños abusados?", pensé. "¿Cómo pregunto? ¿Qué digo?" Fue ella quien rompió el silencio: "Pregunte lo que quiera. Sé que se trata de un tema muy difícil, complejo y también delicado. Al fin de cuentas, en la medida que esta conversación se vaya desarrollando, en esa misma medida vamos ir entendiendo lo que sucede con estos casos que sacuden a la iglesia", dijo.

Le pregunté si existe cura para las víctimas (niños) de abuso sexual. Mauer respondió que lo importante era definir, primero, qué es reponerse, qué es curarse, qué es sanarse. "Hay que definirlo claramente y entonces utilizar esos términos de acuerdo con la definición que se ha escogido. Provenimos de diferentes culturas de habla hispana, tenemos diferentes definiciones para explicar el significado de estas palabras. Pero el punto es qué significa cura. Cura significa, por ejemplo, que si me rompí la pierna, se me recuperó la pierna, que ya no tengo nada en la pierna y ahora está incluso más fuerte de lo que antes estaba debido a que el tejido que se formó donde estuvo el problema ahora es más fuerte del que había antes. O reponerse es, simplemente, que ahora sí me rompí la pierna, pero ahora está buena, pero me duele de vez en cuando y sé que me la partí, que se rompió, se fracturó".

En la medida que ella avanzaba en las explicaciones me fui tranquilizando. "Versiones de prensa señalan que sacerdotes observaron, que tocaron a algunos niños, que se masturbaron junto niños que estaban bajo su cuidado. También se dice que este tipo de conductas no puede ser tildado de abuso. ¿Existe alguna tabla que mida y determine cuándo hay abuso y cuándo no? ¿Hay un límite? ¿Cuándo una conducta inadecuada se transforma en abuso?", pregunté. Mauer respondió que no había límite. "No lo hay", dijo y se quedó viéndome.

—¿Qué es abuso sexual? –volví a preguntar.

—Un abuso sexual es un rompimiento del compromiso que se ha hecho con una persona, un niño, ya sea a través de la familia, a través de la posición que el abusador tiene, de que yo voy a tomar cuidado de este niño, de que yo voy a velar por su bienestar, tanto espiritual como físico. Y el rompimiento de ese compromiso constituye una violación. Entonces, en el momento en que un sacerdote, que una niñera (baby sitter), que un tío, un papá o lo que sea rompe eso en la forma menos violenta posible, que no lo obligaron a tener un coito, no lo violaron analmente, eso es un abuso. Es abuso en el momento en que se rompe ese compromiso simplemente tocando al niño, tocando al niño de forma inapropiada, como por ejemplo dándole un beso aunque sea en la mejilla y que el niño no quiere recibir, o hablándole de cosas que el niño no está preparado para oír, ni debe oír, ni quiere oír.

—¿Eso es una...?

—Eso ya es una violación. Es una violación porque estamos violando ese espacio que le pertenece a esa criatura, a esa persona. Como psicóloga puedo decir muy claramente que el efecto de una violación de este tipo, que no tiene que incluir coito, que no tiene que incluir penetración, que no tiene que incluir que yo lo toqué a él o que él me tocó a mí, incluso, no tiene que incluir nada de esas cosas, pero el simple hecho de que una persona haga algo que no está dentro de sus responsabilidades por las cuales existe una responsabilidad entre ese niño y esa persona, ya causa un daño grande, un daño severo, un daño muy grande.

—¿Hay diferencias cuando el daño es causado por un padre, un tío, un policía, un vecino o un sacerdote? ¿Existe una escala que mida el nivel de daño de acuerdo con el grado de parentesco o confianza entre la víctima y el victimario?

—Depende de la relación que ese niño tenga con la persona que lo abusa. Porque un papá, por ejemplo, puede abusar. Pero si ese papá se divorció de la mamá cuando el niño tenía seis meses y jamás lo trató, muy poco se trataron ambos y el papá viene y abusa del niño, esa es la violación de un extraño. Con arandelas añadidas, lógico, porque es el padre biológico, pero no es lo mismo que una persona con la que yo tengo total confianza y total esperanza de que esa persona esté ahí para protegerme a mí. Si esa persona me viola, eso es una herida más grande que si el vecino me viola. No quiere decir que lo que el vecino haga no tiene importancia. También tiene un efecto muy severo sobre la salud mental de una persona. Pero es más grave cuando más confianza hay, cuando más compromiso existe. Por lo tanto, la violación de un padre, de una madre, de un tío hacia un niño es muy comparable a la violación de un sacerdote hacia un niño, porque ese sacerdote está en relación con ese niño en una posición paternal, de cuidado.

—¿Cómo se define a un violador?

—Una persona que viola comete un acto de violación, que coerce a alguien a tener una relación sexual en contra de sus deseos, que lo obliga, es un violador. La violación es un acto de violencia, no es un acto sexual. Es un acto de violencia que se demuestra sexualmente, pero un acto de violencia. La pedofilia, en cambio, es una enfermedad mental que implica que la persona tiene una atracción sexual hacia un determinado grupo de personas menores. Tiene que ser menor la persona (la víctima) y generalmente son atracciones muy fijas.

Por ejemplo, un grupo de niños entre los 8 y los 10 años. O niños de tres y cuatro años. O solamente varones, o solamente niñas, pero en un grupo de edad determinado.

—¿Por qué los niños violados son obligados a callar?

—Hay algo que ocurre con mucha frecuencia en actos de abuso sexual de niños y es casi una... Es como un acto de teatro que tiene un inicio, un desarrollo y generalmente una conclusión. El inicio es la seducción del niño, que comienza con la persona, por definición un adulto o alguien que tiene de tres a cinco años mayor que la víctima. La seducción empieza por ganarse la amistad del niño, ganarse el cariño del niño o ganarse la confianza muchas veces de los padres—si no es el padre el abusador—, y poco a poco el niño empieza a depender emocionalmente de esa persona. Después ocurre el "seroc", que es empezar a tocar un poquito, a darle un besito, a llevarlo al baño. Es decir, va por etapas. El niño se va acostumbrando a que ciertos comportamientos, que si la persona adulta lo hiciera todo de una vez estuviera muy incómodo con eso. El pedófilo lo va haciendo poco a poco y el niño entonces va cayendo en una telaraña de seducción hasta el momento en que ocurre un acto que ya marca la culminación de esa seducción, y que no necesariamente tiene que ser una penetración. Puede ser que el niño simplemente está ahí y la persona se toca sexualmente a sí misma, se masturba delante del niño o que le muestra al niño películas o fotografías pornográficas.

—Pero, ¿por qué el silencio? ¿Por qué se genera con tanta fuerza tras una violación? ¿Por qué las víctimas callan?

—Es el violador quien manipula para que su víctima guarde silencio. La manera de manipular es, como le estaba explicando, que se ha creado una relación muy estrecha, una relación emocional muy estrecha entre ese niño y ese violador. Por eso se toma tanto tiempo en lograr la meta que quiere el pederasta, porque crea esa relación. Y al crearla puede que le diga al niño directamente que no hable. Mire, frases típicas, por ejemplo, pueden ser: "Esto es nuestro secreto"; "Esto es únicamente entre los dos"; "No le vamos a decir a nadie". Estas son frases típicas. O bien pueden decirle a sus víctimas: "A tu abuelita no le vayas a contar nada". O bien: "A tu mamá no le vayas a contar nada". O también pueden decir: "A tus hermanos no les vayas a decir. Esto es solamente entre tú y yo". Entonces, ¿qué crea eso también? Eso crea una situación especial entre un niño que no tiene ningún poder y una persona mayor que tiene todo el poder sobre él.

—¿Qué daños provoca el silencio?

—Esos daños no se pueden medir. No se pueden medir porque dependen de los valores de cada familia. Lo mismo que si esa familia se hubiese ido a un extremo, de que no exista ningún tipo de conciencia, sino que simplemente ocurrió algo malo con el niño, se quejaron y los compraron (con dinero). Pero simple y sencillamente ellos se dejaron comprar. Esos padres no tienen mayor remordimiento sobre esto porque sus valores son diferentes. O la familia donde el niño se queja, los padres se quejan ante el Obispo o el sacerdote, quien sea, y por amor a la iglesia, por proteger a la iglesia, incluso sin que haya dinero por delante, los padres deciden no decir nada a condición de que ese padre, ese sacerdote sea removido, sea mandado a otra parte. Y entre esos dos extremos tenemos un montón de casos.

—¿Qué diferencia existe entre hablar ahora o haber hablado hace 20 años?

—Hay una diferencia enorme. Los niños que hablaron y las familias que protegieron a sus hijos hace 20 años, esos niños que fueron escuchados cuando se quejaron hace dos décadas y cuyos padres los apoyaron, les creyeron y no los hicieron sentir culpables por lo que vivieron, por lo que les hicieron, que pusieron las cosas en su lugar, es decir que el culpable es el adulto que lo hace y no el niño a quien le ocurre, esos niños van a tener una recuperación mucho más completa que los niños a quienes no se les creyó o que los adultos no se atrevieron a decir nada, o quienes hablaron y su silencio fue comprado. Esos niños, los segundos, van a tener una dificultad enorme a través de su vida, dificultades en cuanto a su capacidad de confiar, su capacidad de tener una relación o relaciones interpersonales completas. No me refiero a relaciones físicas, sino relaciones emocionales. Algunos de ellos tendrán dificultades sexuales también en su vida, durante su vida.

—¿Tiene cura la pedofilia?

—No. La pedofilia es uno de los desórdenes mentales más difíciles de curar.

—¿Puede un pedófilo llegar a más? ¿Puede matar, asesinar para que sus víctimas no hablen?

—Generalmente no. Ha habido algunos casos así, pero son una minoría. El pedófilo no necesariamente es un asesino. Puede que si el niño dice: "Yo voy a contar" y existe un alto riesgo para esa persona si el niño cuenta, puede que haya entonces una muerte, un asesinato para evitar el descubrimiento de un uso por parte de un pedófilo. Pero la meta del pedófilo no es matar a nadie ni de herir a nadie, ni siquiera de herir a nadie.

—¿Cuál es el fin del pedófilo cuando abusa de un niño?

—Esa es la manera en que el pedófilo encuentra el placer sexual. Es un placer sexual que tiene que ver con su poder sobre el niño. Ha ejecutado su poder de seducción y ha conseguido su meta, de satisfacerse sexualmente de una manera enfermiza.

—¿Y los que esconden a los pedófilos? ¿Son igual que ellos? ¿Qué tipo de mentalidad poseen?

—En el DMS—IV, que es el manual que define cuáles son las enfermedades mentales que han sido reconocidas y catalogadas, no existe una definición para alguien que encubre a un pedófilo. El encubrimiento no se concibe como un problema de salud mental. Pero como ser humano considero que eso es un rompimiento de una obligación moral que la Iglesia tiene con sus feligreses. Si la Iglesia es la madre y el padre de sus feligreses, entonces tiene una obligación moral de proteger, de amparar. Es decir, que tiene que proteger, incluso si es en contra de sí misma, de partes de su jerarquía que han cometido un error. Pero yo no diría, yo no voy a proponer siquiera la idea de que tenga algo que ver con un problema de desórdenes sexuales. Yo creo que es un problema de protección de su poder, de su poderío, de su posición. El encubrimiento ocurrió porque la Iglesia, el gobierno de la Iglesia no quería tener un mal nombre, no quería que se supieran esas cosas por el daño político, vamos a decir, político y económico, las consecuencias que pudiera recibir como consecuencia de eso. Por eso el encubrimiento. Yo no lo considero como un desborden sexual.

—¿Es suficiente la oración para curar a un niño abusado sexualmente?

—No. Si yo estoy tratando a una persona que ha sido abusada por un sacerdote, yo necesito toda la ayuda posible. Y si lo único que si la Iglesia pueda hacer sea pedirle a Dios que nos ayude, si eso es lo único que la Iglesia puede hacer, yo como psicóloga acepto esa ayuda, porque el daño es tan severo, tan grande, que yo voy a necesitar toda la ayuda para poder asistir a esa persona y de alguna manera continuar con su vida. Pero no es que esa persona vaya a olvidar el trauma ni tampoco que esto que le ha ocurrido va a quedar como algo que nunca le sucedió. No, nada de eso. Esa persona va a llevar esto por el resto de su vida, el trauma, y le va a costar mucho trabajo recuperarse, rehabilitarse para enfrentar su vida, mucho trabajo.

—¿Qué debe hacer la jerarquía de la Iglesia?

—Lo primero que debe hacer la jerarquía de la Iglesia es pedir disculpas públicas a todas las personas que han sido abusadas sexualmente, pedir disculpas públicas a todas las comunidades donde ellos enviaron a esos sacerdotes después de saber que eran pedófilos, pedir disculpas públicamente a los católicos en general y al mundo en su totalidad, porque la Iglesia tiene una obligación muy grande y muy seria, de ser líder, de ser guía, de mostrarnos un camino, de mostrarnos cómo se debe hacer. Nos deben una disculpa.

Eso es lo primerito que deben hacer. Y después de eso la Iglesia debe utilizar su poderío, que es considerable, para ayudarnos a los psicólogos, a las personas que tratamos este tipo de casos, a entrenarnos, a hacer investigaciones, a hacer lo que mejor se pueda hacer para ayudar a estas personas, las víctimas, porque este tipo de problemas es muy común, ocurre con mucha frecuencia con los sacerdotes, con los padres, con los tíos, con los sobrinos, con los vecinos, con los maestros. Ocurre con frecuencia y no tenemos suficiente estudio, suficiente entrenamiento, las suficientes instituciones para tratar este tipo de casos. La Iglesia ya no iluminará igual. Será un problema grandísimo, no solamente para las personas que han sido violadas o las personas que son familiares de quienes han sido violados. Es un problema para todo católico y para toda persona espiritual en el mundo, aunque no sean católicos, que miraban hacia la Iglesia como ese faro. Porque ahora, desgraciadamente, esta minoría de sacerdotes pedófilos, por el hecho de que la Iglesia los protegió, la Iglesia ahora se convierte en el enemigo. Mientras que, si cuando esos abusos comenzaron a conocerse, a salir a la luz pública la iglesia hubiese actuado conscientemente, con rectitud, hubiera enviado a estas personas a tratamiento de por vida, porque eso demora muchísimo tiempo en curarse—si es que mejora—y haber venido al amparo de las víctimas, ¿qué pensaríamos de la iglesia en estos momentos? Tendríamos un deseo de acercamiento.

Nota: Esta entrevista fue hecha en abril de 2002 y publicada por Univision.com. El tema de los abusos cometidos por sacerdotes católicos en Estados Unidos sigue vigente. La información aportada por la psicóloga clínica Magaly Mauer sirve como guía para entender la gravedad de un delito que se mantuvo oculto durante más de cuatro décadas y que todavía no ha sido clarificado en su totalidad por los tribunales de justicia.

Capítulo treinta y cuatro

EL ÚLTIMO ADIÓS

"El que cree jamás perderá la fe.
El que tiene miedo jamás ha creído".
Fragmento del mensaje registrado en
Villa Alemana, Chile, el 3 de noviembre 1993.

Romanov fue enterrada en Santiago tres días después de su muerte, el martes 30 de septiembre de 2008.

—Reza por mí —me dijo a finales de julio en una de nuestras últimas conversaciones por teléfono—. Yo lo haré por ti donde quiera que me encuentre –agregó.

La sepultaron en un mausoleo privado junto a los restos de una familia que no la conoció. En el cementerio general dijeron a los deudos y amigos que no aceptaban sus restos porque llevaba un nombre que no le correspondía. Insistieron en que el muerto era Miguel Ángel Poblete, el vidente de Peñablanca, y que la tal Karole Romanov no existía en ningún tipo de registro de identidad.

"La primera en darlo por muerto fue una enfermera que le tomaba el pulso periódicamente", reveló un reportaje del diario *El Mercurio* de Valparaíso publicado el 5 de octubre de 2008. "Luego vinieron los funcionarios (de la policía civil) de investigaciones y los médicos" y después de eso no quedó más remedio que "iniciar los trámites del sepelio", agregó. También refirió que en 1983 el joven "remeció la fe del país completo al afirmar que era capaz de conversar con la Madre de Dios, y cuyas visiones dieron origen a la cuestionada devoción a la Virgen de Peñablanca". Pero el reportaje no dijo de qué asuntos conversaban.

En enero, ocho meses antes del deceso de Romanov, otra nota de *El Mercurio* de Valparaíso recordó que en 1984 el Obispo Francisco de Borja Valenzuela había nombrado una segunda comisión para investigar los fenómenos de Peñablanca, la que estuvo constituida por cinco expertos (profesores y teólogos) de la Universidad Católica de Valparaíso (UCV). Las conclusiones de esta instancia, agregó, fueron similares a las de un primer informe emitido en octubre de 1983: "El origen de todo este asunto, en la medida que resulta posible de ser investigado, lleva a pensar en un montaje, en parte, inconsciente y en parte deliberado y programado, ya sea por el mismo pretendido vidente, como por terceras personas, lo que induce a cuestionar la hipótesis de una iniciativa sobrenatural".

Las terceras personas mencionadas por la comisión corresponden al Ministerio del Interior y la Central Nacional de Inteligencia (CNI) que comandaba el general Hugo Salas Wenzel[125], condenado a cadena perpetua. "Desde un comienzo en la Iglesia corrió el rumor de que la mano de la CNI estaba detrás de esto. La visita de la Virgen era entendida como la mejor forma de mitigar la convulsionada situación del país, desviando la atención de la crisis económica, el desempleo y las violentas protestas contra el gobierno militar", subrayó el periódico.

Durante la investigación se encontraron elementos de sobra para desacreditar la "fluida" comunicación entre el vidente y la Madre de Dios, dijo Gonzalo Ulloa en 2008, el teólogo que dirigió la segunda comisión nombrada por el Obispo. Tampoco detalló fragmentos de esas comunicaciones entre Romanov (o Poblete) y la Señora.

Ulloa, sin embargo, reconoció que "nunca pudimos probar fehacientemente un montaje del gobierno o de los sistemas de seguridad" del régimen.

El padre Jaime Fernández, de la Arquidiócesis de Santiago y quien encabezó la primera comisión indagadora en octubre de 1983, ha sostenido desde entonces que el servicio secreto de Pinochet utilizó aviones que despegaban de una base aeronaval cercana a Peñablanca —entonces a cargo de la Armada— para sobrevolar el cerro y lanzar humo para que los peregrinos se sugestionaran y vieran extrañas formaciones religiosas en el cielo, y fortalecieran sus creencias en un supuesto milagro. Sobre las alocuciones, dijo que el vidente "era trasladado a una casa en Santiago para memorizar el texto de sus mensajes".

"El Obispo me encargó una investigación de tipo teológica y, para sorpresa mía, me encontré con un caso de carácter político", respondió Fernández a un periodista de *El Mercurio* de Valparaíso. Añadió que no deseaba añadir más detalles porque el tema le ha traído "muchos problemas".

Cuando el periódico le preguntó a Romanov sobre las declaraciones de Ulloa y Fernández en cuanto a la participación de la CNI

---

[125] General del Ejército de Chile. En el mes de agosto de 2007 fue el primer militar de alto rango en ser condenado por violaciones a los derechos humanos cometidas durante el régimen de Pinochet. Fue director de la CNI entre 1986 y 1988. Durante su jefatura se ejecutaron las operaciones Albania y Corpus Christi, donde fueron asesinados 12 integrantes del Frente Patriótico Manuel Rodríguez (FPMR).

en las apariciones de Peñablanca, ella respondió que "lo único que pasó es que estuve detenida en el Cuartel Vergara". Y agregó: "No recuerdo si el 86 o el 87. Mire, la CNI creía que era la Iglesia, y la Iglesia creía que era la CNI; entonces, a las finales yo estaba en una encrucijada. El padre (Jaime) Fernández hizo la denuncia de lo que le dijeron. Pero él inventó una cosa que nunca debió haber hecho. Jugó con mis sentimientos, porque me dijo que me iba a ayudar y me dejó a la deriva. Mucha gente me dejó abandonada. Ese mismo año me dijeron "vamos a llevarte a Viña" y me pusieron el suero de la verdad. Me dio vómitos, dolor de cabeza. El médico decía "se nos está yendo, ¿por qué mierda hicimos esto?".

—Le hicieron cosas terribles —recordó Miner—. "No se midieron, no tomaron en cuenta su edad, no tuvo acceso a defensa legal alguna e hicieron con ella lo que les vino en gana. Lo soportó todo, 25 años y tres meses, hasta que se marchó porque dijo que ya estaba lista, preparada. También cansada, pero se fue con la misión cumplida.

—¿Dejó testamento? —le pregunté.

—Sí.

—¿Murió angustiada?

—No, murió tranquilita. Se quedó mirando hacia el techo de su cuarto y se quedó dormida. Todo estaba en calma.

—¿Qué fue lo último que dijo?

—No lo sé. Había veces que contaba asuntos de Nuestra Señora y otras hablaba de los mensajes. Pero qué fue lo último que mencionó, no lo sé. Pienso que los mensajes de Nuestra Señora reflejan todo cuando ella hizo en estos 25 años y tres meses.

En marzo de 2008 le pregunté a Romanov:

—¿Sabes cuántas veces la Señora ha visitado Chile?

—Sí.

—¿Una vez cada día desde el 12 de junio de 1983?

—Algunas veces no, otras dos o tres, y hasta cinco en un día.

—¿Puedo decir que, en promedio, una vez cada día?

—Sí.

—¿Siempre da mensajes?

—A veces encargos, a veces secretos.

—¿Tienes guardados todos los mensajes?

—Hay quien se encarga de eso. Yo no los escribo. Sólo los firmo cuando los transcriben y sacan copias, para asegurar que se escriba lo que Ella me dijo, lo que me mostró.

—¿Qué te ha dicho Ella en relación con los mensajes?

—Quiere que se lleven por todo el mundo.

—¿Cómo?

—Pregúntale a Ella.

Ahí terminó la conversación de aquel día. Una semana más tarde retomamos el tema.
—Si en promedio hubo una visita diaria, entonces se habrían producido más de 9,100.
—Ya.
—¿Recuerdas todos y cada uno de los mensajes que Ella te ha dicho?
—Los que Nuestra Señora quiere que recuerde, sí.
—¿Hay algunos que no recuerdas?
—Ya.
—¿Por qué?
—Cuando Ella dice que es un secreto te esconde el conocimiento.
—¿Hay conocimientos registrados fuera de Peñablanca?
—Sí, después del 12 de junio de 1988.
—¿Hay registro de esos mensajes?
—De la mayoría, no todos.
—¿Y esa mayoría es de conocimiento público?
—Sí.
—¿Ese es todo el mensaje?
—No.
—¿Hay otro mensaje?
—Hay más conocimiento.
—¿Dónde está?
—Todos tienen un poquito. A cada quien Nuestra Señora le entregó un poquito de conocimiento.
—¿Y eso es parte del mensaje?
—Claro.
—¿De qué habla ese mensaje?
—Explica algunos de los misterios desde la Creación hasta el nacimiento de Nuestro Señor Jesucristo.
—¿Conoce el Obispo esos mensajes?
—Sí.
—¿Por qué nunca habló de ello?
—Pregúntale al Obispo.
—¿Qué dijo la Señora acerca del silencio del Obispo sobre este tema?
—Que hizo lo mismo que hicieron en La Salette, Lourdes, Fátima y Garabandal. Que por eso vino a Peñablanca, pero que aquí, en Chile, fue el peor país donde la recibieron.

En un encargo registrado el 23 de febrero de 1994, en Santiago, la Señora solicitó: *"Os pido que leáis atentamente mis mensajes, los guardéis en vuestros corazones y estéis firme en la fe, porque vienen ya los tiempos difíciles. Yo soy vuestra Señora del Socorro".*

—¿Recuerdas los documentos que te dí en la casa de Loyola hace un par de años? —preguntó Romanov una tarde de julio de 2008.

—Sí. El conocimiento contenido en ellos se quedó grabado dentro de mi cabeza. Pensé en hacer algo. ¿Qué sucederá si se hace público?

—No te creerán.

—¿Para qué entonces los escribieron?

—Para conocer la verdad.

—¿Y para quién es esa verdad?

—Para el que la quiera.

—¿Tú no lo sabes?

—Nuestra Señora es quien lo sabe.

—¿Te dijo Ella para quién fueron escritos esos documentos?

—Para su ejército.

—¿Cuál ejército?

—El mismo que pidió en 1846 en La Salette, los Apóstoles de los Últimos Tiempos.

—¿Para qué un ejército?

—Para llevar los mensajes.

—¿Por qué un ejército?

—Para luchar contra Satanás.

—¿Cómo se le gana al diablo?

—Con los mensajes.

Romanov murió el 27 de septiembre de 2008, poco antes de las 8 a.m. en la parcela *La Ponderosa*, Villa Alemana —la Ciudad de los molinos—, ubicada en la región de Valparaíso, Chile. En el momento de su partida la acompañaban sólo mujeres, quienes durante el deceso rezaron un Padrenuestro, tres Avemarías, el Gloria y le pidieron al Buen Dios y a Nuestra Señora que llevaran su alma al Cielo.

Agradecimientos

Me gustaría agradecer a mi familia por el apoyo y paciencia en todos estos años: a mi esposa Karla y a mis hijos José Andrés, María Alejandra, Julia Andrea, Teresa de Jesús, Francisco Javier, Juan Pablo, Marcela del Carmen y Natalia de Pilar. Todos son un regalo de Dios.

También a Karole Romanov por su paciencia y tiempo para explicarme detalles del suceso, primero en Peñablanca y luego en Santiago y Villa Alemana, y los milagros vistos por cientos de miles de personas; a la hermana Angélica Miner por sus oraciones y consejos; a Adriana Hernández, Osvaldo González, Berta Montero e Inés Loyola por sus colaboraciones en momentos difíciles mientras recopilaba datos, testimonios y evidencias. A Alexander Cantuarias, cuyo testimonio me permitió conocer detalles que los medios de prensa no cubrieron; a todos quienes compartieron conmigo sus experiencias, dudas, miedos y evidencias irrefutables: videos, películas y mensajes. Y a Jacinto Painemil, por haber compartido conmigo una pequeña parte de sus cientos, miles de fotografías, documentos gráficos que ilustran el fenómeno sobrenatural extraordinario, imágenes que, sin duda alguna, darán la vuelta al mundo por su dramático contenido.

No puedo olvidar a Álvaro Valderrama, quien fue el primero que me motivó a publicar, y a mi amigo Carlos Saldibia, que leyó hasta cinco veces corrigiendo las versiones finales e intentando publicarlo en Chile. Sin ellos no lo hubiese logrado.

A todos aquellos con quienes compartí entre 1993 y 1996 en Villa Alemana y Santiago, gente maravillosa que creyó sin importar las criticas, los insultos, las burlas y las amenazas. De todos ellos aprendí a perder el miedo. Y a Roberto Cabello-Argandoña, mi editor, quien me respondió en apenas 15 días después que le envié el manuscrito por correo electrónico a San Francisco, California.

A todos, mi eterna gratitud.

Del autor

Jorge Cancino nació en Valparaíso, Chile, en 1956. En 1980 radicó en Guatemala donde ejerció como periodista, profesor de la Universidad de San Carlos (USAC) y Agregado de Prensa de la Embajada de Chile. Desde 1997 vive asilado en Estados Unidos con su familia.

A mediados de septiembre de 1999 fue contratado como escritor—editor de la página digital de Univision (www.univision.com), el medio hispano número uno de Estados Unidos.

Nota del autor

La primera vez que oí de Peñablanca fue a finales de 1983. En aquel entonces vivía en Guatemala, Centro América, y trabajaba como jefe de redacción del *Radio Diario Guatemala Flash*. Tres años más tarde, en marzo de 1986, viaje a Chile para visitar a mi padre que había sufrido un *stroke* que lo dejó mudo y mentalmente disminuido. Estuve junto a él una semana y después acudí al lugar de las apariciones, en Peñablanca.

Conocí a Miguel Ángel Poblete, Karole Romanov, cuando las visitas de la Señora eran seguidas por cientos de miles de creyentes que venían de todos los rincones de Chile, incluso del extranjero. Fue la primera vez que me habló de "conocimientos". No le entendí en aquel momento. Siete años más tarde, en 1993, nos volvimos a ver, esta vez convertida en mujer. Me preguntó si me avergonzaba de ella y que mi respuesta no la iba a lastimar. "Sólo dímelo y ya", dijo. Le respondí que no, que no me importaba y hablamos casi cinco horas de la aparición, los mensajes y acerca de los "conocimientos".

Después de aquella segunda conversación el tema de Peñablanca comenzó a apasionarme, al punto que tomé la decisión, en 1994, de escribir un libro para contar la historia. Romanov siempre estuvo dispuesta a compartir conmigo los "conocimientos" que la Señora le entregó y siempre me motivó a no perder el interés en este esfuerzo, a pesar de las críticas, la soledad y la sequedad de la esperanza.

En una de nuestras últimas conversaciones por teléfono, antes de que cayera en estado de inconciencia derivado del avanzado cáncer de páncreas, me pidió que rezara por ella y aseguró que ella lo haría desde el lugar donde estuviera. Después apuntó: "Estoy lista para irme. Estoy esperando que Nuestra Señora me venga a buscar".

No me despedí de Romanov. Murió prácticamente sola la mañana del sábado 27 de septiembre de 2008, en Villa Alemana, ciudad vecina a Peñablanca. Donde se encuentre su alma, estoy seguro, en más de una ocasión ha rezado por mí y por mi familia.

12|15 ④ 11|14

CPSIA information can be obtained at www.ICGtesting.com
Printed in the USA
LVOW12s2354020114

367877LV00001B/186/P

9 781888 205398